放眼永定河

朱祖希 著

中国工人出版社

前　言

永定河，这条蜿蜒在华北大地上的天然河道，真是一条非常神奇的河流。它从山西宁武县的管涔山发端，向东经过大同盆地、阳原盆地、延怀盆地，突破北京西山的重峦叠嶂，形成官厅山峡，在三家店出山之后，便荡涤于平原之上，变成了一条迁徙无定、桀骜不驯的“害河”。但是，在它宽阔的胸怀里孕育了一座拥有3000多年建城史、860多年建都史的北京城。

水，是生物体生命中须臾不可或缺又无可替代的物质。人可以数日不进食，但不可以三日不进水。人如是，作为人类文明标志的城市也如是，它们亦总是在水源充足、土地肥沃的地方首先发展起来。

纵观整个世界，无论是我国的黄河、长江，也无论是埃及的尼罗河，还是流经今土耳其、伊拉克的底格里斯、幼发拉底河、印度的恒河，它们几乎都是产生人类文明标志——城市的摇篮。

尽管我曾在1996年4月14—18日的《北京晚报》“百家言”栏目上，连续发表了5篇题为“北京的母亲河”的文章，且也日益为人们所接受。但是，在生态文明建设不断深入人心的今天，也仍然要怀着一种对永定河的“敬畏之心、呵护之情”，对其做更深一步的了解。与此同时，自然也要对北京这座千年文化古都做更贴切的了解。尤其是永定河与北京城之间“母子情深”、血肉相连的关系，北京城又是怎样传承了中国历代都城规划建设的精髓，并成为“最后的结晶”的。诚如我国著名的历史地理学家、北京大学教授侯仁之先生所说：“知之愈深，爱之愈切。”

这就是编撰本书的意愿所在。

目录

上篇 坦荡胸怀 哺育北京

——河流孕育了人类文明，也孕育了代表文明的城市

目录

目录

下篇　殚精竭虑　呕心沥血
——记那些曾为呵护北京老城做出贡献的人们

永定河是一条很古老的河流，它斜贯北京市的西南部，是北京地区最大的河流。“没有永定河，就不会有北京城的昨天和今天”。北京城是在“北京湾”这个摇篮里，吸吮了永定河所供给的甘甜乳汁，孕育成长的。

上篇　坦荡胸怀　哺育北京

——河流孕育了人类文明，也孕育了代表文明的城市

▲ 今日的永定河

历史上每一个民族的文化都产生了它自己的建筑，随着这文化而兴盛、衰亡。世界上现存的文化中，除去我们的邻邦印度的文化可算是约略同时诞生的弟兄外，中华民族的文化是最古老、最长寿的。我们的建筑也同样是最古老、最长寿的体系。在历史上，其他与中华文化约略同时，或先或后形成的文化，如埃及、巴比伦，稍后一点的古波斯、古希腊，以及更晚的古罗马，都已经成为历史陈迹，而我们的中华文化则血脉相承，蓬勃地滋长发展，四千余年，一气呵成。

这是数十年前，清华大学建筑系教授梁思成先生在他的《我国伟大的建筑传统与遗产》一文中写下的一段话。

文明是人类在超越了野蛮阶段后所表现出来的一种生存状态，它所体现的是人与人、人与社会、人与自然之间和谐、美善的关系。文明也是人类所创造财富的总和。这个财富当然包括物质财富，但更重要的是精神财富，如文学、艺术、教育、科学、政治、道德等。

目前，世界各国的大多数学者都公认，应当把城市、文字、金属器和礼仪性建筑等要素的出现，作为衡量人类文明的具体标志。在世界各国、各地区，由于各自所处的地理环境有所差异，历史发展速度不同，致使进入文明时代的标志并不整齐划一。然而，文明诞生的同时，就意味着人类社会发展史上一次物质的飞跃，意味着阶级和国家的出现。在这一点上，似乎没有人再持异议了。但是，无论推进社会发展和进步的力量是什么，文明与享受文明，都必须依赖于物质生产所进行的劳动及其所提供的剩余产品，也就是说，必须先有农民、牧民、渔夫、伐木者、手工业者等生产者进行的物质生产所提供的剩余产品，才有文明的开端。所以，人类文明总是在具有肥沃的土壤，而且具有可靠水源的地方首先发展起来。

埃及是世界上的文明古国之一。人们也普遍认为埃及是名副其实的“尼罗河的赐予”，这是因为绵延于北非包括埃塞俄比亚、肯尼亚、乌干达、刚果、苏丹等国广阔的沙漠之中的尼罗河滋养了埃及的文明，首都开罗则是“尼罗河之子”。在漫长的岁月中，由尼罗河形成的狭长而肥沃的洪积、冲积平原滋养并维持了埃及悠久的文明。而美索不达米亚文明的产生，又是因为拥有底格里斯、幼发拉底河的滋润和所在流域富饶、肥沃的土壤这样一个既适宜于原始人类的生存、又相对稳定的自然环境。诚如尼罗河流域一样，“两河流域”所拥有的具有超级生产力的土地使得农民能够生产出足以满足自身需要之外的剩余产品，并使数百万计的人从田间劳动中解放出来，从而涌现出众多的城市、美丽的宫殿、神庙、各种艺术品、楔形文字、数字、历书、天文学、法典等。同样，印度的文明也首先产生于具有优越自然条件和肥沃土壤的恒河三角洲，并在这里孕育了印度的首都——德里。因此，恒河被印度人奉为“圣河”。

作为文明古国之一的中国，地域相当辽阔，各地区的自然地理条件又相当复杂。尤其是在文明起源之前的新石器时代，各种文化在祖国大地上竞相争妍，而且常常相互影响、相互渗透，交织成一幅瑰丽的图景，为后来独特灿烂的中华文明打下了深厚的基础。

中国新石器文化的发展是多元化的。例如，中华文明出现前的龙山文化时期，在黄河上游地区，是继承甘肃仰韶—齐家文化的氐羌文化区；在黄河中游地区，是继承仰韶—河南龙山文化的华夏文化区；在黄河下游及江淮流域，则形成了以山东大汶口—龙山文化为代表的东夷文化区；在长江中游地区，出现了具有湖北龙山文化特色的苗蛮文化区；在杭州湾两岸及太湖流域，存在着由良渚文化孕育形成的吴越文化区；在燕山以东的长城内外，又形成了由红山—富河文化为主的燕辽文化区。考古研究证明，在上述六大文化区中，华夏文化区在中华文明即将诞生之前，便已居于中国史前各文化区的核心地位，奠定了它在未来作为中华文明发祥地的坚实基础。这不仅是因为在远古时期，黄河流域具有得天独厚的自然地理条件，既有温暖湿润的气候、纵横交错的河流、星罗棋布的湖泊，又有松散肥沃的土壤，而且其土壤的肥力远远超过了其他流域、地区。这便是黄河流域成为中华文明的摇篮的重要物质基础之一。

我国著名考古学家苏秉琦先生在其所著的《中国文明新探》一书中说："中国西部无疑是广袤的沃土。近百年来，一批又一批著名的考古学家在这里发现了前仰韶文化—仰韶文化—龙山文化—夏商文化等绵延有序的考古学文化系列。其中，尤为耀眼的是彩陶文化。从精美绝伦的人形、葫芦形、蛙形、鱼形、花形以及几何形的彩陶纹饰中，人们联想到了'三皇五帝'。在古史传说中，伏羲、女娲、西王母、炎帝和黄帝的身影频频出现在这方沃土上。他们的故事流传至今。"而在中国两千多年的封建社会中，前一千年的政治文化中心始终在中原地区，而且是沿着"长安—洛阳—开封"这一东西向的轴线呈徘徊式的移动；后一千年才逐步向东南方向的长江中下游地区，即南京—杭州地区转移。最后才落脚到了北京。所以，我们说：北京城是中国历代都城的最后结晶。

北京所依偎的"水甘土厚"的北京小平原，正是由永定河等河流洪积、冲积而成。数千年来，北京城从一个原始的居民点，日渐成长为地区邦国的城邑、中国北方的军事重镇、民族政权的陪都，最后成为大一统中国的首都，始终没有离开过这个小平原。

永定河以其博大的胸怀、甘甜的乳汁哺育了它。所以，我们才说：永定河是“北京的母亲河”。

黄河——“中华文明的母亲河”的启示

黄河和永定河是同处于我国华北大地的两条自然河流。但是，就河流的长度，抑或是流域面积，乃至水文特征等，都无法相提并论。然而，它们有一个非常近似的特点：流量变率大，含沙量高；河道迁徙无定，灾害频仍。对此，我们必须从华北地区所处的自然地理位置去考察，方能理解个中的缘由。

华北地区地处北纬 32° ～ 42° 之间。西邻青藏高原，东濒黄海、渤海，北面和东北与内蒙古地区相接。在我国东部的季风气候区，华北是较为干旱的，大部属于暖温带半湿润地区，其西则属半干旱地区。东部的华北平原平坦广阔，土壤肥沃。西为太行山脉，北为燕山山脉，再往西则是黄土高原。夏季受太平洋湿润气流的影响，常会带来丰沛的降水，但变率大，且多暴雨，每年 5 ～ 9 月的降水往往会占全年的 70%以上。到了春季，蒙古高压逐渐衰退，偏北风渐近，降水稀少。上述这些自然地理特点直接影响了永定河、黄河的水文特征。

黄河，被人们称为“中华文明的母亲河”。她源自青海省境内的巴颜喀拉山，流经青海、四川、甘肃、宁夏、内蒙古、陕西、山西、河南、山东等省区，在山东省东营市的垦利区注入渤海，全长5460多千米，流域面积75万多平方千米。根据黄河河水的水文特征，可将其分为上、中、下三段。

内蒙古托克托县（河口镇）以上的河段为黄河上游，流程长约3472千米。这段河道大都流经海拔3000 ~ 4000米的高原，包括青海省境内的卡日曲、扎陵湖、鄂陵湖，到贵德的龙羊峡，其河道迂回曲折，两岸多湖泊、沼泽、草滩，但河水较清澈，水流相对稳定。

从托克托县到河南省孟津县之间的河段为黄河中游，流程长约1122千米。这段河流穿行于晋陕峡谷之中，地势比降很大，水流湍急。如山西省境内的壶口瀑布，平水时节瀑布的落差为17米，河道宽则由300米骤然收缩至30米，飞流直下，那情景真犹如“壶口注水”，声如轰雷，大有排山倒海之势。龙门以下到潼关，在长达130千米的河段内，先后接纳了山西省境内的汾河、陕西省境内的洛河、泾河、渭河等，水量大增，是黄河洪水的主要来源地，约占黄河总来水量的40%。但是，黄河中游两岸大部为黄土高原，是黄河泥沙的主要来源地——年输沙量占全河的90%。据陕县水文站的实测资料，多年平均含沙量为每立方米水37千克，最大年输沙量达39.1亿吨。所以，历史上黄河之所以为害，关键在中游。

孟津县以下的河段即为黄河下游，流程长约874千米。此段河流游荡在华北平原之上。由于其地势平坦，河道宽阔，水流缓慢，但迁徙无定，灾害频仍。

河水水量的不稳定和过高的含沙量，是历史上黄河多水灾的主要自然原因，而水量的不稳定，又突出地表现为汛期洪水的暴涨。

黄河流域是我国暴雨的集中地之一，并且其主要的暴雨中心就在黄河中游的洛、泾、渭河流域。在夏秋季时，不仅暴雨频率高，且强度大（日降雨量常可达 100 毫米以上），降雨面积大（一般达 200 平方千米以上）。据记载，历史上陕县水文站曾有流量达 2200 立方米 / 秒的记录，而最小流量仅 200 立方米 / 秒，两者相差 10 多倍。在新中国成立前的 2000 多年间，黄河曾决口、泛滥、漫溢 1500 多次，大小改道 26 次，而每次的决口，都给百姓带来深重的灾难……

然而，自古以来，黄河一直被尊为“四渎之宗”“百泉之首”，她从号称“世界屋脊”的青藏高原奔腾而下，穿过蕴藏深厚的黄土高原，以其本身的活力创造了一座无际的华北大平原，并在她的两岸孕育了我们伟大祖国的原始文化，进而迸发出灿烂多姿的人类文明。她造就了我们中华民族的精神：坚韧不拔，百折不挠，勤劳刻苦，奋发前进；她也造就了我们民族的性格：温柔敦厚，谦恭俭让，自强不息，厚德载物。

黄河文化以其“海纳百川”、兼容并包、汇聚千流的气概，铸成了中华民族博大精深的文化内涵，以至流传于世，且永远放射出她那耀眼的光芒。北京是“永定河之子”，也是“黄河之子”，更是中国列代都城的最后结晶。

永定河的“脾性”

永定河水从北京的西北部滚滚而来，它切穿西山的重峦叠嶂，在三家店出山之后，荡涤于北京市清河和河北省小清河之间，形成了一个中部微呈隆起、面积广阔的洪积、冲积扇。北京城正位于这个“扇”的脊部。

永定河自古以来被人们责为害河。然而，这也正是它作为一条自然河流的“脾性”的真情流露，或者说是它自然属性的一种真切表露。

永定河是华北地区仅次于黄河的第二大河。其上源分为两支：北支洋河源自内蒙古兴和县以北的山麓；南支以桑干河为主源，发源于山西宁武县管涔山东北麓，东流至朱官屯，与洋河汇合后，始称永定河。

永定河在官厅附近进入北京西山，形成嵌入曲流，出三家店进入北京小平原。继而向东南流，至天津附近注入渤海。永定河干流长约 747 千米，流域面积约 47000 平方千米。

在地理位置上，永定河流域位于北纬 39° ～ 41° 、东经

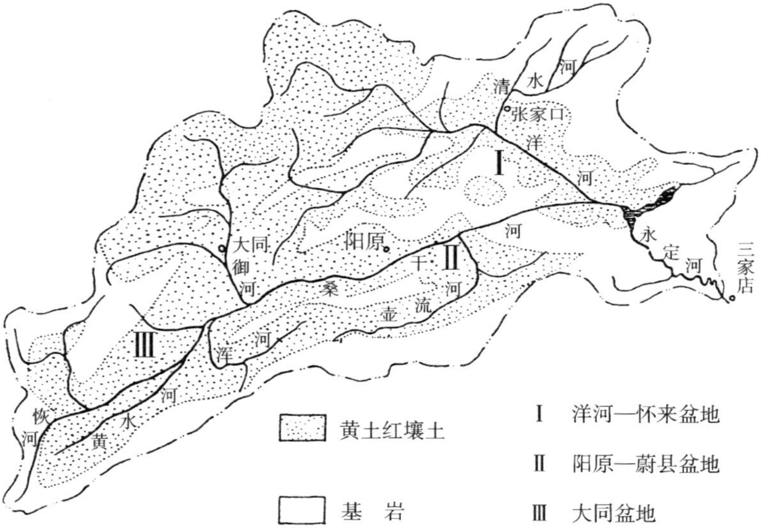

▲ 永定河中上游地区黄土分布概貌

112° ~ 117°，属暖温带半湿润的华北平原向暖温带干旱的内蒙古高原过渡的地带。

三家店以上的广大山区是由一系列褶皱断块与陷落盆地组合而成的地貌景观，地形起伏很大。在谷底海拔仅400 ~ 500米，到了山地则大都在1400 ~ 1500米，浑河发源地的恒山等海拔达2000余米。其间分布着一系列断层陷落的山间盆地，如山西雁北地区的大同盆地，以及往东延伸的阳原盆地和怀来—延庆盆地等。在这些盆地中，覆盖着地质时期形成的厚达数百米的湖相沉积和黄土。永定河上游桑干河谷地正是这种沉积地层的典型地区。

例如，河北省阳原盆地内以泥河湾村命名的地层是一组以湖相沉积为主的地层。其岩性特征以灰绿色、灰蓝色、灰白色的黏土、砂质黏土和泥灰岩层为代表。有些地方还沉积有灰黑、浅黄或浅红色的砂质黏土层。个别地方还发育有“沼泽相”的泥炭层。其颗粒组成以细粒的砂质黏土和黏土、泥灰岩为特征。而且分选均匀，只在其底部出现有砂砾石层。这是因为，在距今数百万年以前的第四纪早期，这里曾被广阔的湖水所占据，并沉积下厚达数百米的湖相沉积地层。与此同时，这一地区还广泛地分布着厚达数十米的黄土。由于黄土所具有的特性，当其被水流冲蚀之后，常常会形成很深的冲沟或沿着垂直节理形成大规模的崩塌，成为河流中泥沙的主要来源。

官厅以下，永定河进入了北京西山。这是一组由一系列东北—西南走向，且大致呈平行的褶皱断裂组成的山地。永定河从西北而来，与呈东北—西南走向的西山正好成正交。它切穿了北京西山，形成了蜿蜒于山地之间的深切曲流。这就是所谓的官厅山峡。由于这里山高坡陡，在雨水的冲蚀下，常有泥石流（当地称之为“龙扒”）发生。峡谷内河槽深窄，河道纵坡陡。怀来—延庆盆地海拔约 440 米，至三家店则降为 110 米。这就是说在 100 多千米的距离内，落差达 330 米，比降超过了 3.3%，所以，水势湍急。三家店以下，河流骤然进入平原，河道坡降大大减小，同时河道宽展。在流速降低、挟持泥沙的能力大大减弱、堆积作用大大加强的情况下，自然是淤积加剧、滩地发育、河床摇摆剧烈，灾害频仍。

永定河流域的年降水量在 500 ~ 700 毫米，官厅以上地区多年平均的年降水量仅 400 多毫米。但是由于受季风强弱的控制，年变率大，年内分配集中，且多暴雨。年降水中有 60% ~ 70% 集中于夏季，七月最多，八月次之，雨量最多的七月份占全年降水量的 30% ~ 40%，常高出一、二月份 50 倍以上，而且雨量集中，强度甚大。历史上曾有一小时降雨达 168 毫米的记录。1952 年浑源还曾有一小时降雨达 214 毫米的记录。如此大的降水年变率，反映在水文方面则是径流量变率也随之增大。永定河三家店实测记录丰水年和枯水年年径流总量相差达 6 倍以上。

三家店年平均流量不到 50 立方米 / 秒，而在 1939 年最大洪峰流量曾达 4665 立方米 / 秒。永定河中上游地区夏季集中而急骤的降雨所引起的河水水位的陡涨，正是造成永定河下游洪水灾害的直接原因。

集中而强度很大的暴雨，在地形陡峻、广覆黄土的山岭地区很容易产生径流，并因冲刷、沟蚀等而使河水携带有大量的泥沙。据实测计算，永定河上游径流侵蚀模数达 1000 ~ 5000 吨 / 平方千米 / 年，而官厅山峡地区的径流侵蚀模数也达 500 ~ 1000 吨 / 平方千米 / 年。其河流中含泥沙的多少，是与流量的季节变化一致的。如前所述，1939 年是一个丰水年，三家店的最大洪峰流量曾达 4665 立方米 / 秒。就在这一年，三家店曾出现过 712.2 千克 / 立方米的极端最大含沙量。这就是说，在 1000 千克河水里，就有 700 多千克的泥沙。这实际上已是泥浆了。

永定河泥沙含量之所以大得如此惊人，主要与其上游流经广大的黄土分布区、中上游地区山地坡度陡峻以及干湿季交替、降水变率大、暴雨集中的自然地理特征有关。而历史时期不合理的开垦和森林植被的破坏，更加剧了永定河上中游地区的水土流失，致使平原地区河水泛滥，灾害频仍，河道迁徙不定。

据我们的粗略估算，永定河三家店以上流域面积，占永定河总流域面积的 90% 以上。显而易见，三家店以上地区的地质地理条件，对永定河的兴利与危害起着决定性的作用。

20世纪50年代修筑官厅水库，正是在充分认识永定河河水涨落大、泥沙多这一特征的同时，又抓住了官厅是永定河兴利除害的关键所在。官厅水库筑成之后，对削减上游地区下泄的洪峰起了决定性的作用，并且完全改变了官厅以下河道的水文特征，消弭了水患。

1956年是北京地区少有的丰水年，但这一年官厅下泄的全年平均流量只不过是58.7立方米/秒，全年下泄的最大流量也只不过是627立方米/秒。官厅山峡当时也出现了洪峰，但由于官厅水库控制了上游地区的来水量，三家店所测得的全年最大流量也只不过是2640立方米/秒。另外，由于官厅水库拦截了来自上游地区的大量泥沙，下泄的河水含沙量大为减少。据1957年实测记录，官厅的年平均含沙量降低到0.707千克/立方米，年输沙量降低到143万吨。经过官厅山峡之后，三家店记录的年平均含沙量也只不过是0.985千克/立方米，年输沙量也只不过是161万吨。这与官厅水库建成之前的情况相比，确实有天壤之别！

综上所述，我们可以把永定河的“脾性”概括成以下几点：坡陡流急，泥沙夹泄，丰（水年）枯（水年）悬殊。

永定河最早见于史书记载的是成书于战国时的《山海经》，称“浴水”；汉时由桑钦所撰的《水经》中称“湿水”；北魏郦道元所撰的《水经注》中称“瀔水”。以后又有桑干河、卢沟之称。因其河水混浊，河道迁徙无定，灾害频仍，又有“小黄河”“浑河”“无定河”的称谓。到清康熙年始钦定“永定河”，无非是希望它成为一条“永远安定”的河。但它“脾性”难改，依然故我。

成河年代的推定

永定河是一条很古老的河流，有人说它“成河于距今 300 多万年前”，但这是一种非常笼统的说法。只要我们对永定河上、中、下三游的河段进行考察，就会发现它们之间就所在的自然地理环境、河流的形状、水文特征等方面，都有较大的差异。

我们常常把官厅以上的河段称为“上游”，其流域面积约占全流域的 85%，而官厅迤西那些被流水切割得沟壑纵横、支离破碎但层理清晰、形态各异的地质露头，却犹如一部地质史书，记述着数百万年以来这一地区的沧桑巨变、古生物的演进和古人类的繁衍生息。科学研究表明，至少从 450 万年前的新近纪上新世早期开始，一直到距今两三万年前的第四纪晚更新世后期，这里曾经被烟波浩渺的湖水占据过。科学界曾将这个地质史上曾经存在过的古湖称为“大同湖”。有人估计这个“大同湖”包括人们所说的“桑干古湖”“阳原盆地（泥河湾）”“延怀盆地（延庆—怀来古湖）”，面积在9000平方千米左右。它随着地质时期的变迁，时而扩大，时而缩小，周而复始。栖息或生活在湖边周围的动物，乃至后来出现的人类也随之有所迁徙。因此，一些动物和古人类的遗骸或遗迹，亦被埋藏在湖滨相地层里。受地壳断陷的影响，它们被深深地埋在地下，成了化石。在早更新世即距今23万～75万年之前，在山西大同和河北阳原一带，就曾经有过三期火山喷发活动。在盆地内兀立着30多座大小不同的火山堆和大面积分布于桑干河两岸、属于喷出岩（玄武岩）的黑石头。盆地内的断层构造也并不鲜见，泥河湾陡坎前缘就是一条大的正断层，其断距可达60米左右。据钻孔资料表明，大同时庄深达1274.4米的钻孔揭示了“大同湖”底的沉积层已经抵达现海平面下174米的深处。这也足以证明盆地下沉的幅度之深。

直至目前为止，泥河湾盆地发现旧石器时期的遗址大约有200处之多。其中属于早更新世泥河湾期的将近50处，还有不少中更新世、晚更新世的；从人类化石中已经发现距今10多万年前的早期智人——“许家窑人”和距今三四万年前的晚期智人——“峙峪人”。

从官厅往下到三家店的河段是永定河的中游。这是一段蜿蜒在北京西山之中的深切曲流，长 108 千米。但由于山势陡峭，比降大，水势湍急，在三家店附近出山之后，即荡涤于平原之上。也由于流速锐减，河水所携带的泥沙开始沉降，并形成了一个以石景山为顶点、北起清河、南至小清河、东抵通州马驹桥附近、面积达1000平方千米的永定河洪积、冲积扇。它也是“北京小平原”的重要组成部分。

研究表明，由三家店往上的永定河段，原是发育在“三家店断裂带”上的“先成河”，而且是随西山的不断抬升，下切成深切曲流，最后还袭夺了原来储存在“延怀古湖”“泥河湾古湖”“大同古湖”中的湖水，形成了真正意义上的永定河。

20 世纪 70 年代，我有幸参加了“北京地震地质会战北京平原古河道变迁研究”。在实地考察和钻孔资料的研究中，我们发现荡涤在“北京小平原”上的永定河故道，包括清河故道、金沟河故道、灅水故道中沉积的河卵石、泥沙，其地质成分与中上游的基本一致。

课题组对河床中的沉积物进行了 C_{14} 年代测定，其结果如下：

C_{14} 年代测定结果表

地点	埋深	年代
北京王府井东方广场	11.4 ~ 11.7 米	1.5 万 ~ 1.9 万年
	12.3 ~ 12.6 米	2.2 万 ~ 2.6 万年
新北京饭店基槽	13 米	2.6 万年 ±490 年
雅宝路地下	11 米	3.2 万年
安定门地下	6.5 米	2.1 万年 ±500 年
东直门地下	1.5 米	1.5 万年 ±200 年
清河洼里地下	1.7 米	1.5 万年 ±200 年

1996 年王府井东方广场施工时，在地面以下 12 米处发现距今 2.4 万 ~ 2.5 万年前的古人类用火遗迹，包括灰坑、炭屑以及动物遗骨、石锤、骨铲等。

上述考察证明，永定河洪积、冲积扇形成于距今二三万年前的晚更新世（Q_3），或者说永定河袭夺“大同古湖”（“桑干古湖”）、“泥河湾古湖”“延怀古湖”的湖水，并将湖中沉积的巨厚沉积物迅速搬运至下游，形成“永定河洪积、冲积扇”。这就是永定河上下游贯通、形成真正意义上的永定河的年代。

中国科学院地质与地球物理研究所唐自华也认为：大约在 1.8 万年前，由于造山运动，湖底上升，交错移动，湖水大部分流走，大湖逐渐消退，泥河湾地层裸露出来。（“泥河湾遗址群旧石器

时代的天然博物馆”刊发于《人民日报》2020 年 11 月 14 日）

在 1948 年召开的国际第四纪地质会议上，学界曾把永定河上游的泥河湾动物群出现的年代，确定为早更新世（Q_1），这与永定河袭夺“泥河湾”湖水的晚更新世（Q_3）也相对应。而“桑干古湖”“泥河湾古湖”“延怀古湖”的湖水被袭夺，不仅大大地扩展了永定河的流域面积，而且由于原先巨厚的湖泊沉积物的侵蚀，也使永定河成为含沙量仅次于黄河的“小黄河”“浑河”，并在出山后形成洪积、冲积扇。永定河在北京小平原上，被称为迁徙无定、灾害频仍、桀骜不驯的害河。

释“北京的母亲河”

北京城是在“北京湾”这个摇篮里，吸吮了永定河所供给的甘甜乳汁，孕育成长的。“没有永定河，就不会有北京城的昨天和今天”。1996 年 4 月，我在《北京晚报》发文，把永定河称为“北京的母亲河”，既是表达它们之间的血肉关系最贴切的称谓，也是最形象、最让人感到亲切的昵称。

（一）永定河所形成的洪积、冲积扇平原，为北京城的孕育、成长提供了良好的地理空间

永定河从山西、内蒙古携带着大量的风化碎屑，切穿西山的崇山峻岭，在三家店出山，并形成了以石景山为顶点的洪积、冲

积扇。这个“扇”北起清河，东至通州马驹桥镇，南达河北省的小清河，面积达 1000 平方千米。

整个洪积、冲积扇西北高、东南低，但地势平坦、排水良好，而且土地肥沃、水源充足。这就为一个城市的孕育、成长提供了极为良好的地理空间。

自从在北京小平原上出现了原始居民点，到成为邦国的政治中心——蓟之后，北京又成长为中原统一王朝在北方的军事重镇——幽州，继而，由于北方少数民族的迅速崛起，并南下中原，北京又先后成了辽朝的陪都——南京（又称燕京）、金朝的政治中心——金中都，拉开了北京成为全国性都城的序幕。后来蒙古族崛起，推翻了女真政权，建立了横跨欧亚大陆的蒙古帝国，北京上升成为全国性都城——大都城，明清两代继之。

在北京这 3000 多年的发展中，城址虽略有迁徙，但都没离开过永定河所形成的洪积、冲积扇。这也足以证明，我们的先人对北京城址的选择是独具慧眼的。

北京城从最初的依傍莲花河水系，转移到高梁河水系（也有人称“三海大河”）上来，固然是因为莲花河水系“水流涓微”，金中都城的所在地“土泉疏恶”，而高梁河水系的天然湖泊水面宽阔、水源充沛。但我们更应注意到金中都城位于永定河洪积、冲积扇的西南侧，地势相对较低，常易受到洪水的威胁，而元大都城所在的高梁河水系，却位于这个“扇”的脊部，地势相对较高，也少受洪水的威胁。从史书的记载中，我们也可以看到，永定河洪水会威胁到明清北京城外城的右安门一带，却少有威胁到内城的。

（二）永定河以她甘甜的“乳汁”哺育了北京城

数千年来，永定河水及由她储存在地下的水源，一直是北京城生活饮用、园林绿化的重要水源。

据史书记载，远在帝尧时代，我们的祖先就已发明了凿井技术，而凿井汲水的技术在古代北京，已有广泛的应用。1956 年，为了配合永定河的引水工程，曾在宣武门豁口两侧以及和平门一带，发现春秋战国和汉代的陶井 150 余座。之后，为了配合上下水工程和南护城河加宽工程，又在陶然亭、广安门内大街、北线阁、白云观、宣武门内南顺城街以及和平门一带发现陶井 65 座。这说明远在 2000 多年前，北京就已经开始凿井汲水，井水已成为供给居民日常饮用或灌溉农田的主要水源。

到了清代，朱一新在《京师坊巷志稿》一书中，把每条胡同里有几口井都记得一清二楚。据他统计，在北京城里有一半以上的胡同里有水井，内城有 701 眼，外城有 557 眼，两者合计 1258 眼。另据 20 世纪 70 年代统计，北京城近郊区有水井 4000 余眼。而上述的这些水井所汲取的地下水，几乎无一例外地来自永定河的补给。换言之，北京人世世代代所汲取的地下水，是我们的母亲河多年储存下的。

新中国成立之后，于 1954 年开始修筑的官厅水库，不仅解除了永定河下游的洪涝灾害，而且还不断给北京西郊乃至天津输送过水。在建成之后的40多年中，共提供了城市用水240多亿立方米。

（三）永定河在变迁中所遗存下的古河道，是古都北京营造古典园林和园囿的自然基础

水是生命的源泉，同时也是中国古典园林形态和生机的源泉。人们纵然可以巧夺天工、移山填海，却“巧妇难为无米之炊”。没有水，一切园林、园囿都将黯然失色。

在永定河出现的早期，当它从山西、内蒙古呼啸而下，并在今三家店附近出山时，却受到了横亘在地表并且与西山相连接的石景山、金顶山、老山、八宝山、公主坟凸起的阻隔。永定河不得不折向东北，并通过老山—金顶山以北的豁口，与香山方面来的水流汇合，进入巴沟低地、昆明湖凹地。而后，又沿着中关村—白庙凸起的西侧继续流向东北。永定河所携带的大量碎屑物，便堆积在其中，并构成了这一时期永定河冲积、洪积扇的主体。今日所见的万泉河、清河，只是发育在其上的两条小河。

第四纪以来，由于新构造运动的影响，永定河自北而南逐渐迁移。此时，由于前期巨厚的堆积，原先的凸起已经不能阻隔永定河水的南流，遂形成了两股小流。其北道仍循旧途，南道则沿八宝山南侧向东南部平原倾泻，并形成了以后的金钩河和㶟水故道。屡见于史书记载的高梁河和㶟水，便是发育在其上的两条古河道。以后，又由于控制大兴隆起的南苑—通县断裂活动，隆起

不断抬升，并迫使穿越大兴隆起的㶟水逐渐往西南迁移至今永定河的位置，即永定河在出山南流绕过大兴隆起之后，才转而东流。

永定河在南迁过程中所遗留下的故道，以及在地貌形态上形成的牛轭湖、低洼地等遗迹，便成了日后修筑园囿的自然基础。

古清河位于城区的西北，即从石景山开始，向东北方向流经西黄村、巨山村、南坞、海淀、清河，至沙子营汇入现今的温榆河。其故道河槽明显，河面一般宽 3 ~ 4 千米，最宽处可达 5 千米，最窄处也有 1.7 千米。据 C_{14} 年代测定为 7200（ ± 150 ）年。

永定河在南迁之后，古清河便逐渐断流，并在湮废了的古河道上，留下了众多的湖沼、低洼地。日后在海淀镇以西所见的淀泊和巴沟低地便是其中的一部分。

对此，最早有文字记载的，是在元朝上都路制使朵里真所撰的碑文中，即称“丹棱沜”，而土人却称之为“海淀”。

“淀”是对华北平原北部浅湖的一种通称。旧日北京京畿曾有东淀、西淀、三角淀、溻河淀、延芳淀等，号称“九十九淀”。所谓“海淀”，可理解为“其淀大如海”之意。明代蒋一葵在其所著的《长安客话》中这样写道：“水所聚曰淀。高梁桥西北十里，平地有泉，滮洒四出，淙汩草木之间，瀦为小溪，凡数十处。北为北海淀，南为南海淀。”又说：“延而南五里为丹棱沜。”王嘉谟则在《丹棱沜记》中这样说：“帝京西十五里为海淀，凡二。南则觞于白龙庙，又南五里溱于湖，北则斜邻峋嵝河。又西五里为瓮山，又五里为青龙洴。河东南流，入于淀之夕阳，延而南者五里，旁与巴沟邻，曰丹稜洴。洴之大以百顷，十亩瀦为湖，二十亩沉洒种稻，厥田上上。湖圜而驶，于西可以舟……”

起初，经营这一片浅湖、洼地的人们，必然要选择附近的高地来居住，而今日海淀镇的所在，正是其理想之处。就这样，经过历代劳动人民的经营，在这里开辟了荷塘、稻田，呈现出一派江南水乡的风光。离此以西的数里之外，又有万寿山、玉泉山等平地浮起，其后更有西山蜿蜒。远山近水，交相掩映。于是便有人描写这里：“远树参差，高下攒簇，间以水田，町畦相接，盖神皋之佳麓，郊居之胜选也。”

自元至明，“海淀”二字兼为湖泊和聚落的通称，而“丹稜洴”则是文人间用于湖泊的别名，其所以有此典雅的别名，正说明这一带的湖泊已经渐渐变成文人骚客的游闲之区。其原因之一就是在元初建成大都之后，海淀去都城的距离较前大为缩短。城中来此郊游之人，也就日渐增多。到了明代更是如此。“西山吾夙好，水竹幸为邻；晴日苍烟在，青苔古树折。雀勤雏尚鷇，登报容愁人；岩壑朝将住，丹稜洴可津。”

海淀镇上所见巴沟低地上的自然美景，一经都下文人的吟咏赞赏之后，官僚、富豪等也就追踪而至，于是辟园林、造别业等，自明至清数百年延续不绝，其中著名的如明朝李伟的清华园和米万钟的勺园。明清易代之际，清华园和勺园都已渐就圮废。到了清初，圣祖玄烨（康熙）又就清华园故址，重加修治，名畅春园。自此以后，历经康熙、雍正、乾隆三代，前后百余年间，海淀附近名园并起。诸如清漪园、静明园、圆明园、长春园、万春园、淑春园等，其他还如近春园、熙春园、澄怀园、蔚秀园、承泽园、朗润园、一亩园、自得园等。在方圆数十里内形成了“举目所见皆为园林飞阁，连绵隐现于烟云树杪之间”的景色。

这些园林的共同特点是，水面在园中都占有很大的比重。盛极一时的圆明园更是一个以水为主体的水景园。在园里，不仅溪流纵横，湖泊星布，还有30多眼泉流滮溢其间。如果加上数不尽的亭台楼阁、殿廊榭轩，计有100余景。

值得一提的是，逶迤于海淀镇西侧的万泉河。它源于万泉庄，这里泉眼众多，“其平地淙淙出乳穴者不可胜数”。清乾隆时在此建庙，名“泉宗庙”，并将庙内外“淙泉之处”各赐嘉名，立石以志，计有：大沙泉、小沙泉、沸泉、滮泉、屑金泉、冰壶泉、锦澜泉、规泉、露华泉、鉴空泉、印月泉、藕泉、跃鱼泉、松风泉、晴碧泉、白榆泉、桃花泉、琴脉泉、杏泉、澹泉、浏泉、洗钵泉、浣花泉、漱石泉、乳花泉、漪竹泉、柳泉、枫泉、云津泉、月泉、贯珠泉等共30多处。实际上，这些有名的泉流，也是永定河经清河古道的潜流，因受东侧海淀台地的阻隔而流出地表的。它们与其他许许多多未命名的泉流一样，为这一地区的造园提供了优越的自然条件。

永定河在出山之后，由石景山向东，流经杨庄、八宝山与田村中间，在半壁店附近分为南北两支。北支经紫竹院、动物园至积水潭附近之后又分为南北两支：北支往东与温榆河相接即古坝河；南支折而南下，经现在的北海、中南海、前门、金鱼池、龙潭湖，出左安门，在马驹桥附近漫散而下。南支在半壁店流至玉渊潭附近亦分为两支继续南下，即古蓟河和古莲花河。由于其主干与以后的金钩河相吻合，故被称为古金钩河。主干上部河道宽 2 ~ 3 千米，中部达 7 ~ 8 千米，至呼家楼附近可达 10 多千米。从其沉积物的厚度和组成物质推测，在一定时期内，它曾与永定河清河故道并存过。

对北京城的起源和发展有着特别重要意义的莲花河水系和高梁河水系，都是历史时期发育在金钩河古道上的两条天然河道。

莲花河源自莲花池，因其位于蓟城之西，故称西湖。辽金时这里“绿水澄澹，川亭望远，亦为游瞩之胜所也”。当时，为了解决中都城的宫苑用水，遂把源自西湖的洗马沟圈入城内，并造就了一个极其重要的苑林区，名同乐园，又称西华潭。其间还辟有瑶池、蓬瀛、柳庄、杏村等。这里“柳影瑑瑑水底天”“晚风吹动钓鱼船”，风景优雅秀丽。

高梁河故道宽 1 ~ 2 千米，据 C_{14} 年代测定，为距今 1390（±80）年前。其后发育有古高梁河，河道宽一般在 300 米左右，在供电局至前门棋盘街一带宽达 620 米。古高梁河在地表消亡之后，便留下了一片湖沼，即今日所见的什刹海、北海、中南海、龙潭湖等。

古高梁河地处金中都城的东北郊，白莲潭是古高梁河下游河道形成的洼地型湖泊，当时的白莲潭还只是一片经过人工整治的湖泊。中都建成之后，金世宗便在大定十九年（1179年）开始，在这里营建大宁离宫（后又改称孝宁宫、寿安宫、万宁宫等名），这座离宫环湖而筑。琼林苑中筑有横翠殿，宁德宫西园建有瑶光台，湖中有琼华岛，又有瑶光楼，湖滨则辟有稻田、荷塘，乃是中都城东北郊著名的风景区。

出于对都城建设的需要，元朝统治者在经过一番详细的勘察之后，决定将都城从位于“水流涓微”“土泉疏恶”的莲花河水系，转移到水量丰沛的高梁河水系上，即以金大宁离宫为中心营建大都，并进一步开拓原有的湖泊，建成万岁山、太液池。明初改建大都时又开凿了南海，“液池只是一湖水，明季相沿三海分”。这样，“三海”便成了今日所见的北海和中南海的形势。正是这水面相连的“三海”，使宏伟严整、金碧辉煌的宫殿建筑与波光柳影、妩媚多姿的景色互相辉映，形成了一个极其美妙的人间仙境。

如前所述，当原先的凸起已经难以阻隔永定河水南流之后，其河水便沿八宝山南侧向东南部平原倾泻。这就是㶟水故道。

有关㶟水的文字记载，最早见于公元3世纪。但是，就地质剖面所见，古㶟水不仅范围大，而且切割也深。其北岸可抵八宝山南侧、北京城的西南角，往下则可达马驹桥、高古庄、张家湾；南岸经丰台镇、南大红门、大回城、采育、风河营，其河道宽 3 ~ 4 千米，河床中的砂、砾石沉积厚度达 12 ~ 20 米。其上游（石景山附近）由于河道交叉重叠，河道形态并不明显；至南苑附近就成了两岸高、中间低的蝶形洼地，深 2 ~ 3 米；到马驹桥、大回城以下，由于地势平坦，河流遂呈漫散状态，分支多而呈喇叭形展布。据 C_{14} 年代测定，古灅水早在 1400 ~ 1600 年前便已经存在了。现在所见的海子、泡子即为古灅水在消亡过程中留下的遗迹。而源自莲花池的凉水河与大兴区的凤河，仅仅是发育在灅水故道上的两条河流。

由于这里地势低洼，水源丰富，据史书记载，仅团河行宫一带便有泉眼 94 处，一亩泉也有 20 余处。这里“蒲苇戟戟水漠漠，凫雁光辉鱼蟹乐”，形成了一个非常特殊的湿地景观。

南苑一带，远在辽代就是契丹族统治者进行游猎的场所，并设有“晾鹰台”。元时改称飞放泊。冬春之交，元统治者来此“纵鹰隼搏击，以为游豫之度”。其如“下马飞放泊广四十顷，北城店飞放泊、黄埃店飞放泊俱广三十顷”。明永乐十二年（1414 年），增广其地，围垣达 80 千米；至清代“我朝因之，设海户一千六百人，各给地二十四亩。春蒐冬狩，以时讲武。恭遇大阅，则肃陈兵旅于此”。同时又大兴土木营建团河行宫，把这块水草丰美、“獐鹿雄兔不可胜数”的地方圈为禁地。

（四）永定河是北京西山泉流的重要补给源

北京到底有多少眼泉流，现已无从知晓。但是，1980 年有关部门曾做过一次普查，结果是北京地区有大小泉流 1240 多处，总出水量约 2 亿立方米（相当于两个怀柔水库的容量）。不过，这些泉流大多分布在占全市土地总面积 2/3 的山区，平原区几乎已经绝迹。历史上安定门外的“满井”、海淀区的万泉庄、丰台区的万泉寺等，早已成为徒有其名的地名。甚至连清乾隆帝命名的玉泉山“天下第一泉”，也已在 20 世纪 70 年代断流了。

如前所述，北京地区的山脉和地貌形态的总体格局，是在距今 7000 万年前的“燕山运动”中形成的。巨大的自然力，使过去沉积在京西山地范围内的各种岩层，在抬升过程中产生了许多规模不等的断层和褶皱，而且主要是呈东北—西南方向延伸的。

北京西山山地的山峰，主要是顺着褶皱系统排列的。而且还形成了一系列呈东北—西南走向的联脉。有的是沿着褶皱的背斜轴延伸的，有的则是沿着向斜轴延伸的。例如，横跨在官厅和沿河城之间，作东北—西南方向延伸的一系列山峰，是大致顺着一条背斜轴延伸的；而京西的香山向南跨越永定河与九龙山的联脉，则是顺着一条向斜轴（“九龙山向斜轴”）延伸的。这条山脉以西的一些山峰，如妙峰山、清水尖、髫髻山、庙安岭，以至百花山，则是沿着庙安岭向斜轴延伸的。

所谓“背斜”和“向斜”，是当地层遇到内因力而发生褶皱时，产生的“凸曲”或“凹曲”，各“曲”有自己的“轴”。处于向斜轴上的山峰，在地貌上被称为“地貌倒置”。

考察发现，上述的两个向斜，都构成了一个上端出露于永定河河谷，形成接纳永定河河水的补给、渗透，埋藏于地下逾千米的含水层，尔后穿越西山，在向斜谷东南侧出露地表，形成泉流，如香山—九龙山向斜，凡是有奥陶系灰岩出露地表的地方，均有泉流涌出：自北而南依次有冷泉、黑龙潭泉、温泉、白家疃簸箕水、玉泉等，玉泉山玉泉则是其中最大的溢出点。正是以“玉泉”为代表的众多泉流，为北京西山离宫别馆的建设和寺庙的修筑，提供了良好的水源条件。玉泉山的玉泉还是专供帝王宫廷用水的水源地。元代还曾开辟“金水河”，以供宫城专用，并规定在金水河“濯手有禁”，更禁止在金水河内“饮牲畜”。玉泉山玉泉清澈晶莹，山以泉名，即“玉泉山”。

“三山五园”是对位于北京以皇家园林为代表的各历史时期文化遗产的统称。“三山”指香山、玉泉山、万寿山，“五园”指静宜园、静明园、颐和园、圆明园、畅春园。

北京西郊，层峦叠嶂，泉水充沛，山水形胜。自辽金以来，历经元明，不断有统治者在这里陆续营建行宫别苑，到清代进入全盛时期，陆续修建起了一批皇家园囿。在全盛时期，自海淀镇至香山，分布着静宜园、静明园、清漪园、圆明园、长春园、绮春园、畅春园、西花园、熙春园、镜春园、淑春园、鸣鹤园、朗润园、弘雅园、澄怀园、自得园、含芳园、墨尔根园、诚亲王园、康亲王园、寿恩公主园、礼王园、泉宗庙花园、圣化寺花园等 90 多处皇家离宫御苑与赐园，园林连绵二十余里，蔚为壮观。

永定河在变迁过程中留下的清河故道和以玉泉为代表的西山众多的泉流，固然是修筑皇家园囿的自然基础。但是，有清一代奉行的是“政自园出，因园纪事”，要的是“避喧理政”。在有清一代的 268 年中，清帝有 226 年在“三山五园”理政。这里已成为清朝实际的政治中心，是园林中的“紫禁城”。清代的第二代皇帝玄烨，自康熙二十六年（1687 年）后，直到去世，每年有 150 余天在畅春园居住理政；雍正帝自雍正三年（1725 年）八月园居理政后，平均每年在圆明园 210 余天；乾隆帝的理政地点，除紫禁城、避暑山庄、南巡和东巡途中外，年平均驻圆明园 120 余天；嘉庆帝驻圆明园年均 160 余天；而道光帝驻圆明园的时间长达年均 260 余天，道光二十九年（1849 年），有闰月，其园居时间高达 354 天；咸丰帝在咸丰十年（1860 年）八月初八逃往热河前，驻跸圆明园 7 年，年均时间也达 210 余天。

清帝在“三山五园”的主要活动是居住、理政和游憩，还有接见大臣、御门听政、任命官吏、策试选士、勾决人犯、翰詹大考、阅试武举等例行政务，立储废储等重大事项，以及许多重要外事活动。“三山五园”见证了清朝政治的跌宕起伏和清代的兴衰历程。

胸怀博大哺甘醇

如前所述，永定河斜贯北京市的西南部，是北京地区最大的河流。它在三家店附近出山之后即流淌于今清河与小清河之间，并且由于流速骤减，流水所携带的大量风化碎屑和泥沙便随之沉积下来，形成了一个中部微呈隆起、面积非常广阔的洪积、冲积扇。而永定河在自东北向西南的迁徙中，不仅在这广阔的平原上留下了众多的天然湖泊，而且储存下了丰富的地下水源。

正是凭借着永定河所铸就的洪积、冲积平原和天然湖泊，乃至在以后为北京城所提供的地表、地下水源，才为北京城的起源、发展提供了一个极为良好的自然基础。

从 3000 多年前的燕都蓟城，到 860 多年前的金中都城；再到 700 多年前的元大都城和明清北京城，其城址虽有所变迁，但都无一例外地建在了永定河的洪积、冲积扇上，都吸吮着永定河源源不断的“乳汁”。

北京城最初的名称叫作蓟。这是公元前 1046 年周武王在伐纣灭商之后，在北方分封的两个诸侯国中蓟的政治中心。“蓟、燕二国，俱武王立，因燕山、蓟丘为名，其地足自立国。蓟微燕盛，乃并蓟居之，蓟名遂绝焉。”（《史记·周本纪·正义》）

蓟城的具体位置，虽尚有待于地下发掘的考证，但其地大体在今北京城的西南即广安门一带，应无歧义。史书第一次记述蓟城地理特点的，是郦道元所著的《水经注》，记述了古蓟城是在平原上，依据一处高地而逐渐发展起来的。同时，又记述了在蓟城西郊的一个天然湖泊——西湖，以及发源于西湖的一条小河——洗马沟。这就是今天人们所知道的莲花池和莲花河。从地质、地貌上说，这里乃是永定河洪积、冲积扇上的一处承压水溢出地表后汇聚之处。而当时郦道元所见到的西湖，已是被开发的风景秀丽的郊游胜地，说明了这片湖泊和河流与蓟城的密切关系。

这座蓟城一直沿用到公元 938 年，辽代在这里建立陪都——南京城。1153 年，金朝又以南京城为基础进行了扩建，改为中都城，如前所述，当时，便有计划地把位于西郊的洗马沟和湖泊圈入城内，使之形成一片重要的苑林区，取名同乐园，又称西华潭。其东则为宫苑——鱼藻池所在，今日广安门外所见的青年湖便是当年鱼藻池的遗迹。其东 200 米处的西二环路正是当年中都城的中轴线所在，大安殿（相当于紫禁城的太和殿）原址即在其上。金大定十九年（1179 年）起，又利用中都城东北郊为高梁河所灌注的一片天然湖泊，筑琼华岛，修大宁离宫。不仅如此，当 13 世纪 60 年代元朝决定迁都燕京的时候，终因莲花河“水流涓微”“土泉疏恶”，而放弃了莲花池水系上历代相沿的旧址，而以其东北郊的大宁离宫为中心，建起了历史上赫赫有名的大都城。

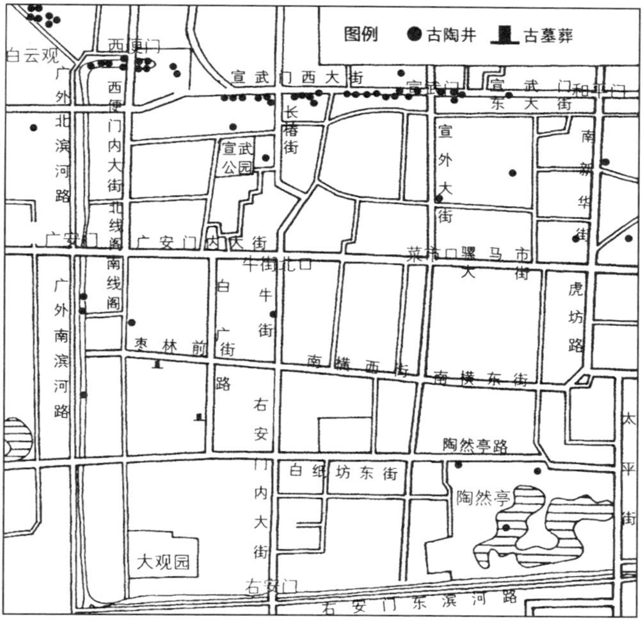

▲ 广安门、西便门和宣武门一带战国至汉代遗迹分布示意图

▲ 燕国宫殿饕餮纹半瓦当，1957 年出土于广安门桥南护城河西岸

大都城的奠基，主要是利用永定河古道——古高梁河水系上的一区湖泊，即今日所见的北海、中海（南海尚未开凿）作为设计中心的，并由此奠定了北京城以后发展的基础。

如前所述，北京众多的古典园林大都是以永定河古道为基础，经人工辟治而成的。然而，近几十年来超量开采地下水带来了一系列问题：北京城近郊区的地下水位不断下降，并形成了一个面积达 1000 平方千米的下降漏斗区，局部地区还发生了地面下沉现象；原来的自流井和地表泉流消失了，就连数十米深的机井也因抽不出水而报废了；地下水出水量逐年减少、水质不断恶化、硬度提高、硝酸盐含量也在日渐上升……

20 世纪 50 年代初，官厅水库的修筑不仅改变了永定河原先“善淤决，好迁徙”的脾性，而且在平水年还可以为城市提供 6 亿 ~ 7 亿立方米的用水。但是，由于气候连年干旱，其上游地区又先后修筑了大、中、小型水库 260 余座，来水量不断减少。官厅水库本身又因泥沙不断淤积，库容日趋减小。永定河终因严重的入不敷出而频频告急——曾连续出现过 7 次水源危机，特别是 1972 年、1976 年、1981 年三次，不仅使农业生产的灌溉用水停止供应，就连北京西郊电厂也因供水不足而不得不减少发电。“北京的母亲河”已实在不堪重负。

据统计，在官厅水库建成的 40 多年中，官厅水库为北京的工农业生产和生活饮用提供了 240 多亿立方米的水。但由于永定河来水量的不断减少和地下水资源的超量开采，又迫使我们不得不搞“东水西调”，即把北京城市用水的主要供应地由永定河水系转向潮白河水系——由密云、怀柔水库通过京密引水渠向城市供水。人们把京密引水渠称为“北京城的生命线”，也正是从这个意义上来说的。

然而，我们切不可以忘记，历史上的永定河是一条桀骜不驯、经常泛滥成灾的害河，它与长江、黄河、淮河并列为全国四大重点防汛河流之一。这是因为永定河的落差大、泥沙多、降水集中。洪水在官厅山峡千回百转、跌宕奔腾，一旦在三家店出山便如同脱缰的野马，肆意闯荡，每每酿成灾害。在近 100 年中，永定河曾有五次洪水直逼北京城。所以永定河在历史上又有“浑河”“小黄河”“无定河”之称。

为了减少永定河的灾害，特别是为了减少对京城的直接危害，从金代开始即从石景山向卢沟桥的方向修筑堤坝，而且是屡毁屡修，河床也越筑越高。永定河在石景山段以下，已经成了名副其实的高出地面的“悬河”。就现状而论，卢沟桥河底的高程要比天安门广场高 15 米。也就是说，一旦永定河出现洪水，就会构成对北京城的直接威胁。

官厅水库的修筑，不仅基本上制止了永定河上游地区 4.3 万平方千米（即占永定河总流域面积的 90%）的洪水流量，而且改变了永定河的水文特征。清康熙皇帝要把“无定河”变为“永定河”的梦想，新中国成立后才真正得以实现。1989年有关部门又完成了对官厅水库的除险、加高、加固工程，库容从22亿立方米扩大到了41.6亿立方米。与此同时，还对直接威胁北京城的悬河段——卢沟桥以上左堤进行了加高加固，以进一步提高防洪标准。但是，流域面积达1600平方千米的官厅山峡，地处华北平原向蒙古高原的过渡地带。这里山高谷深，岩石裸露，又是暴雨中心，其可能形成洪峰的最大值为1.6万立方米/秒。然而，永定河官厅山峡段至今尚未有洪水骨干控制工程。也因如此，永定河仍然是关系着首都汛期安危的第一大河，须臾不能懈怠。

桑干古湖泥河湾

永定河曾被称为“桑干河”，而且“桑干河”也是在历史上被叫得最久的名称。据北魏郦道元所撰的《水经注》记载，早在三国时期就已经称永定河为“桑干河”了。即使在今日，官厅水库以上的干流还是叫“桑干河”。

对于“桑干河”名称的来历，虽有多种说法，但是该名称所反映的物候现象总是能引起人们强烈的好奇，即“在桑葚熟了的时节，河流必干数日”。换言之，在农历四五月份桑葚成熟的季节里，河流必定会处于干涸的状态。

在史书上常有桑干河流域多植有桑树的记载，如《史记·货殖列传》中就这样写道："燕、代田畜而事桑。""燕"当时指今天的北京市和河北省的部分地区，而"代"就是以大同为中心的雁北地区。当地至今还流传有民谣："雁门关外野人家，不养桑蚕不种麻。百里并无梨枣树，三春哪得桃杏花？"北魏拓跋氏将都城建于平城（今大同），显然也与当地农桑业发达有关。至于幽燕地区有着桑林茂密的记载，更是史不绝书，如三国时代曹植的《艳歌行》中，就有"出自蓟北门，遥望胡地桑，枝枝自相值，叶叶自相当"。当时，还有"幽州人以枣、椹为粮"的记载。金代的《大金国志》更记有，北京地区的"桑、柘、麻、麦……不问可知"。就是清代的《日下旧闻考》中，也记有"盖幽蓟古多树桑，此桑干所以名河，楼桑所以名村"，在这里已经点出"桑干河"为河名的缘由了。

据报道，在北京城正南的大兴区内，一个横跨安定镇东部和长子营西南之间、面积达1160多公顷的"大兴古桑国家森林公园"业已建成。森林公园内共有林木70万株，其中桑树42万多株，百年以上的古桑近千株。这片古桑林既是目前华北地区最大的，也是北京地区独有的古桑园。它自然也向世人表明了北京地区种植桑树的悠久历史。

我们可以从前面的叙述中知道，永定河流域地处干旱和半干旱气候的过渡地带，而官厅水库以上的地区历年平均年降水量为400毫米。但由于受季风气候的强烈影响，有80%的降水量集中在6～8月份，而且常有强降雨，乃至暴雨出现，而其他月份不仅少雨，甚至无雨的情况也常有发生。所以，在史书上说永定河流域“汛时洪流万顷，旱时一苇不通”，且常流传着这样一句顺口溜“四月晾河底，六月没屋脊”，这“晾河底”的枯水季节，正好是桑葚成熟时的农历四五月份。因此，古时把永定河称为“桑干河”，实在是对永定河水文特征的真实写照。

随着岁月的流逝，河名代有更迭。到清康熙年间（1662～1722年），在对永定河进行了大规模的整治后，赐名“永定”，以祈被贬称为“无定河”的河流永远安定。但官厅水库以上的主干流仍称“桑干河”。

如前所述，永定河上游干流桑干河，从山西宁武管涔山北麓的源头往东北流。其间所经过的山西省大同盆地，河北省的阳原盆地、延怀盆地（包括今天官厅水库的所在地），在遥远的地质时期，曾经是一个面积非常宽阔的湖泊，面积达9000平方千米，地质学家们把它统称为“桑干古湖”。据古地磁年代测定，桑干古湖诞生的年代大约在260万年前的上新世末、更新世初。而早更新世是它的鼎盛时期，晚更新世末（距今2万年前）古湖已经消失。换言之，桑干古湖前后存在了200多万年。

早年间，这一带的人们都知道这里盛产“土龙骨”。当地的老乡在地里干活时，不慎因弄破了手或脚而流血，弄一块“土龙骨”研成粉末敷上就行。既不需要包扎，更不需要上医院，过几天就好了。中药店的采购人员，有时也来这里收购“土龙骨”。

所谓“土龙骨”，就是埋藏在地层中的骨化石。20 世纪 20 年代初，外国人德日进、巴尔博等人到当时的中药铺收购的“土龙骨”，就是古脊椎动物的化石。这些化石也是古生物地层研究中划分地层、研究古地理环境变迁的重要依据。

我们在实地考察中看到，从桑干河谷地到岸顶大约有 150 米，其间还有规律地堆积着黑色、灰绿色、灰黄色、土黄色的沙砾石层和黏土等。它们多呈水平状分布，有的还具有波纹状的层理。据钻探资料的记载，最深的可达 600 多米，才达到基岩。而从物质的粒度、颜色、沉积特征和变化规律可以得知，它们属于湖泊环境中的沉积物，即“湖相沉积物”。不仅如此，早在 20 世纪 20 年代，一些中外地质学家、古生物学者，就已经开始了对桑干古湖地区的研究。他们先后在泥河湾村一带的地层中发现了一些古脊椎动物的化石，其中仅哺乳动物的化石就达 31 个属、38 个种之多，如桑氏鬣狗、三趾马、长颈鹿、纳玛象、泥河湾剑齿虎、中国野牛、“四不像”、转角羚羊、直隶狼等。后来，科学家们在 1948 年国际第四纪地质会议上，把它们确定为“早更新世泥河湾动物群”，把这套地层定名为“泥河湾组”。这样，“泥河湾”这个名字就随着众多的地质文献而传遍了世界各地。

“三趾马”是地质时期古老的马种。它的体形比现代的马小得多，附肢末端有三趾，中趾很粗，侧趾较小，还有一个不着地的短趾骨。这种马生活在第三纪的上新世（距今 200 万 ~ 700 万年以前）。此外，长颈鹿原是生长在非洲热带草原的一种动物，在我国，现在也并没有长颈鹿。但是在 200 万 ~ 300 万年以前，长颈鹿曾经在泥河湾地区安家落户。这真是地质史上的一大发现，说明当时的泥河湾应该是气候温暖湿润、水草丰盛、环境优美的动物乐园。

泥河湾深厚的湖相沉积地层，以及在其中发掘出的动物化石，把我们引入了这样一幅图景：在遥远的地质年代，在那烟波浩渺的古湖之滨，绿草如茵，灌木丛生，野花盛开，三趾马成群结队，羚羊群东奔西跑，那身躯修长、体形健美的长颈鹿正高昂着头颈在吃树上的嫩叶……这是一个多么优美的天然大动物园。

前些年在河北省石家庄市举行的“河北省泥河湾文化研究会”成立大会上，专家们认为：经过中国专家 80 多年的考古发掘和研究，在东西长 82 千米、南北宽 27 千米的桑干河两岸区域内，发现了早期人类文化遗存、遗址 80 多处，出土了数万种古人类化石、动物化石和各种石器，几乎记录了从旧石器时代至新石器时代发展演变的全部过程。目前，在我国已经发现的 25 处距今 100 万年以上的早期人类文化遗存中，泥河湾遗址群就占了 21 处。泥河湾早期文化遗存的密度之高、年代之久远，不仅在国内绝无仅有，在世界上也极为罕见。特别是 2001 年马圈沟遗址的发掘，首次发现了距今约 200 万年前人类进餐的遗迹，使世界人类不仅可能从东非的奥杜维峡谷中走来，也有可能从中国的泥河湾走来，而永定河河谷正是古人类迁徙的最早天然通道。

21 世纪初，泥河湾旧石器考古被评为中国百项重大考古发现之一。其中小长梁遗址作为人类活动最北端的证据和中华大地古人类早期发祥地之一（人称“东方人类发祥地”），被镌刻在北京中华世纪坛长达 270 米长的青铜甬道的第一级台阶上；泥河湾遗址群被列为第五批全国重点文物保护单位；泥河湾被列为国家级自然保护区。目前，有关部门正在积极筹备申报将泥河湾列入《世界遗产名录》。

还值得一提的是，我国著名的考古学家苏秉琦先生把距今 5000 年前影响中国历史进程的两大战役，即炎帝与黄帝的“阪泉之战”、黄帝与蚩尤的“涿鹿之战”，称为两次南北文化的大碰撞。通过考古发掘证明，这两次文化大碰撞都发生在河北省境内的怀来盆地。正是在这里拉开了中华民族统一的序幕，促进了民族的融合，成为中华民族历史的发端。因而，炎帝、黄帝、蚩尤作为中华民族的人文始祖，也随着这两大战役而广泛流传，在史书中反复出现、备受尊崇。不仅如此，在中国悠久的历史长河中，南北朝时期的北魏鲜卑族拓跋氏政权，就建在大同盆地的平城，即今日的大同。这一切都说明，永定河上游干流桑干河及其所流经的大同盆地、阳原盆地、延怀盆地，无论就其古生物地层的研究，抑或是自然地理变迁的探索，还是中国古代有关炎帝、黄帝、蚩尤的传说等，都值得我们去做进一步的探究、追寻。

万年遗址现平原

1996 年冬，有人在王府井南口的“东方广场”工地上发现了史前时期的古人类遗址，一时间轰动了整个北京城。这是继 1973 年 5 月在北京饭店工地距地面以下 12 米处地层中发现一棵距今约 3 万年的古榆树之后的又一重大发现。

众所周知，北京城的所在地是永定河洪积、冲积扇的脊部。20 世纪 90 年代初，中国科学院古脊椎动物与古人类研究所就与北京市文物研究所合作，开始做“寻找北京猿人后代”的课题，希望在周口店之外寻找到同时期和山顶洞人的后代。到 1998 年时，他们先后在北京地区发现了 38 处史前文化遗址。在市中心的就有两处：一处是王府井东方广场工地上的古人类遗址，还有一处是在西单中银大厦的古文化遗址。它们都是在城市的开发建设过程中被人们发现的遗址。

1996 年冬，“寻找北京猿人后代”课题组成员、北京大学城市与环境学系历史地理研究中心的研究生岳升阳，在东方广场工地打电话给当时的课题组负责人“古脊椎动物与古人类研究所”研究员李超荣先生，希望他能来工地看看。李超荣悄无声息地进了工地。当时的工地被挖得七零八落，但是，离地面以下 12 米深的取土层面上，一条被挖土机铲斗划出的黑色擦痕引起了他的注意……终于，从地层里挖出了一些骨和石的制品，他当即确定，这里是史前文化遗址无疑。

我们所说的“旧石器时代”是距今 1 万 ~ 60 万年前的一段文化时期。在这一时期业已发掘的有早期的陕西蓝田猿人及其文化、北京猿人及其文化，中期的山西丁村人及其文化，晚期的北京山顶洞人及其文化。而旧石器时代古人类遗址在国家首都所在地被发现，这在世界上尚属首次，意义当非一般。

在得到国家文物部门批准之后，中国科学院古脊椎动物与古人类研究所和北京市文物研究所、东城区文化管理所等多家单位组成考古队进驻现场，进行了为期 8 个月的抢救性发掘。

在发掘过程中，他们不放过任何一个细节，比如骨制品和石制品上黏附的赤铁矿粉、植物种子、动物化石和骨器上的人类痕迹拼合等，都进行了全面的采集、记录。他们认为，这其中哪怕是很容易被冲洗、清理掉的赤铁矿粉末，也可能包含着某种信息——它们有可能是按照当时的审美需要或者原始宗教信仰、狩猎前后祈祷神灵或庆贺收获而人为抹上去的。

在东方广场工地考古发掘现场的 8 个月里，考古工作人员经历了北京最冷和最热的两个季节。然而，他们对抢救性考古发掘工作至为负责，简直是一丝不苟。

经过考古工作者的辛勤劳动，终于发掘出了属于晚更新世旧石器时代包括石核、石片、石器、木炭、烧骨等在内的古人类遗迹，从而填补了北京平原尚没有发现古人类遗迹的空白。这也证明远在2.9万年以前，古人类已脱离穴居狩猎生活，来到了北京平原上。

1997年4月18日，中国科学院院士古人类学家贾兰坡先生、历史地理学家侯仁之先生和黄土地质学家刘东生先生，来到了东方广场考古发掘现场。他们详细地听取了有关人员的汇报，并做了现场的实地考察。他们一致建议，应在这里建立“古人类遗址博物馆”。

现今，在王府井东方广场地下正是依据专家学者的建议修筑的“王府井古人类遗址博物馆”，其间陈列着此前在考古中发掘的实物。

卢沟渡口卢沟桥

卢沟是辽、金时期对永定河的称谓。

何以称“卢沟”？“燕人呼卢为黑”，河水黑浊，所以称之。如前所述，永定河上游桑干河所流经的大同盆地、阳原盆地、怀来盆地在数百万年前的地质时期，都曾被湖水所覆盖，并且沉积下了巨厚的湖相沉积物——呈灰绿色、灰黑色的淤泥和沼泽相的泥炭。而桑干河流域年降雨量虽仅有 400 ~ 500 毫米，但多集中于 7 ~ 8 月份，且多以暴雨形式出现，历史上还曾出现过一小时降雨达 214 毫米的强暴雨记录。急骤的降雨往往引起对土壤的冲刷和河岸的崩塌，陡涨的河水携带着大量的泥沙经官厅山峡奔泻下来，每每酿成灾害。据测，永定河水的含沙量高达 719 千克 / 立方米。这简直就是泥浆！所以人们把河水浑浊而又略呈黑色的河流称为“卢沟”，实在是很形象的称谓。很长一段时期以来，有人却往往把“卢”写成“芦”字。这是对卢沟一名的本义不甚了解所致。

卢沟桥则是因桥跨卢沟而得名。

众所周知，自古以来，卢沟桥所代表的渡口是南北交通的必经之地。从中原大地、华北平原北上内蒙古高原和东北地区，都必须经由这里。其归程也是如此。

原来，在石桥未建之前，大路通行的渡口上已有浮桥。但是由于卢沟在春季的凌汛和夏季的伏汛容易泛滥成灾，这就严重威胁着这条南北大道的畅通。如《北辕录》中记载：“卢沟河亦谓黑水河，河色最浊，其急如箭。”《许奉使行程录》又说：“卢沟河水极湍激，每候水浅，置小桥以渡，岁以为常。”金朝统治者在北京建金中都之后，这条南北通衢的重要性就越发地显示出来了。以至于有人记载说：“卢沟渡口两岸多旅舍，以其密迩京师，驿通四海，行人使客往来络绎。”不仅南北往来的商旅需要卢沟渡口的正常往来，而且在政治、军事上也需要保证卢沟渡口的畅行无阻。

金大定二十五年（1185年）五月，卢沟洪水泛滥，决口在上阳村。当时金世宗曾征令金中都周围150千米以内的民夫都前去堵塞决口，但是并未奏效。于是他便在三年后又下诏："卢沟乃使旅往来之津，令建石桥。"不料这项诏令尚未得以实施，金世宗就死了。

金章宗继位之后，先是决定造船只，以渡往来商旅，继而"更命建石桥"。金明昌三年（1192年），石桥建成，敕名"广利"。紧接着在大桥东西两岸又营建了廊舍，以方便过往官吏和商旅。之后，各代统治者均不同程度地对"广利桥"进行了修缮加固。至于在桥头上筑城驻兵控制这条京城的咽喉要道，那就是明朝时期的事了。

"广利桥"即"广而得利之桥"，但人们总习惯称之为"卢沟桥"。

"卢沟桥"的建成，无疑是中国建筑史上的一项伟大成就。它的工程之宏伟、构建之精美、技艺之高超，完全可以与当时的任何一座著名桥梁相媲美。

意大利威尼斯人马可·波罗于1271年随同他的父亲和叔父，来到了当时的大都城，并在中国旅居达17年之久。他对大都的城池、宫殿、琼华岛、街道、商贸、朝仪等，都在其后来写的《马可·波罗游记》里做了详细的描述，而且使用了他所认为的最美好、最富丽的形容词来称赞大都的方方面面。他在看到卢沟桥之后便这样赞美道："河上有一美丽石桥，各处桥梁之美鲜有及之者。桥长三百步，宽逾八步。十骑可并行于上……桥两旁皆有大理石栏，又有柱、狮接承之，柱顶别有一狮。此种巨狮甚巨丽，雕刻甚精……颇壮观也。"

正是由于《马可·波罗游记》对卢沟桥的精彩描述，早在700多年前，西方人便已知道在中国有一座工程浩大而且极为精美的卢沟桥。

卢沟桥全长266.5米，宽7.5米，10个桥墩，共11孔。桥墩间的距离不等，其跨度也由桥的东西两端向中间逐渐加大。其中心桥孔的墩距为21.35米，东西两端桥孔的墩距分别为16.49米和16.64米。桥拱径也相应而来地由桥的两端向桥中心逐渐增大。东一拱最小，为11.40米；西一拱次之，为12.35米；中心拱径最大，达13.45米。整座桥略呈弧形。这在我国古代的连拱石桥中实属鲜有者。

卢沟桥共有石栏杆279个（南边139个、北边140个），石栏杆之间嵌有栏板279块，其上雕刻着精美的图案，石栏杆望柱的柱头刻有仰覆的莲花座，莲花座下为荷叶墩，望柱的顶端雕有石狮。整座桥的望柱排列极为整齐、匀称，形态自如，肃穆中又充满活力，生动有趣，实为我国桥梁艺术的杰作。

若远观卢沟桥，在波光粼粼的卢沟上，宛如一道美丽的彩虹，飞跨东西两岸，11个拱券洞门悠然卧于波澜之上，至为雄伟壮丽，令人叹为观止！

北京有“歇后语”称：卢沟桥的狮子——数不清。

原来，卢沟桥上的石狮雕刻得非常生动活泼、栩栩如生。石狮坐卧、起伏极富变化：有的昂首挺胸，仰望云天；有的双目凝神，注视桥面；有的高耸双耳，似在倾听桥下潺潺的流水……特别是在栏杆望柱上雕刻的狮子，往往在大狮子身上又雕了许多小狮，大的有十余厘米高，小的仅有几厘米高。它们三三两两，有的趴在大狮身上，有的伏在大狮背上或头上；有的似在大狮身上奔跑，有的则在大狮怀里嬉戏；有的只露出了半个脑袋或一张嘴，有的却在那里戏弄大狮的绒头和铃铛……由于它们的数目众多，在观赏计数时，稍不留神便会漏过。

明代蒋一葵在其《长安客话》一书中，曾这样描述其情景：卢沟桥“左右石栏刻为狮形，凡一百状，数之辄隐其一”。刘侗、于奕正也在其合著的《帝京景物略》中说：“石栏列柱头，狮母乳，顾抱负赘，态色相得，数之辄不尽。”

传说，明朝时，宛平城一位新到的官员对“卢沟桥的狮子——数不清”的说法很不以为然。一次，他亲自坐镇桥头，派了许多士兵去清点卢沟桥上的石狮。孰料，两列士兵数了一遍又一遍，前后的数字却总是对不上。这位官员大为恼怒，认为是“士兵无能”，他决定要亲自数个明白。待到夜深人静之时，他独自一人再次来到卢沟桥上。此时，天色朦胧尚未大亮，但见桥两边的狮子蹦跳往返，翻滚嬉戏，好不热闹。此情此景让这位官员看得目瞪口呆，突然间他好像悟出了一个道理，禁不住喊了出来："啊！这卢沟桥上的狮子原来是活的。"

石雕的狮子能够活蹦乱跳，当然是无稽之谈。这只不过是人们对美好事物所做的一种赞喻，并将其神化而已。事实上，在新中国成立之后，为了加强对这座古桥的保护，北京市文物工作队于 1964 年对卢沟桥的石狮进行了清点——在每个石狮的身上贴上编号，最后统计的结果是 485 个。按其所在的位置可分为四种：在栏杆望柱上的大狮子共 281 个，望柱头上大狮子身上的小狮子共 198 个，桥东端顶着栏杆当抱鼓石的大狮子共 2 个，桥两头华表顶上的狮子共 4 个。然而，随着岁月的流逝，卢沟桥因受风霜雨雪的侵蚀和人为破坏，望柱上的石狮或风化损毁、或因面目全非而不得不进行修复，甚至撤换。所以，如今的卢沟桥石狮总数已达到了 501 个。

诚然，我们再也不用为数不清卢沟桥的石狮而忧虑了。但是，当我们漫步卢沟桥上，在观赏那千姿百态、神情活现的石狮，赞叹我们先人高超的石雕艺术的同时，数一数卢沟桥上的石狮，也不失为一件饶有兴味的事。

在卢沟桥建成之后，人们来往至为方便。更何况，卢沟桥距京城约 15 千米，离京的人们上午与亲朋好友饯别起程之后，抵达这里已是夕阳西沉、满天霞光的时分。于是，人们又忙于投宿打尖，以准备来日起早赶路。

留宿的客人一觉醒来，竟已是鸡叫三遍，遂忙着梳洗登程。出得门来，但见晓月当空，远处的西山影影绰绰，峰峦起伏，缕缕雾霭萦绕于山际；再见近处的卢沟，波光粼粼，由山间逶迤而来，卢沟桥犹如一道长虹横于其上，煞是壮丽……好一幅“卢沟晓月”：

河桥残月晓苍苍，照见卢沟野水黄。
树入平郊分淡霭，天空断岸隐月光。

河声流月漏声残，咫尺西山雾里看。
远树依稀云影淡，疏星寥落曙光寒。

兰若霜钟断续鸣，卢沟晓月正西横。
苍烟淡接平芜迥，曙光才分远水明。
傍岸人行闻犬吠，飋波风动见鱼惊。
车驰马骤长安道，何限低徊旅宦情。

上述几首诗，可以说把“卢沟晓月”这个在特定的时间、地点，特定的地理环境下所形成的由远山、近水、晓月、石桥构成的浑然一体的美妙景色，概括得非常贴切了。

事实上，自卢沟桥建成之后，历经金、元、明、清、民国，乃至新中国成立，吟咏卢沟桥美景的诗句几乎未有间断。这里不妨再选一首明代王绂在过卢沟桥时所做的即兴诗：

> 巵跸重来趣晓装，鸡声残月树苍苍。
> 数峰云影横空阔，一带波光入渺茫。
> 人语暗喧孤戍犬，马蹄寒踏满桥霜。
> 望中风景皆诗思，况复楼台是帝乡。

在朦胧的晨曦之中，雄伟的卢沟桥横卧于奔流不息的永定河上，桥上石栏杆望柱上的石狮，林立对峙；一弯残月斜挂在天边，映照着河面上层层泛起的波光；远处隐约传来的几声犬吠声，伴着早起的赶路人的悄语；马蹄踏在石桥上，发出“嘚嘚”的清脆之声，回荡在空旷的田野之上……这真是一幅难得的“卢沟晓月”图！

1937 年，日本帝国主义在卢沟桥发动了“七七事变”，中国军队毅然奋起抵抗，从此便开始了中国人民抗击日本侵略者的全面战争。在卢沟桥上、宛平城边，中华民族的优秀儿女为保卫祖国英勇奋战，许多人因此而献出了宝贵的生命……卢沟桥，作为中华民族不屈的象征，也由此被赋予了新的更加伟大的意义。它将与日月同辉，永远载入史册！

冰凌难逃“斩龙剑”

如前文所述，永定河发源于晋北高原和内蒙古高原，地处长城以外的塞北，气候寒冷。春天降临大地，积雪消融，汇为春水，并携带着大量刚刚解冻的冰凌，迫岸盈堤而下……这就是人们所称的“凌汛”。有人曾在洋河的三条支流汇合的地方——柴沟堡，观察到凌汛的壮观景象。由于这里地势开阔而平坦，但见那满河漕刚刚解冻的春水，像久困囹圄、才得自由一样，翻滚着宽大的身躯，想极力摆脱驮在背上的大大小小的前拥后挤的冰块，兴冲冲地往下奔跑，就连岸边的残雪也不断被它裹挟而去，其势荡荡，其声呜呜，壮观极了。站在岸边极目远望，只见褐色山脊的沟沟洼洼里正在融化着的洁白的冰雪，在阳光的照耀下，闪闪烁烁，恰似一条蠕动着的银蛇：

层冰如玉龙，万丈悬蜿蜒。

这是一幅多么壮丽的画卷！

永定河的凌汛，其流量历来很大，大时甚至可达 500 ~ 600

立方米/秒。由于它携带的大量冰凌在河道内左冲右撞，极易破坏河床堤防，或者撞击摧垮桥梁。不仅如此，倘若气温骤降或冰凌阻塞，还会堆成“冰堤”，造成上游水位壅高，遂致漫堤决口，每每酿成灾害。据史料记载，凌汛决堤最严重的一次是在清乾隆十六年（1751年）二月，下游河北省永清县冰窖村附近的堤防被冲开缺口，以致永定河下游改道，千万户人家因被淹而流离失所。

为了防止冰凌及凌汛危害，清政府制定了严格的防治措施。据《顺天府志》记载，在凌汛期间清政府要求“各汛员于惊蛰前五日移驻要工，委试用人员及武弁协防，预备大小木榔、长竿、铁钩，俟冰凌解泮时，督率汛兵，将大块冰凌击碎，撑入中泓，不令撞击堤坝”。这虽然是很原始的防治冰凌危害的措施，但也告诉人们，作为历史上人与自然灾害的斗争，永定河不仅有防汛的历史，也曾有过防凌汛的历史。

这也使我们联想起矗立于卢沟桥下分水尖上的三角铁柱——“斩龙剑”。

当金朝皇帝决定要修卢沟桥之后，便号令天下，广召建桥匠师。匠师们自然知道卢沟洪水的厉害，尤其是每年三四月间的凌汛，更是来势猛烈，真个是无坚不摧，因而被人们喻为“黑龙”。它性情暴戾，喜怒无常，每每兴风作浪、溃堤决坝、贻害百姓。后来，匠师们终于从“神剑劈斩孽龙”的传说故事中得到了启示，

▲ 矗立于卢沟桥下分水尖上的三角铁柱抵御了春汛时冰凌对石桥的撞击，被人们誉为“斩龙剑”

并炼就了10把锋利无比的“斩龙剑”。

首先，他们把承受桥梁重量的桥墩平面设计成船的形状，近水面砌成分水尖，尖端再安上一根边长26厘米的三角铁柱，以抗御冰凌的撞击；桥墩顺水的一面，自出券洞之后，作流线型向内收进，形如船尾。使水流一出券洞之后即可很快分散，以减少券洞内水流的挤压力。不仅如此，为了使突出的分水尖更为稳固，又在桥墩分水尖的“凤凰台”上加了6层压面石。第一、二层挑出于“凤凰台”面，由此往上的4层则逐层向内收拢。而抵达层顶的台面石，则微微隆起，作琴面状。这6层压面石，对整个桥墩压力的平衡起着重要的作用。因为分水尖很长（约占整个桥墩长度的2/5），拱券仅压于整个桥墩的后半部。如果没有这6层厚达1.83米的压面石，就会使桥墩因压力的不均衡而招致破坏。

由此可见，卢沟桥墩分水尖上的“斩龙剑”，实在是我们古代匠师在充分认识了永定河的“脾性”之后修筑桥梁时的创造，它是建桥匠师们智慧的结晶。

卢沟桥自建成至今，业已经历了800多个寒暑，却仍然稳稳地横卧在永定河上，正是“斩龙剑”护卫的结果。

北京城址傍卢沟

著名的历史地理学家、中国科学院院士，以102岁高龄谢世的北京大学教授侯仁之先生，曾在40多年前这样阐述卢沟桥与北京城的起源和发展的关系。他说，从历史地理的角度来看，两者之间确实存在着血肉相连的关系。如果不是远在卢沟桥兴建以前，当地就已经出现了永定河上的古代渡口，也就不会有北京城原始聚落在其故址上的出现；反之，如果不是北京城早在800多年以前已经开始上升为全国性的政治中心，也就不会有今天这样有重要意义的卢沟桥。

北京原始聚落的起源，可以上溯到3000多年以前。那时，从中原、华北平原腹地北上的道路只能是沿着太行山东麓的山前台地北上，进入北京小平原。因为当时在北京小平原与华北大平原之间，水网密布，淀泊沼泽星罗其间，无法通行。在北上进入北京小平原之前，必须渡过永定河。而渡过永定河的最好地点（渡口），就是后来兴建卢沟桥的所在。因为由此上行，岸高流急，不便架渡；由此下行，河床又过于开阔，且极易受洪水威胁而泛滥成灾。随着南北交通的日趋频繁，这个古代渡口也就成为北京小平原上南来北往的交通枢纽，这个交通枢纽也最容易成长为北京小平原上最早的城市。

但是，永定河水暴涨暴落、河道迁徙无定、经常泛滥成灾的水文特性，又不容许城市在这里成长。于是，不得不转移到在渡过永定河之后相去最近而又不易遭受洪水威胁的地方。北京最早期的原始聚落，就在这里迅速地成长起来，并最终发展成以后的北京城。它就是距今天卢沟桥东北 10 多千米、位于莲花池附近的“蓟”。

我们从地质和地理两方面来看蓟城所在地的环境优势：

第一，它正好处在古代永定河洪积、冲积扇脊部的西南侧。这里地势平缓、土壤肥沃，且有地形呈微微隆起的蓟丘点缀其间。

第二，蓟城城址的所在又正处于永定河洪积、冲积扇前部的潜水溢出带上。这里地下水资源丰富、埋深较浅，便于凿井汲水，还有由于泉流溢出地表而形成的湖沼或溪流。

正是在这个地质地理位置上，蓟城在原始聚落的基础上逐渐发展起来，并代替了永定河上的渡口，而成为南北交通名副其实的枢纽、北京小平原面向中原腹地的唯一门户。

据史书记载和近年来的考古发现印证，公元前 12 世纪前期，也就是在周武王东征伐纣灭商之后，曾追踪殷商在北方的势力，先后分封了蓟和燕两个诸侯小国。蓟国就以古代蓟城为统治中心，控制着南北交通上的枢纽地位。燕国的统治中心，则在蓟城以南约 50 千米，是沿太行山东麓南来北往的必经之地。到了春秋时期（前 770 ~ 前 476 年），燕国势力日益强大，终于吞并了蓟国，而且将都城也迁到了交通地理位置更为优越的蓟城。从此，蓟城便以燕都闻名于世。而燕国作为“七雄之一”，争霸中原，直到公元前 222 年为秦国所灭。秦国兼并群雄，统一了中国。蓟城的发展也由此进入了一个新的阶段。

从公元前3世纪初秦的统一，到20世纪初清王朝（1644 ~ 1911年）的灭亡，封建统治在我国历史上前后相继长达2100多年。而在前1100年间，也就是从秦汉（前221 ~ 8年）到隋（581 ~ 617年）、唐（618 ~ 907年），全国最重要的统治中心大都在长安，蓟城只是东北边境一个地区性的州、郡治所。但是，它的重要地位不同寻常。总的来说，每当中原的统一势力强大的时代，蓟城必然是南北往来的贸易中心和文化交流中心，有时还是中原势力向北方及东北方扩张的战略基地。反之，每当中原政局分裂、内外民族矛盾加剧的时代，蓟城亦往往是军事上角逐的必争之地，中原势力每每置重兵加以防守，而燕山以北的少数民族，又必然要乘机南下，进窥中原腹地。

可是，从唐朝末叶以后的1000年间，中原曾一度陷于分裂，长安城的地位也一落千丈，而燕山以北的少数民族却相继崛起，且常驱兵南下。首当其冲的蓟城，也因此而日见其战略地位的重要性。

首先乘机南下的是发迹于西辽河（今西拉木伦河）上的契丹族。它在938年攻占蓟城之后，立即在此建立陪都。而且因为蓟城位于统治中心——临潢府之南，故而改称南京，又称燕京，国号辽。其所以如此，有两个原因：一是要以蓟城有利的地理形势，作为南下中原的战略据点；二是辽国在取得了以北京和大同为双中心、在战略上具有突出地位的“燕云十六州”（包括今北京市、天津的蓟县、河北省北部的大部分地区、山西省北部的大部分地区等）之后，蓟城自然成为辽政权在其南部的统治中心和继续觊觎中原腹地的基地。

相继而来的是兴起于松花江上的女真族。1115 年女真族建国号称“金”（1115 ~ 1234 年）。1125 年金继辽之后又一次进占燕京，并于 1151 年在此进行了大规模的城市扩建工作。1153 年城市扩建竣工，定名“中都”。实际上，中都城就是北京城在城市发展中开始上升为全国政治中心的起点，而且自此以后，历经元、明、清三朝，除去短期的间隔外，都一直在北京建都，直到 1911 年辛亥革命推翻清朝统治为止。1949 年新中国成立，北京再次成为首都。

正因为金中都城是在蓟城旧址上发展起来的，并上升成为中国北方的政治、经济中心，这才有可能导致在蓟城诞生的永定河古代渡口上，兴建起日后有重要意义的卢沟桥。

还在金世宗完颜雍执政时，就有官员指出：“燕都地处雄要，北依山险，南压区夏，若坐堂隍，俯视庭宇……亡辽虽小，止以得燕，故能控制南北……燕盖京都之首选也。”既已定为中都，原先架于卢沟渡口上的浮桥或木桥，显然难以满足南北往来的需要，遂于金大定二十九年（1189 年）提出修建卢沟桥，未成而世宗崩。金章宗完颜璟继之，于明昌三年（1192 年）修竣。到了清乾隆时期，在“皇上御制重修广宁门（今广安门）石道”碑文中也特别提到卢沟桥的重要意义：“广宁门在京城西南隅，为外郛七门之一。然天下十八省所有朝觐、谒选、计偕、工贾来者，莫不遵道于兹。又当国家戎索益恢，悉荒徼别部数万里辐辏内属，其北路则经达安定、德胜诸门，而迤西接轫联镳，率由缘边腹地会涿郡渡卢沟而来，则是门为中外孔道，尤不与他等。”

综上所述，卢沟桥的修筑固然是由于南北往来交通的需要，但也标志着北京城从蓟城旧城发展成为全国政治文化中心的新起点，是现存的唯一完整无缺的、代表着当时科学技术发展水平的建筑物；反之，如果不是北京城由金中都城开始走上全国政治文化中心的道路，古代渡口之上的这座卢沟桥也断不会在这里修筑起来。

终使“无定”变“永定”

从前文的叙述中，我们可以知道永定河在历史上曾被称为“无定河”。所谓“无定”是说它行水的河道迁徙无定，泛滥成灾，给人民带来生命财产的危害。

早期的永定河在三家店出山之后，曾因横亘在南面的石景山、金顶山、老山、八宝山的阻隔，折而流向东北的巴沟低地，经今昆明湖、圆明园，沿清河河谷与温榆河相汇合。之后，由于受新构造运动的影响，北京地区的东北部不断抬升，永定河转而向正东方向流淌，形成了屡见于史书记载的高梁河（有人称“三海大河”）

故道。继而又向西南摆动，形成了北魏郦道元所撰的《水经注》中所记载的灅水，以及在其基础上发育成今日所见的莲花河、凉水河等。再以后又摆动到了今日小清河的位置，形成了一个以石景山为顶点，面积达 1000 平方千米的洪积、冲积扇。永定河仍然迁徙无定，泛滥成灾，但再也没有摆动到原高梁河河道的位置。

清代康熙、雍正、乾隆三朝，曾对永定河进行大规模的治理。康熙帝在分析了永定河的水文特性之后，还提出了治河方略。他说："此河性本无定，溜急易淤。沙既淤则河身垫高，必致浅隘，因此泛溢横决，沿河州县居民常罹其灾。今欲治之，务使河身深而且狭，束水使流，藉其奔注迅下之势，则河底自然刷深，顺道安流，不致泛滥。"为此，他提出"筑堤束水，以水攻沙"的治理方针，大筑南北两岸的堤防：北岸自卢沟桥下石堤起至狼城河口，计程 165 里有奇；南岸也自卢沟桥下石堤起，经高店、拦河坝至狼城河口，长 186 里有奇。另外，又从良乡张各庄至三角淀疏改了一条长 40 余里的引河。全部工程耗银 3 万余两，费时近一年。堤成之后，康熙亲临河道视察，大悦，并赐名"永定河"。此后 30 多年中，永定河上、中游基本安顺，未发生大的灾害。但是时间一长，尾闾三角淀的淤沙日渐增多，下游河道仍迁徙无定，甚至泛滥成灾，永定河的水患问题仍未得到解决。

新中国成立以后，国务院即于 1950 年决定筹备资金对永定河进行开发治理，修筑官厅水库，并在 1955 年建成蓄水，设计库容达22亿立方米的官厅水库。烟波浩渺、粼粼碧波的官厅水库宛如一个面积广阔的人工海洋，既改变了永定河桀骜不驯的“脾性”，消除了中、下游的洪流灾害，更为京津两地提供了至为重要的城市水源。

我们知道，永定河流域地处我国华北半干旱地区，其年降雨量在400～500毫米，且由于受季风的严重影响，降雨主要集中在7～8月份，占全年降水量的70%～80%，而且多暴雨，历史上曾有一小时降雨达214毫米的极端记录。不仅如此，永定河流域年际的降水变化也很大，少雨年仅200～300毫米，而丰水多雨年则可达1300多毫米，以致永定河在枯水季节流量涓微，甚至断流，汛期又决堤漫桥，冲毁田园、庐舍，灾害频仍。

永定河上游又地处冀北山地、晋北高原和内蒙古高原，其海拔高度大都在1000米以上，而其间分布有大同盆地、阳原盆地、怀来盆地。如前所述，这些盆地在地质时期或曾为森林所覆盖，抑或为面积广阔的湖水所覆盖，并沉积下了巨厚的湖相沉积物。这些沉积物一旦受到暴雨和地表径流的侵蚀冲刷，便会成为永定河泥沙的主要来源。何况在历史时期，永定河上游地区战乱频仍，森林植被被战乱破坏殆尽，水土流失非常严重。因此，永定河水的含沙量很大，年输沙量高达8200万吨。“小黄河”的名字正是由此而得。且河道坡度陡峻，其海拔高度自桑干河的1100多米到怀来盆地下降至400多米，河道平均纵坡达2.9%；其后由官厅到三家店，海拔高度又降至100多米，纵坡达2.7%以上。永定河水在如此陡峻的纵坡河道上行洪水流速，携带着几近饱和的泥沙奔腾而下，每每酿成灾害。这也是永定河在历史上“善淤决，好迁徙”的根本原因。

新中国成立之后不久，在官厅山峡之上，利用怀来盆地低洼地势修筑官厅水库，正是在充分了解永定河的水文特性之后决定的。它不仅控制了永定河流域90%的面积，而且拦截了来自上游地区的泥沙，从而使永定河成为真正意义上的“永定”，并做到了“兴利除害”，为首都的社会主义建设提供了宝贵的水源。

城址变迁乃河缘

永定河在三家店出山之后所形成的以石景山附近为顶点的洪积、冲积平原，以及由永定河所提供的地表、地下水源，是北京城形成、发展的自然地理基础。

北京小平原上的原始居民点发展成为蓟城，再以后又成为战国时期燕国的都城、隋唐时期的北方军事重镇幽州城、辽代的陪都、金代的中都城。元灭金并决定将都城从漠北迁至燕京，而且是放弃原中都城，并在其东北另建新都——大都城。这一举动虽仍未移出主要由永定河洪积、冲积所形成的北京小平原，却也与永定河有着非常密切的关系。

蓟城是北京最早有记载的名称。它的建址首先与古代永定河渡口有密切的关系，这个渡口相当于今天的卢沟桥所在处。卢沟桥建于金代，当时河名卢沟，桥亦因此而得名。蓟城的兴起与此古渡口的关系，已见诸前文。这里只需说明西湖与蓟城的关系。

西湖即今广安门外的莲花池，其址正在永定河洪积、冲积扇区的潜水溢出带，地下水源十分丰富。

有关西湖的记载，首见于北魏郦道元的《水经注》一书中："湖有二源，水俱出县西北，平地导源，流结西湖。湖东西二里，南北三里，盖燕之旧池也。绿水澄澹，川亭望远，亦为游瞩之胜所也。湖水东流为洗马沟（今莲花河），侧城南门东注……其水又东入㶟水。"

由此可知，当年蓟城的选址就在西湖下游的"洗马沟"上。换言之，蓟城的选址和发展与莲花池有着非常密切的关系。

938 年兴起于北方潢水上的契丹族南下，并占据蓟城建为陪都，改称南京，又称燕京，其后建国号曰辽。但是辽代在蓟城甚少建设。其后女真族又继契丹人之后兴起于东北的松花江上，并建国号曰金。1153 年金朝迁都燕京，改称中都城。当时曾从东、西、南三面扩建蓟城，营建宫殿园囿。于是，以蓟城为起点的北京城，从此开始上升为封建王朝的政治中心。也因此，自然对城市用水提出了新的要求。按我国历史传统，作为一个封建帝王的都城，在城市建设上首先考虑的是宫廷林苑的用水，其次是运粮

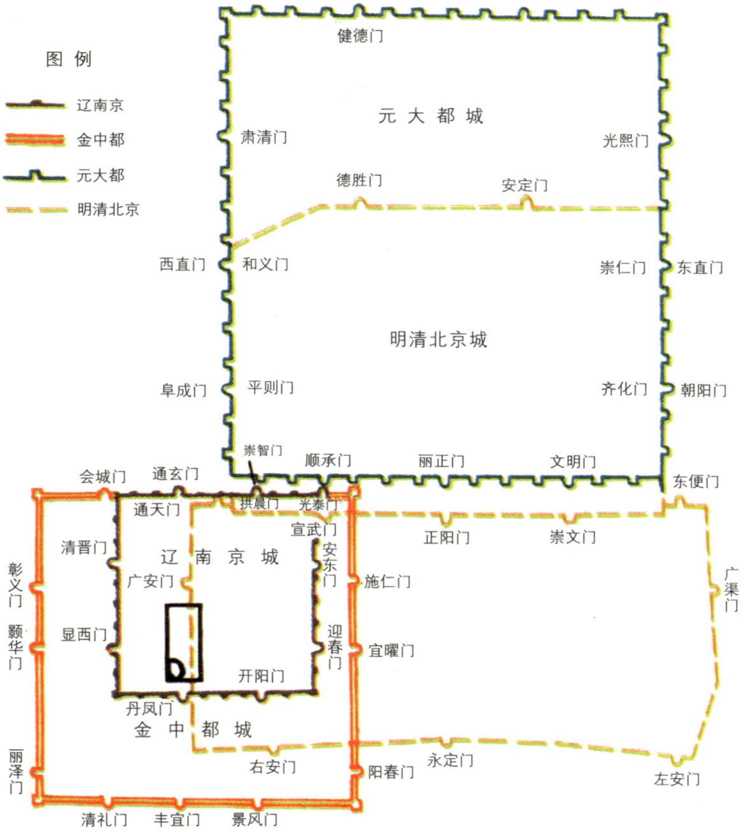

▲ 辽南京及金、元、明、清都城城址变迁图

河（漕运）的开凿。金朝营建中都城，又有计划地把旧日的洗马沟上游一段圈入城中。同时，在宫城西侧辟治同乐园（又称西华潭），引河水入园，平添无限景色。其中如蓬瀛、柳庄、杏村等，都是见于史书记载的风景地。此外，又从同乐园分水入宫城西南隅，汇为鱼藻池（今宣武广安门外，白纸坊立交桥西200米处，新中国成立后称“青年湖”）。西湖还为新开凿的中都护城河，提供了足够的水源。宋代诗人范成大曾在南宋乾道六年（1170年）使金时所撰的《揽辔录》一书中记载，同乐园中辟治了瑶池、蓬瀛、柳庄、杏村等风景中心，“柳影珍珍水底天”“晚风吹动钓鱼船”，风景优美。又说：“燕石扶栏玉作堆，柳塘南北抱城回；西山剩放龙津水，留待官军饮马来。”这首诗不仅描绘了宫城前御道上龙津桥的壮美景色，也表达了诗人渴望收复失地的信念。

13世纪初，兴起于今内蒙古自治区额尔古纳河一带的蒙古族各部拥戴铁木真为领袖，尊称铁木真为“成吉思汗”，成吉思汗于1206年正式建成蒙古大汗之国。

1211年春蒙古兵开始在克鲁伦河畔大本营召集军马大举伐金。1215年蒙古骑兵顺利地突破居庸关一带的天险，直趋中都城下，并焚毁了金朝的宫殿。可是，当时的蒙古族统治者还没有想要在这里建都。过了40多年，成吉思汗的孙子忽必烈，怀着消灭南宋、统一中国的勃勃雄心，在1260年从蒙古高原的都城和林来到了燕京，并驻跸在了金中都城东北郊的一处离宫——琼华岛大宁离宫。几年之后，他又决定迁都燕京，并以大宁离宫所在的湖泊为中心，建起了一座规制宏伟、赫赫有名的大都城。

我们从北京城市发展史中可以得知，北京城址从奴隶社会时代的蓟城，一直到封建统治时代的金中都城，先后延续了2200多年，都是位于今天北京城南部的广安门内外一带，即莲花池以东，在同一个原始聚落基础上逐渐成长起来的，或者说是依傍着莲花河水流发展起来的。而元大都城的兴建，却放弃了莲花河上历代相沿的旧址，而在它的东北郊外，以高梁河水系上的琼华岛大宁离宫为中心重建新城，显然是出于对城市建设的长远考虑。

放弃旧址的原因，固然是由于金代宫阙已成废墟，而按照蒙古人的习俗，往往把废毁的古城遗址称为“马兀八里”。“马兀”意为“坏”或“恶”，“八里”即“城”。在被大火烧毁的亡金宫阙的废墟上重建新城，在蒙古人看来是不吉利的，而且是一种禁忌。何况蒙古人向来逐水草而居，对浩瀚的水域有一种特殊的与生俱来的亲昵感。莲花河又已“水流涓微”，金中都城也已“土泉疏恶”，难以满足都城发展及漕运用水的需要。

如果我们再从北京西部的地势来分析，还可以看到，现在的北京城位于永定河的左岸。永定河出山后河道高程比北京城区地面高出40多米。如前所述，永定河河道的迁徙是从东北到西南的，而北京城址的迁移却正好与此相反，即是从西南到东北的。北京城址的这种与河道迁徙完全相反的变动，与防御永定河洪水的袭击有着极为密切的关系。

在历史上，永定河决口在卢沟桥以上左岸者，大多在今麻峪村南石景山发电厂的护堤头的金口、庞村（岸边原有护堤铁牛）、衙门口三处。这三处河岸的高程分别是 90 米、80 米和 70 米，其与今西便门的距离分别是 21.5 千米、18.7 千米和 12 千米，而西便门在护城河岸的海拔标高仅 48.5 米，最小的高差也有 21.5 米。这样就形成了永定河洪水的建瓴之势，直泻而下，势不可当。

据《辽史》载，统和十一年（993 年）秋七月“桑干、羊河溢居庸关西，害禾稼殆尽，奉圣、南京居民庐舍多垫溺者”。当时永定河正位于今看丹村、马家堡、凉水河一线。这里不仅地势低洼，还是西山诸水汇聚之地，因此常受洪水侵袭。辽南京城乃至以后在其基础上扩建而成的金中都城，经常受到洪水的威胁甚至危害。同样，明中叶以后修筑了外城，也同样受到永定河洪水的侵害。如明嘉靖二十五年（1546 年）、明天启六年（1626 年）、清康熙七年（1668 年）、清嘉庆六年（1801 年）、清光绪十六年（1890 年）、清光绪十九年（1893 年）等，都有永定河洪水侵袭外城的记载。《清宫晴雨录》记有“宫内水深数尺，屋宇倾圮者不可数计”。当时，永定河石景山左堤漫决 5 处，计长 90 余丈，卢沟桥下南北两岸决口 18 处，总长 3200 余丈，卢沟桥孔宣泄不及。北京城右安门外大桥被冲毁，永定门、右安门外灾民多达两万余人。又如清光绪十六年（1890 年）大水，致使阜成门、西便门一带洪水陡涨，外城之永定门、右安门、左安门一带均成“泽国”。这也从另一方面说明了元代弃舍中都城旧址而北移，也是考虑到避开洪水威胁这样一个重要因素。从地貌而言，金中都城地处永定河洪积、冲积扇的西南侧，地势相对较低洼，容易受到永定河洪水的侵扰；而元大都城新址则是选在永定河洪积、冲积扇的脊部的最佳位置，有利于避开洪水的威胁。不仅如此，如果城址再向北移，又将进入永定河早期的河道——古清河故道；往东移，又会遇到自北而南流的温榆河、北运河低地的不利因素。总之，元大都的选址，是遵循了“管子”提出的：“故圣人之处国者（按，‘国’即国都），必于不倾之地，而择地形之肥饶者……乃以其天材、地之所生，利养其人，以育六畜……此谓因天之固，归地之利。内为之城，城外为之郭，郭外为之土阆。地高则沟之，下则堤之，命之曰金城。”“凡立国都，非于大山之下，必于广川之上，高毋近旱而水用足，下毋近水而沟防省。因天材，就地利。”所以元大都城址选择是经过了缜密的考虑、匠心独具的。

历史事实也说明了元大都城址选择的得当性。因为它历时 100 余年，并未受到永定河洪水的侵害。相反，明永乐定都北京，后于嘉靖年间扩建的外城，却如前文所述时时受到洪涝之灾。

这也正好说明元建大都城不承袭金中都旧城，而选择以琼华岛为中心进行建设的决策者，是有着何等的气度和远见！

“高亮赶水”高梁河

“高亮赶水”的故事见于《北京的传说》一书中。说的是明朝初年燕王朱棣决定迁都北京，并命军师刘伯温造北京城。当时，一直盘踞在北京的龙王对此很是不满，便把北京城里大大小小水井里的水全都装在水袋里，来了个“滴水不留”，径自从西直门逃出北京城。刘伯温得知此事，情急之中便派身材魁梧、武艺高强又勇敢善战的左偏将高亮前去追赶。高亮带上刘伯温特赐的金雕鞍，手提滚龙花枪，跨上千里马出西直门往西北一路狂奔，终于追上了龙王。高亮二话没说，举枪就朝水袋戳去。此时，只听得山崩地裂般的一声巨响，水“哗、哗”地从水袋里流了出来，一会儿就变成滚滚的滔天巨浪……高亮见此就赶快往回跑。他一口气跑到了西直门外的一棵大柳树下，以为这下可以喘口气歇一歇了。不想刚一回头，一个巨浪向他扑了过来，高亮连人带马都被水冲走了，并且流成了我们今天所见的高梁河（长河）。从此，北京城里又有水了。人们为了纪念这位把水追回来的高亮将军，便在西直门外的长河上修了一座石桥，起名“高亮桥”。

民间的传说毕竟只是传说而已。事实上，在明初，刘伯温并没有到过北京。因为，他早在明洪武八年（1375 年）就已经去世了。而北京城的建设是在永乐十七年（1419 年），也就是正式迁都北京的前一年才开始的。而“高梁桥”之名，乃是因其横跨高梁河而得的名。再说，明初的将军中也无名“高亮”者。

“高梁河”一名最早见于 2000 多年前三国时期的一本叫《魏土地记》的书中。到了北魏时期，地理学家郦道元在其巨著《水经注》中，不仅引用了《魏土地记》中有关高梁河的记述，而且说：“漯水（今永定河故道）又东南，高梁之水注焉。水出蓟城西北平地，泉流东注……”正是《水经注》的引用，才使得“高梁河”一名一直流传至今。

在地理上，高梁河不过是一条源自今紫竹园内天然湖泊的小河。河水迤逦东流，经过现在的白石桥下，过高梁桥，流入太平湖、积水潭、什刹海、北海、中南海……在十里河村附近与漯水故道——凉水河相接。这与《水经注》所说的“漯水又东南，高梁之水注焉”是完全符合的。

由此也可以知道，我们今天所见的高梁河，实际上是发育在永定河于南迁过程中留下的故道——古高梁河故道上的一条天然河道。而且，自金代开发白莲潭，修筑大宁离宫，元建大都城，明清两代扩建北京城，高梁河（后称“长河”）都是重要的水源地，被誉为“北京城的生命之源”。

12 世纪中叶，金朝统治者决定将都城从临潢府迁至燕京（中都城）之后，随之而来的就是解决城市园林用水和漕运用水问题。

当时，金朝的统治范围虽然只限于淮河、秦岭以北的地区，但还是想尽办法把从华北平原征调来的粮食，经由今卫河、滏阳河、滹沱河、子牙河、大清河等河流，汇集到今天津所在的地方，然后再循潮白河（当时称潞水，后来改称北运河）逆流而上，输送到金中都城以东的通州。“通州”的“通”字乃是取“通达”的意思，就是在这个时候命名的。每年漕运的数量少则数千吨，多则万余吨。在当时陆上交通运输还相当落后的条件下，不经水路实在很难完成这样庞大的运输任务。为此，金代统治者为了解决漕运的水源问题，曾重开 3 世纪曹魏时代由征北将军刘靖在今石景山以南的永定河上修筑的戾陵堰、车箱渠。下游则引水入中都城北护城河（又称金口河）。然后再从北护城河开渠直达通州，以接潮白河，沿河建闸，以节流水，名闸河。这样，沿着潞水北上的漕船，就可以经过闸河转运到中都城下。

但是，金口河开凿之后，每遇卢沟洪水暴涨，波涛汹涌，就会直接威胁到中都城的安全。因此，后来又不得不把金口河河口填塞了。当时也曾引用城东北高梁河的水源，导入闸河。但是高梁河原本是一条天然小河，水量有限。大致就在这个时候，开始考虑开辟另外的水源。

距高梁河西北约 7 千米的地方，越过一段微微隆起的高地，有一座小山平地崛起，叫作瓮山。山麓有泉，潴水为湖，就叫“瓮山泊”。瓮山泊以西1.5千米处，又另有一座小山，就是有名的玉泉山。玉泉山山下有泉，出水甚旺，其水也流注瓮山泊。这瓮山就是今天的颐和园万寿山，瓮山泊就是昆明湖未经开凿疏浚以前的旧称。把瓮山泊水东引至高梁河上源，然后再从高梁河支渠引水下注闸河故道，以达通州。这样，通州的粮船，便可沿闸河直达中都城下。大概也由于这个原因，高梁河的下游从此断流。原为高梁河所注的一大片天然湖泊，后经人工改造，遂成为中都城东北郊的风景区。金大定十九年（1179年）起，金朝的统治者在这里营建大宁（后又曾称孝宁、寿安、万宁）离宫，扩大湖泊面积，并以浚湖之土筑为琼华岛。这就是今日北京城内北海公园的前身。

元太祖十年（1215年）成吉思汗出兵攻破了中都城，皇城宫阙为兵火所毁。此后又过了约半个世纪，忽必烈即位后，才决定从蒙古高原上迁都到这里，并在中都旧城外，以琼华岛为中心修筑新城，这就是大都城。而原大宁离宫中的这片湖泊，逐渐形成了今日北海、中海的形势（南海为明初改建大都时所凿）。大都城的宫殿就分布在它的东西两岸，周围绕以萧墙。这就是旧日所谓的“皇城”。其四周再建以大城，高梁河的中游也就此被圈入城中。而玉泉山诸泉之水则通过专辟的水道，从和义门（今西直门）南水门引入城中，且被称为“金水河”。据有关史书记载，在元朝，金水河一直是独流入城的，在遇有其他水道时，则以架槽引水横过其上，名为“跨河跳槽”。而且“金水河濯手有禁”，悬为明令。不过，金水河在流注大都城宫苑之后，其下游仍与运河相汇合。

清朝定鼎北京之后，高梁河（长河）不仅仍然是京城宫苑的重要供水河道，而且还是去畅春园、静明园、清漪园（颐和园）的重要水上通道。

这就必须说说高梁桥。

高梁桥在西直门外，是高梁河进入积水潭的必经之地。高梁桥原是一座由汉白玉砌成的单孔拱形石桥，且是一座闸桥。

所谓“闸桥”是指把“桥”和“闸”这两种不同功能的建筑合为一体，相伴建造。桥上既可通行车马行人，桥下又通过闸排蓄洪水。闸桥又有“闸边桥”和“闸上桥”之别：闸边桥是指在桥墩两侧开有供闸板装卸的槽，而桥多建成拱桥；闸上桥则是将桥体建于闸上，即在建桥时先在桥的迎水侧或桥体中部的巨大条石上，预留好置放闸板的槽口，既可用于阻水，充当闸坝的功能，闸工也可以直接站在桥上控制闸板的起落。这种闸多用于梁式桥。高梁桥即是前面所说的“闸边桥”。

元代郭守敬引浮水开凿通惠河，在通惠河的主要干线上共有24座闸，高梁桥所在为“西城上闸”。《元史》载：“西城闸二，上闸在和义门（明改称‘西直门’）外西北一里，下闸在和义水门西三步。”因闸位于高梁桥下，又称“高梁闸”。

1982年由于拓宽马路时对桥宽仅6.2米的高梁桥进行了改造，今西直门外高梁桥遗址西侧还保留有残存的闸基，左岸还可见闸槽和绞关石。

大都城建海子畔

自1211年成吉思汗伐金起，至1271年忽必烈建立元朝的半个世纪中，蒙古军不断向中亚、东欧发动战争，并建立起了地跨欧亚大陆的“大蒙古帝国”。但这时的“汗国”政治中心，仍然是蒙古草原上的哈剌和林（今蒙古国鄂尔浑河东岸）。燕京仅是蒙古统治者控制华北、中原的一个重要战略据点。忽必烈以燕京为基地，在东部诸王和汉人将军、儒士谋臣的拥戴支持下，打败了位居漠北、代表草原贵族保守势力的阿里不哥，并取得了最后的胜利。接着他又积极改变旧制，建立起了与中原经济基础大体相适应的封建王朝。其仪文制度亦都效仿汉法，建国号“元”。

“元也者，乾元之义。”“元也者，大也。大不足以尽之，而谓之元者，大之至也。”年号“至元”，乃取自《易经》：“至哉坤元。”

至元元年（1264年）忽必烈称“汗”。元初建立时仍建都开平（今内蒙古多伦附近），称上都。忽必烈下诏说：“开平府阙廷所立，加号上都，外燕京修营宫室，分立省部，四方会同。”

并将燕京改名“中都”，府名仍作“大兴”，以兼顾对华北、中原地区的统治，借以保障财赋收入的需要。

然而，随着政治重心的南移，燕京的地位日趋上升。忽必烈胸怀灭亡南宋、统一中国的雄才大略，其将都城南迁的愿望也日益强烈。据《春明梦余录》载：“元世祖问刘秉忠曰：‘今之定都，惟上都、大都耳，何处最佳？’秉忠曰：‘上都国祚短，民风淳；大都国祚长，民风淫。’遂定都燕之计。”《资治通鉴》亦载：“景定四年（元世祖中统四年）春正月，蒙古刘秉忠请定都于燕，蒙古主从之。”巴突鲁更谓：“幽燕之地，龙蟠虎踞，形势雄伟，南控江淮，北连朔漠。且天子必居中，以受四方朝觐。大王果欲经营天下，驻跸之所，非燕不可。”

至元三年（1266年），忽必烈派遣刘秉忠来燕京相地，决定放弃燕京旧城，而在其东北以金代的琼华岛大宁离宫为中心兴建新都——元大都城。

元大都城的规划完全恪守《周礼·考工记》中有关王城的规划匠意，又密切结合高梁河水流所形成的天然湖泊的自然地理特点。为了把宽阔的天然河湖最大限度地揽括到大都城中，刘秉忠便以天然湖泊东面最远的端点，即今什刹海万宁桥（亦称海子桥）作为基点，往西包括今什刹海、积水潭在内的距离作半径来确定大都城东西两墙的具体位置。

如果我们根据考古发掘资料复原的大都城平面图进行分析，

就可以发现如下几个现象：大都城四角对角线的几何中心，正好在元代所建的鼓楼（齐政楼）处。由鼓楼向正北延伸（旧鼓楼大街）至北城墙，便在大都城的北半部形成了全城的中分线。其间还在鼓楼之北建有钟楼。同时，宫城规划建设的中轴线并不在这条几何中分线上，而是向东移了100多米。它向北延伸，穿过主殿大明殿、延春阁直抵北门——后载门，一直至万宁寺中心阁；向南延伸则穿过皇城的正南门棂星门和南城城墙的正门丽正门，在大都城的南半部形成了全城规划建设的中轴线。

大都城的规划建设中轴线偏离中分线，即并不与大都的几何中分线相重合，这完全是由海子所形成的自然地貌形态造成的。当时，为了把海子浩瀚的水面全都包入大都城内，西城墙的位置所在当无疑虑。但大都城东墙之东，当时却有多个大小水泡子（池沼），而迫使东墙不得不往里收缩，难向东移。而且，北城的中分线南延之后西距太液池（即今日之北海、中海）又太近，仅230米左右。若以其为宫城中轴线，则宫城之宽度要显得狭窄得多，即要比之后建成的宫城窄约1/3。为此而不得不向东移了约41丈（约135.3米）。同时，为了在城市规划建设中同时标明几何中分线和规划建设中轴线，遂又分别在几何中分线上建钟鼓楼，而在规划建设中轴线的北端，遥对着宫城各主要门殿建中心阁。

规划建设中轴线的位置既已确定，便在其中心位置上，即在

▲ 碧波荡漾的北海

湖泊南部的东岸兴建“大内”（皇宫），隔湖相望的西岸，分别兴建南北两宫，南为隆福宫（皇太子宫）、北为兴圣宫（皇太后宫），形成“三宫鼎立”的格局，琼华岛与瀛洲正好位居中央，瀛洲东西各建一桥，把湖泊两岸“三宫”联系在一起。再以“三宫”为中心，四面修建萧墙（皇城城墙），将高梁河故道上形成的天然湖泊分隔为二：南半部包入萧墙以内而成为皇家的林苑，依照历代的传统命为“太液池”；北半部隔在萧墙之外，即积水潭（什刹海），成了后来停泊漕船的码头。

总之，从大都城的整体布局来看，其规划设计不仅继承了古代《周礼·考工记》中“匠人营国”的传统规制，还密切结合所在地天然河湖水系的分布特点而有了新的创意。规划匠师们敢把如此浩瀚的水面揽入城市之中，并将其布置在重要的位置上，充分显示了一代规划巨匠非凡的气度和恢宏的手法。不仅如此，在城市规划设计中，以实测的全城几何中心作为标志——中心之台，亦无疑是我国城市规划史上的一大创举。既史无前例，也表明在城市规划建设中运用测量技术业已达到高超水平。

还有，钟和鼓都是古代祭祀或战争中常见的击打发声器。在我国，钟文化源远流长，历史非常悠久。据考古发掘的成果证明，最早可以追溯到5000多年前仰韶文化时期。河南陕县庙底沟出土的细泥红陶制成的陶质钟（铃），可算是中华民族钟（铃）的“始祖”。之后，随着青铜器的出现，铜钟、铜鼎都成了权力地位的象征。元大都在几何中分线的南端部署了钟、鼓二楼，既表明这里是大都城真正的中心所在，也以钟声和鼓声来表明帝王的权力。

唐长安城原有街鼓制度——入夜，街鼓打后实行宵禁，坊门禁闭，街上禁止通行，自北宋汴京准许开放夜市之后，街鼓制度即被取消，街上通宵可行，每日清晨靠寺院行者打铁牌子或敲木鱼沿街报晓。南宋临安也如是。金在中都城仿汴京设文、武二楼，即在皇城长廊南端的东西两侧建钟、鼓二楼。元大都沿用了这种制度，且将其置于城中心，从而成为中国都城规划史上的一大创举，并为明清两代所继承。

运河码头什刹海

什刹海（元时称海子、积水潭）是古高梁河留下的遗迹，或者说是永定河在迁徙过程中留下的“足迹”。这已无可置疑。但是，对于什刹海曾是京杭大运河最北端的码头，曾有人在济南召开的运河沿岸 17 个城市代表联席会议上提出质疑：通州才是京杭大运河最北端的码头。

京杭大运河沿岸 17 个城市联合起来，向联合国教科文组织申报，把中国的京杭大运河列入《世界遗产名录》。这是一件值得全民庆贺的大好事。这种对祖国文化遗产的热爱之情、珍爱之心，也实在是难能可贵的。而作为世界著名的文化遗产，如何继续发挥它在南北经济、文化交流上的重要作用，也正是我们这一代乃至我们的子子孙孙所应尽的职责。

京杭大运河（即大运河）南起杭州，经江苏、山东、河北、天津到达北京，纵贯长江三角洲和华北平原，沟通钱塘江、长江、淮河、黄河、海河等五大水系，南北跨越10个纬度，全长1700多千米。其长度相当于10条苏伊士运河或22条巴拿马运河，是世界上开凿最早、里程最长、工程也最伟大的人工河流。它的开凿充分显示了我国古代劳动人民的勤劳、智慧和胆识，对中国南北之间经济、文化的发展和交流，尤其是对运河沿岸地区的经济发展和城镇的兴起，起着非常重大的作用。更为难得的是，这条贯通南北的大运河至今仍在继续发挥着它的重要作用。

应该说，大运河的开凿始于周而成于隋。周敬王三十四年（前486年），吴王夫差打败了楚国，并慑服了越国。为了北上伐齐，争霸中原，遂将其都城迁至长江北岸的邗（今扬州），并在江淮之间开凿邗沟，即引长江之水入淮，从而首次沟通了江、淮两大水系。这也就是现在江苏省境内北起淮安市（曾称淮阴市）、南至扬州市瓜洲镇六圩的里运河的前身，也是大运河最早开凿的一段。

东汉建安十一年（206年）曹操为北征乌桓，从今河北省的青县东北引滹沱河水，北经泒水（上游即今大沙河，下游相当于今大清河到入海口的一段）。其故道大致相当于从今青县附近到天津市静海县经独流镇之间的一段运河，并在以后成为南北大运

▲ 积水潭（海子）——元时京杭大运河的北端码头

河中南运河段的前身。

581年，杨坚建立隋朝，是为隋文帝。589年，隋朝灭掉南方的陈朝，结束了南北分裂的局面。605年，杨广即位，是为隋炀帝。当时他为了向东北征讨，曾以蓟城（今北京城西南）作为军事基地，且为沟通蓟城和东南经济富庶的江淮流域，于大业元年（605年）开凿了通济渠，利用古邗沟和淮水与黄河沟通起来，全长850多千米，是隋代运河系统通向江淮（洛阳至江苏盱眙对岸入淮）地区的主要水利工程。其后四年（608年）又“诏发河北诸郡男女百余万，开永济渠，引沁水，南达于河，北通涿郡”（《隋书·炀帝记》），即利用现在河南省西北部的沁水，南通黄河，北达蓟城，全长1000多千米，从而沟通了黄河水系和海河水系。不过，它通达蓟城的最后一段，并不是经以后所谓的北运河（潮白河下游故道），而是沿着当时永定河（时称“桑干河”）的故道（今北京城南凉水河）直抵蓟城南郊的。

就在永济渠开凿以后三年，即隋大业七年（611年），隋炀帝亲自领兵，远征高丽。从江都（今扬州）船行直抵蓟城，所经行的正是这条水道。“发江淮以南民夫及船，运黎阳及洛口诸仓米至涿郡，舳舻相次千余里”，又说“凡一百一十三万三千八百人，号二百万，其馈运者倍之。宜社于南桑乾水上，类上帝于临朔宫南，祭马祖于蓟城北”（《资治通鉴》）。

隋大业六年（610年）开江南运河，即自江都对岸的京口（今镇江）起，沿太湖东岸穿太湖流域，直达钱塘江边的余杭（今杭州），亦今南运河的前身。至此，隋炀帝开通了南至余杭、北达蓟城（北京）、贯通南北的大运河。

10 世纪，兴起于“白山黑水”的女真族日益强盛，并南下灭了契丹，于金贞元元年（1153 年）正式迁都，改燕京为中都。当北京一跃而成为金朝的都城之后，与历代封建王朝的都城一样，解决漕运便立刻成为巩固政权的一项重要工作。当时金朝的统治范围虽仅限于淮河、秦岭以北的地区，但还是想尽办法把华北平原征调来的粮食，经由今卫河、滏阳河、滹沱河、子牙河、大清河等，汇集到今天津所在的地方，尔后再循潮白河（当时称潞水，后改称北运河）逆流而上，输送到中都城以东的通州。当时之所以称之为“通州”，乃取其“漕运通济”之意。但是，中都的地势高出通州 20 米，通州的潞水又不能西引，每年少则千吨、多则万余吨的漕粮只得靠陆路驮运。于是，便有开金口河之举，即将卢沟水（今永定河）经金口河导入金中都北护城河，再往东开渠道达通州，以接潮白河。由于地势西高东低，沿河必须设闸，以节流水，因名“闸河”。

但金口河开凿之后，每遇卢沟洪水泛滥，直接威胁中都城的安全，且卢沟河水混浊，泥沙过多，常导致河道淤塞，后来便只好将金口河河口闭塞了。

13 世纪，元太祖出兵攻破金中都城。皇城宫阙为兵火所焚毁。

此后又经过了约半个世纪，忽必烈即位，并决定将都城从内蒙古高原的和林迁至燕京。这就是后来建成的赫赫有名的元大都城。

大都城建成之后，同样遇到了漕运所需的水源问题。因为“通州至大都陆运官粮，岁若千万石，方秋霖雨，驴畜死者不可胜计”（《元史》），遂有郭守敬导昌平白浮之泉，修白浮堰，引入旧闸河以济漕运之举。“大都运粮河，不用一亩泉旧原，别引北山白浮泉水，西折而南，经瓮山泊（今昆明湖），自西水门入城，环汇于积水潭，复东折而南，出南水门，合入旧运粮河，每十里置一闸，比至通州，凡为闸七，距闸里许，上重置斗门，互为提阏，以过舟止水。”《元史》中的这段话不仅说明了漕运引水的路线，而且说明了沿途置船闸，既可节水，又便于行舟。

运粮河的开凿始于元至元二十九年（1292 年），告成于至元三十年（1293 年）。自此，漕粮可以从通州以南的高丽庄，经闸河入大都城中，停泊在积水潭。据史书记载：元至元三十年（1293 年）什刹海通航，正值元世祖忽必烈自上都返回大都，“过积水潭，见舳舻蔽水，大悦，赐名‘通惠河’”。通惠河之名由此始称，并一直流传至今。

及至明清两代，由于上游水源枯竭，而且日久湮塞，通惠河不能行舟，特别是在明宣德七年（1432 年）皇城墙正东一面做了外扩之后，将元通惠河圈入城内，粮船再也难以进入积水潭。正如明《宪宗实录》所载，明成化七年（1471 年）杨鼎等所奏《浚通惠河旧道事宜》疏曰：通惠河“元时水在宫墙外，船得进入城内海子湾泊，今水从皇城中金水河流出，难循故道行船”。因此，从通州运河码头到京师，又恢复到元以前的状态——漕粮主要靠车载运输。但是，“北京通惠河自明代嘉靖七年（1528 年）吴仲修复以后，历明清两代始终通畅不废。公元 1644 年清军攻占北京，随即议立北京为京师以后，通惠河仍承担运输漕粮入京的任务。直至清末光绪二十四年（1898 年）京津铁路竣工以后，海运漕粮由天津通过铁路直运北京”（于德源《清代通惠河》）。

通州地处通惠河与北运河的交汇点上，也就是说，从这里到北京的是通惠河，而由通州至天津的是北运河，即原来的潞河。来自江淮的漕粮，就是经北运河抵达通州集聚。这个地理位置表明，通州是南北水运通道上一个非常重要的节点。

通州于西汉始置县，称“路县”；东汉时因路县濒临潞水，而改称“潞县”。而自金开凿闸河，疏通运河，将潞县更名通州之后，通州便成了名副其实的水陆交通的枢纽。史载当年的通州“千樯云集，车毂织络。盖仓庾之都会，而水路之冲达也”。特别是在元开凿通惠河之后，每年由东南地区供给京师的数万吨漕粮，不论海运、水运都要从天津进北运河而抵通州，然后再分运京、通仓储。因此，通州又有“天庾重地”之称。也由于漕粮仓廪的设置，通州的政治、军事地位显得尤为突出，被誉为“左辅京师的东大门”。

但是，历史上任何一个统治者，其之所以不惜代价开凿运河运输漕粮，最终的目的还是要供给京师庞大的日常生活所需。金凿金口河，引卢沟水开闸河，元引白浮之水辟通惠河等，都是为了免除通州至京师的车挽之苦，把漕粮直接运抵京城。或者说，大运河的北终点在京城而不在通州。当然，漕船在进入积水潭（又称海子，明称“什刹海”）之后究竟停靠在什么位置，虽然尚有待文物考古专家们做进一步的确定，但什刹海是大运河最北端的码头应该是定而不可疑的。而这，也正是我们对历史应有的一种尊重。

海子咽喉万宁桥

位于北京老城地安门北面的地安桥，也称“海子桥”，更有人称其为“后门桥”，但其真正的名字是“万宁桥”。

万宁桥始建于元至元二十二年（1285 年），初为木桥，后改为单孔石桥，桥西侧有闸，名澄清闸。因其位于“大天寿万宁寺”（今鼓楼所在地）之南，故名“万宁桥”，意为“万世安宁”。但是积水潭在元时称“海子”，所以“万宁桥”又被称为“海子桥”。到了明永乐年间迁都北京，这座桥位于皇城的北门——地安门外。于是，又有人称它为“地安桥”。老北京人却往往称它为“后门桥”，这就是与“正阳门”被称为“前门”相对应了。

元至元四年（1267 年）忽必烈决定选择以原金帝的离宫——大宁离宫（位于今北海琼华岛）所在的湖泊为中心规划建设新都——大都城。当时为了把古高梁河形成的这片天然湖泊全部揽入大都城内，便以这片湖泊的尽东端为基准，形成了规划建设大都城的中轴线，并在海子的东端出水口处建万宁桥。后来，为了满足元大都城庞大人口每年数百万石的粮食之需，又决定由都水监郭守敬引昌平白浮泉之水开“白浮堰”，以揽北京西山诸多泉水经高梁河注入积水潭中，再经万宁桥沿通惠河东流至通州。但是，由于大都城的地势比通州高出 20 多米，沿河须设置水闸，以调制水量，按时提放，以过舟放水。据统计，当时的通惠河设有水闸 24 座。万宁桥西侧就有供装填闸板的石槽和绞关石，称澄清闸。当时万宁桥畔的斜街市，既邻近皇城，又有舟楫之利，南方来的货物随漕船涌入积水潭中。所以这里也是商贾云集，景象繁荣。

明朝继元之后，对元大都城进行了较大的改造。洪武元年（1368 年）徐达率军攻下元大都城之后，为便于守城，即将原北土城安贞门—健德门一线放弃，退守到今安定门—德胜门一线；明永乐初决定迁都北京之后，又将元大都城南城即今东西长安街南侧一线，推至今前三门（正阳门、崇文门、宣武门）一线；明嘉靖三十二年（1553 年）又始添外城。但是，万宁桥作为贯通北京全城的中轴线标志性建筑，始终未有变化。

可毕竟是年深日久，万宁桥已经日见破败。故宫博物院原副院长单士元，著名的历史地理学家、北京大学教授侯仁之与社会知名人士多次呼吁修缮后门桥。

1998年4月，侯仁之先生应当时的北京市委书记贾庆林之邀，为北京市委、市政府中心组学习会做题为“从莲花池到后门桥”的报告。在报告中，侯先生在阐述了莲花池与北京城的起源、北京城址的变迁，以及莲花池和后门桥在北京城市发展、规划建设中的重要意义之后，又一次提出“紫禁城和天安门广场都在统领全城的中轴线上。一个完整地被保留下来了，且已成了世界文化遗产，而被载入史册；一个有重大的新的发展，说明新时代的到来。可是，后门桥还处在一个极其令人可悲的状态……后门桥残破凋零的状态，我感觉是挺可悲的。它就在中轴线上，而且是中轴线最初设计的起点，也是靠它决定全城中轴线的。现在后门桥也已经被定为北京市市级文物保护单位。但是，两边的石桥栏已经残破。不但这样，桥两边的水也看不见了，而且用5块大的广告牌遮挡起来。我说句不好听的话，那是用来遮丑的东西。原来西边有风景秀丽的什刹海，东边有一溪清流，现在桥的两边，不堪入目。我在这里大胆地呼吁：这个中轴线太重要了。保护中轴线，是保护北京这座历史文化名城的重要内容之一。这在《北京城市总体规划》中已有充足的证明。所以，应该把后门桥修复起来，然后把什刹海的水引过后门桥，恢复后门桥下这段河道的水上景观。这样一来，全城中轴线最初设计起点的地方会焕然一新”。

也就在此后不久，市委、市政府决定，将莲花池和后门桥的整治、修缮工程列为重点工程，并于 2000 年 12 月 20 日竣工。施工中有关人员还从后门桥清理出桥东侧南、北两边的镇水兽 2 个，桥西侧南、北两边的镇水兽 4 个，均为元明两代的遗物。现在，不仅后门桥的整个桥体得到全面的修复，而且它重新挖开了被填埋的河道，注入了清水。“后门桥”也正式恢复它原来的名字——万宁桥。

不仅如此，在万宁桥的西侧，什刹海的东岸还修了一座汉白玉新桥。这座桥完全是为了方便游览什刹海而修筑的，既可省去绕万宁桥的辛劳，又可在此瞻望什刹海浩瀚的水上风光。新桥被定名为“金锭桥”。这是侯仁之先生既为了与北面的“银锭桥”相对应，又使什刹海的文化有所传承，赋予了新意，故名。

还值得一提的是，在这次修复万宁桥中发掘了被掩埋多年的镇水兽，并将其放置于桥两侧原来的位置，供人观赏。

传说，这种镇水兽名“趴蝮”（也有人称之为“叭嗄”），传说为“龙”所生。因其生性好水，常被用来作为镇水兽。我们在平日所见的“趴蝮”常用于排水口上，如故宫台阶边伸出一头，以作排水之用。而太和殿、中和殿、保和殿是建在一个 8 米多高、平面呈“土”字形的汉白玉台基之上的。台基四周的栏板底部都有一个排水口——石雕“趴蝮”头，作为排水孔，三层共 1142 个。

在大雨滂沱的日子里，它们就如同八龙嘴里吐出“白练”，至为壮观。有时也见于石砌桥拱券的中间伸出一头看着从桥洞下通过的水流，但它们都仅雕一个头。而万宁桥的“趴蝮”都是全身形的，颇为难得。

万宁桥下的“趴蝮”（镇水兽）共6组：桥两侧中孔拱券上各有一个伸头的为两组；东西两侧的南北河沿上各有一组，每组两只。“趴蝮”总共有10只。河沿上各组的镇水兽又分为三个层次：最下面的一层是一只从浪花中探出头来，且往侧上方看的，其周围雕有云纹、水纹、浪花、旋涡等，动感十足，非常精巧；中间一层仅一颗龙珠，犹如从水中跃起；最上层的则是雕有龙头、龙身、龙爪、龙尾，全身形的“趴蝮”。细看龙头，却又有几分狮虎之相，龙身很短，龙爪中还抓着两团水花，带龙鳞的尾巴也很像虎尾，乍看上去就如同一只趴在河沿壁上的老虎，歪着脑袋观望侧下方的龙珠和玩伴。这种形象一反龙高高在上、腾云驾雾的威猛状，却显得憨态可掬、十分可爱。同与之相对应的玩伴，构成了一幅“二龙戏珠”的图景。

不仅如此，这三组不同层次的“镇水兽”，还是标志水深的标尺。如前所述，万宁桥的西侧便是“澄清闸”，至今仍存。桥下的水到什么样的深度，才不至于使进入海子的漕船产生剐蹭到河底的现象？建桥的匠师们就妙用位于不同层次的“镇水兽”来显示水深，真是极妙的艺术与实用相结合的构思！

市井宝地任徜徉

如今的什刹海，是北京城西北部一处天然湖泊水域。它包括德胜桥以西的积水潭（又名“什刹海西海”）和以东至银锭桥之间的“什刹海后海”；还包括万宁桥（海子桥）以西的什刹海前海，面积达 146.7 公顷。

远在距今 2500 ~ 7500 年前的这段时期，永定河逐渐南迁，其主河道自石景山往东经田村、徐庄、北洼村、紫竹院，再经积水潭、什刹海、北海、中南海、前门附近，东南经龙潭湖漫散流淌。当时的行水河道相当宽阔，经我们用钻孔资料绘制成的剖面图得知，在北京供电局（今北京电力公司）至前门的河道宽 620 多米。另外，当年在修建地铁时，西直门附近下挖 12 米。就剖面所见，下部是沙砾石层，且层理清晰，确系河水沉积。其上则为厚达 10 余米的黑色淤泥，说明其曾经历过相当长一段时期的静水沉积。

而什刹海一带的水域，至迟在辽金时即已开发。“白莲潭”便是见于史书上最早的湖泊名，也说明人们已经在这里广植莲藕。

金大定十九年（1179 年），世宗完颜雍利用辽代业已在高梁河天然湖泊开辟成的行宫，扩建成规模宏大的大宁离宫，作为金帝夏季避暑的行宫。金世宗每年来此约 4 个月之久；金章宗也在三四月份即来此，八月才返回中都城中。元世祖忽必烈又以琼华岛为中心修筑起了大都城。

大都城是当时全国的政治、经济、文化中心，人口达60万以上，元泰定四年（1327年）曾达95万人。如此庞大的人口自然需要大量的粮食消费，元朝政府每年都要从南方调运粮食，最多时曾达18万吨，但无论是海运、河运，当时都只能抵达通州，然后换车载运抵都城。所以忽必烈采用了郭守敬的建议——开凿通惠河。通惠河的水流来自昌平白浮，沿白浮堰往西山山麓进入瓮山泊（今颐和园昆明湖），再由长河进入积水潭，经万宁桥由通惠河与通州相连。积水潭成了大运河北端最大的码头。当时南来的船只停泊在积水潭里，几乎遮盖了积水潭宽阔的水面，形成"舳舻蔽水"的宏伟景观。忽必烈从上都来到大都，看到如此情景，龙心大悦，便赐嘉名"通惠河"。积水潭周围也形成了大都城内最大的商业中心——鼓楼和斜街市。

由于积水潭当时水面异常宽阔，汪洋如海，人们都亲切地称它为"海子"。

明朝初年，大都城北垣被南推至后来的安定门—德胜门一线之后，积水潭的部分水面被隔在了城外（即以后的太平湖）。在德胜门内德胜桥建成之后，桥西的部分水面被称为"积水潭"，桥东的部分被称为"什刹海"；而在银锭桥建成之后，又将什刹海水面分成两部分：桥西北的部分被称为"什刹海后海"（简称"后海"），桥东南的部分被称为"什刹海前海"。

▲ 什刹海银锭桥畔的烤肉季

明初开凿了南海之后，在皇城内形成了北海、中海、南海，合称“三海”。但这“三海”是皇家禁苑，平民百姓是难以涉足其间的，所以又被称为“内三海”。而西海、后海、前海地处皇城之外，平民百姓可以经常来此消暑、休闲，抑或游览观光，因而又被称为“外三海”。

这“内三海”“外三海”犹如一串熠熠生辉的翡翠，镶嵌在这北京城中，与金碧辉煌的宫殿相互辉映，形成一幅举世无双的壮阔图画，令人叹为观止！

那么又为什么叫“什刹海”呢？

已故的前故宫博物院副院长单士元先生曾于1992年写过一篇题为《对什刹海的感情》的文章。其间这样说：“儿时生于什刹海，不识什刹海名称之渊源。传说在大片湖泊周围有古刹十，因而得名……早年在什刹海畔德胜桥，有‘什刹海禅林’古庙一座，其碑为明万历年间建。”经考查得知，今后海两岸、德胜门内糖房大院27号有“什刹海（寺）”。据《北京名胜古迹辞典》载：“什刹海始建于明万历年间，清顺治六年（1649年）和康熙三十一年（1692年）重修。寺坐西朝东，山门三间、大殿三间，供释迦佛。一说什刹海因此寺而得名，现基本保持原状，为区级文保单位。”

历史地理学家、北京大学教授侯仁之先生说：“可以断定现在的什刹海一名，实来源于明代的十刹海寺（位于今德胜门内糖房大院27号），只是把‘十’字又谐音写作‘什’字而已。”又说：“什刹海湖滨梵宇林立，旧有佛寺曰‘十刹海’，寓意佛法如海。今寺宇虽废，而十刹海作为湖泊名称，却已屡见记载，或谐音写作‘什刹海’。”在佛经中也有“十方刹海”“菩萨十地”之说，而“刹”在佛经中泛指佛寺建筑，即“寺刹”。其称——“什刹海”，恐怕也有“佛经如海”“法海无边”的寓意。如颐和园万寿山巅的无梁殿也被称为“智慧海”就是一例。

什刹海地区历经沧桑、几度变迁，现如今已成为北京人喜闻乐见、最愿意涉足流连的地方。时至今日，这里还保存了十分难得的自然与人文交相辉映的历史风貌。用侯仁之先生的话来说：什刹海是京城最富有人民性的市井宝地。

什刹海与北海、中南海虽然水脉相连，却没有皇家园林那种多由人工构筑的富丽堂皇，依然保持着几分天然淳朴的性格：既有“银锭观山”的水上风光，又多历代名刹、名人故居、王公府第——宋庆龄故居、郭沫若故居、恭王府及其花园等。其周围则遍布陈旧却仍然保持着原汁原味的传统风貌：绿荫匝地、格局严整，但又极富生活情趣的四合院；夏日的什刹海中莲花争艳、清香沁人；再添上湖畔垂柳依依，以及茶馆、酒楼、应时小吃和京韵京味的民间文艺演出，活脱脱一幅现代版的“清明上河图”，实在是黎民百姓喜闻乐见的消遣游娱之地。

已故作家老舍先生曾到过世界上许多著名的大城市，但他独爱北京。而对于北京，他又最爱积水潭。他说：“面向着积水潭，背后是城墙，坐在石上看水中的小蝌蚪或苇叶上的嫩蜻蜓，我可以快乐地坐一天，心中完全安适，无所求也无可怕，像小儿安睡在摇篮里……”在他的作品中常常把主人公安排在积水潭、什刹海、银锭桥、德胜桥……他是那么熟悉这些地方。读了他在书中的那些描写，闭着眼，荷叶的清香都能从书上飘出来。积水潭和什刹海给他的美，是一种图画和音乐的美。他对北京的爱，正是这种图画和音乐的美引起的。他几乎是写了一辈子的积水潭、什刹海。

著名的建筑大师张开济老先生也说：我十分喜爱什刹海，其原因有三：其一，是它的人民性。他说世界上数一数二的历史文化名城中，北京的名胜古迹可谓不胜枚举，美不胜收。不过在封建时代，这些名胜古迹几乎都是宫殿、陵墓、祭坛、皇家园林等帝王享用的建筑和僧庙、道观等宗教建筑，而供广大劳动人民游乐的地方似乎只有两个：一个是什刹海，一个是天桥。在这两个地方，北京人不问男女老少，包括三教九流，大家一起吃喝玩乐，各得其所，各尽其乐。其二，是爱它的自然美。北京的北海、中南海、颐和园及什刹海，都有非常优美的景色。不过前三者都是皇家园林，以华丽高贵取胜，却不免有人工斧凿的痕迹。而唯独什刹海以自然朴素之美见长，自有一番野趣，这是前三者所不及的。其三，是因为他在那里曾设计过一幢小楼。这幢小楼虽沿环湖路而建，却与什刹海周围的环境互相协调，且或多或少为什刹海增添了一点色彩。

什刹海的荷花是久负盛名的。金时称“白莲潭”自不待言，就连元代的诗人、书画家赵孟頫也在其《海子上即事与李子构同赋》诗中写有“家近荷花似镜湖”之句。海子荷花似“镜湖”，足见荷花的簇拥繁茂。明代的蒋一葵更在其《长安客话》中这样写道：“都城北隅旧有积水潭，周广数里，西山诸泉从高梁桥流入北水门汇此。内多植莲，因名莲花池。池上建有莲花庵、净业寺，及王公贵人家水轩、水亭，最为幽胜。”又说，“其南则晶淼千顷，草树青葱，鸥凫上下，亭榭掩映，列刹相望，烟云水月，时出奇观，实都下第一胜区也。”

当代著名作家刘心武在说到什刹海时，则把它称为“都城中的野景”，是一处“富于野趣的情调空间”。他认为，什刹海的最大特点有二：一是营造出了“银锭观山”的意趣。晴天时站在银锭桥头西望，可以望见一脉青黛色的西山，那不仅是美丽的景色，而且其深刻的意蕴是把繁华的城市与恬静的山野通过视觉“望点”上的享受，在市民心里注入一种禅悟。二是不让街市商业气氛来浸染这处水域。直到十来年前，这里大体还保持着明清时期那“都城中的野景”的情调。

追根溯源护城河

前些年，北京有关部门曾对故宫护城河（筒子河）进行了清淤工作，整修了泊岸，根除了污染源，使水面基本保持清洁，并拟在对其周边的环境做进一步整治的基础上，在护城河中种植荷花，再现当年“莲叶无穷碧，荷花别样红”的胜景。

护城河，顾名思义是为护卫整座城池而开凿的人工河道。而在我国的历史上，护城河和城墙几乎是一对“孪生姐妹”，它们总是同时出现又同时存在的。

人们在陕西临潼姜寨发掘的距今数千年前的新石器时期村落遗址，其周围便是由一条壕沟围住的。西安东郊的半坡村遗址，这个距今约6000年、现存面积约5万平方米的母系氏族公社的村落，周围也有一条又宽又深的壕沟，靠近村落一侧的岸边还有非常简陋的隔墙。显然，这是人类从穴居生活进入平原之后，为了保护自己不受猛兽的袭击而挖掘出来的。这时虽然未出现高大的城墙，我们却可以认定，以后出现的城墙和护城河正是由此逐渐演进而来的。

随着生产力的不断发展，产生了剩余产品，随之而来就出现了私有财产，原始社会的生产关系便也因此而逐渐解体，并进入了奴隶社会。在《礼记·礼运》中这样写道：“今大道既隐（即原始社会解体），天下为家（原先的公有制变为私有制）。各亲其亲，各子其子，货力为己（财产据为己有）。大人世及以为礼，城郭沟池以为固（用城郭沟池来保护私有财产）。礼义以为纪。”这就是说，由于私有制的出现，原先公有制下的“选贤与能”已经变成争夺和把持权力的“大人世及”，社会分裂成了相互对立的两个阶级。在这样的情况下，原先用作防御猛兽袭击、以保护自己生命的壕沟和隔墙，逐渐演变成私有财产占有者用来保护其财物、生命安全乃至维护他们地位的城郭沟池了。

中国古代文献中所记：“禹作城，强者攻，弱者守，敌者战。”与传说中的夏代已进入私有制社会并且“筑城以卫君，造郭以守民”是相符的。

城墙和护城河是“城”最直观的标志，也是中国“城”的传统特征。

在汉字中，“城”字有两种含义：其一是“城墙”，其二是“城市”。城市的“城”是由城墙的“城”演化而来的。而“邑”的原义是县城，它在甲骨文中的字形是上面一个代表城墙的圆圈，下面跪着一个人；而“郭”字是指外城，其字形是一个圆圈，上下两座门楼。由此可以推断，我国最早出现的城，其平面布局是呈圆形的。因为这时的“城”实际上是原始聚落的演化和扩大。西安半坡村遗址的居住区便是一个不规则的圆形，聚落中心是供氏族成员集中活动的大房子，在其周围则环绕着许多小的住宅，它们的门都是朝着大房子的。村落外围的壕沟和隔墙也自然呈不规则的圆形。而且，我们还可以这样说，挖壕沟和垒隔墙是同时进行的，即将挖出来的土堆在沟边，土堤式的城墙也就随着壕沟的挖掘成功而同时出现。在历史上，这种城、壕的构筑方式不仅存在，而且还使用得相当普遍。

西周时淹（亦作奄）国都城，建于今江苏省常州市南约 7 千米处。其城分王城、内城、外城三重，且均用土筑。王城略呈方形，内、外城则呈不规则的圆形。三道城墙外均有护城河环绕。北京的团城和福建省平和县等地的民居呈环形的土楼，也采用了类似的建筑布局。

随着社会生产力的发展和版筑技术的出现，城、壕的形状发生了新的变化，特别是在《周礼·考工记·匠人》中明确提出“匠人营国，方九里，旁三门，国中九经九纬，经涂九轨，左祖右社，前朝后市，市朝一夫”的主张之后，我们在以后所见的都城乃至县城，除了因受地理条件的限制而呈不规则的形状之外，几乎都是方形或长方形的。不仅如此，从几何图形来看，除了圆形之外，周边最短又能包围最大面积的就是方形，在建筑工程上也是最经济的。那么，作为“孪生姐妹”的护城河也自然是呈方形或长方形的。我们从北京城市发展的历史中可以看到，辽南京城及由此为基础扩建而成的金中都城、元大都城，乃至明初的北京城都是呈方形或长方形的，只是到了明嘉靖年间加筑了外城，才形成一个特有的“凸”字形格局。

在宫城（紫禁城）外围开凿护城河，最突出的是北宋时所建的汴梁城。当时开封的汴梁城由三重城墙（皇城、里城、外城）、三套护城河组成。其中皇城（亦称大内）的护城河被称为护龙河。

这三套城壕虽非一次建成，但也说明在防御上的严密。这种布局形制对以后的金中都、元大都和明北京城的影响颇大。

明北京城的紫禁城建成于永乐十八年（1420 年），距今已有 600 多年的历史。护城河距城墙 20 米，河宽 52 米，周长 3480 米，水深 5 米，蓄水量约 50 万立方米。这是一条用特制的城砖铺砌而成的护城河。其规模之大、建造之精细，堪称我国历史上的“护城河之最”。由于它环护在紫禁城垣的四周，俗称“筒子河”。其水源自北京西山的玉泉山，在流入积水潭之后经北海壕濮涧向东，再经景山公园的西墙下，从紫禁城的西北角入护城河。

如前所说，城、壕都是防御体系中的重要组成部分。宽大而水深的护城河与高大的城墙一起形成了一道难以逾越的人工屏障。不仅如此，护城河还起到了排水渠的作用。

紫禁城内百余座院落的雨水，乃至生活用水便是通过城内明暗沟渠再经内金水河汇入筒子河外排的。而宫内的建筑修缮、水池养鱼、树木养护、花卉养植，乃至意外火灾抢救，有时亦取自筒子河之水。

明天启年间（1621 ~ 1627 年）开始在筒子河水中种植荷花，而且一直延续到清代。据《钦定总管内务府现行则例·奉宸苑卷》中记载：“康熙十六年（1677 年）奏准：紫禁城护城河栽种莲藕，每年除进用，余剩者鬻卖，所得银两存奉宸苑，作为办买零星物件之项。乾隆九年（1744 年）奏准：可增地亩租银。嘉庆十九年

（1814年）奏准：紫禁城护城河荷花池二顷八十八亩七分，每年征租银一百二十九两九钱一分五厘。”这真是对护城河功能的一种突破性的改变。

清朝末年由于筒子河有失疏浚，河水断流，致使荒芜干枯。至民国初年对筒子河进行了整治，重新种上了荷花。新中国成立之后对筒子河进行了彻底整理，疏通了河道，清除了淤泥。故宫博物院不仅对筒子河再一次进行了清理，而且还对其周围的环境同时进行整治，以恢复原有的风貌，这无疑是对维护北京古都风貌做出的又一重大贡献。

首都安危需保全

如前所述，永定河是华北地区仅次于黄河的第二大河。

永定河三家店以上的广大山区约占整个流域面积的90%。这里地形复杂，地势陡峻，且广覆黄土。数百年来，这里的森林植被又受到严重的破坏，强大而集中的降雨所产生的大量径流往往造成严重的水土流失，并成为永定河泥沙的主要来源和“善淤决”“徙无定”的根源。河水中含沙量的变化又与流量的季节变化大体一致，其变化幅度甚至还更为强烈。如三家店水文站在1929年2月19日曾有395.4千克/立方米的含沙量记录，1939年7月9日更有712.2千克/立方米的极端大含沙量记录。在

1 吨河水之中竟有 700 多千克的泥沙，这实际上已是泥浆了。但是，在枯水季节，永定河水的含沙量很小，甚至约等于零。

因此，治理永定河的关键在中、上游。1954 年之所以在官厅修筑官厅水库，也正是在认识了永定河全流域的这一水文特性之后确定的。建成后的官厅水库库容 22 亿立方米，是新中国成立后修筑的第一座大型水库。由于官厅水库控制了官厅以上占永定河流域 80% 的面积，致使永定河原先“多泥沙、善淤决、好迁徙”的“脾性”得到了彻底的改变。40 多年来，永定河由“小黄河”“无定河”变成真正名副其实的“永定河”的事实也充分证明了这一点。

不仅如此，在平水年还可以为城市提供 6 亿 ~ 7 亿立方米的用水。1989 年有关部门完成了对官厅水库的除险、加高、加固工程，库容也已扩大到了 41.6 亿立方米。与此同时，对决口的多发段也就是对京城威胁最大的悬河段——左堤进行了加高加固，即便如此，我们仍不能高枕无忧。

永定河决口在卢沟桥以上左岸者，大多在金口（即今麻峪村南石景山发电厂护堤头）、庞村（岸边原有镇河铁牛）、衙门口等三处。其距西便门分别为 21.5 千米、18.7 千米、12 千米，而三处的高程分别是 90 米、80 米和 70 米，与西便门高程 48.5 米的高差分别为 41.5 米、31.5 米和 21.5 米。这便形成了洪水的“高屋建瓴”之势。如果从衙门口决堤，永定河水将沿现在的新开渠和水衙沟直入莲花池和莲花河，冲决莲花河左堤岸，直侵广安门；

如果从金口决堤，洪水行经线将沿石景山北、金顶山南、老山北、八宝山北的金沟河故道与现今的永定河引水渠路线汇合，直入西直门水关进城。这条流经路线的纵坡降约为2%。一个小小的水关或城门显然是不易挡住的（段天顺《燕水古今谈》）。何况，自金以来，人们为了减少洪水灾害，即从石景山—卢沟桥左岸修筑堤防，且屡毁屡修，河床屡治屡高，至大兴、房山段的河堤更是高高地横卧在平原之上，完全是一条地上悬河。说得更具体点儿，永定河三家店段比天安门城楼高出45米，卢沟桥段比天安门高出10～15米，是名副其实的地上河，一旦溃堤，其危害之大是可想而知的。

成熟林、天然林对涵养水源、保持水土等有重要的生态效益，有人把植被称为“绿色水库”，1万亩（约合666公顷）森林的蓄水能力相当于一个蓄水量100万立方米的水库。何况，当大雨降落时，树冠和枝叶可以截流20%以上的降水，林地上的枯枝落叶覆盖层也可以截流吸收5%～10%的水量，土壤还可以吸收转化为地下水。人工植树虽然可以缓解水土流失，但其作用远不及原始森林，因为后者是一个由众多生物构成的异常复杂的生态系统。

如前所述，永定河洪水的形成、河水所挟带的泥沙主要来自三家店以上的上游地区，因而加强这一地区的植树造林、提高植被覆盖率、逐步恢复其自然生态状况便是最为关键的措施。唯其如此，永定河的中下游水利工程设施方能确保无虞，并发挥其应有的防洪作用。但是，自京津周围地区绿化工程开发5年以来，累计造林种草约186万公顷，仍未摆脱生态脆弱的境地，周围山区水土流失仍然十分严重。现距工程设计建设完成期限仅有7年，任务才刚刚完成过半，以后的工程建设难度必将越来越大，按期完成困难重重。不仅如此，永定河水源地——山西省管涔山区现存大面积原始林对黄河中游流域和永定河源头的水土保持有着非常重要的作用。然而，目前这种原始森林正以每年4万多立方米的速度被砍伐，被砍伐地区大部分也未及时补种（《人民日报》1998年8月31日）。

另外，有关部门从20世纪60年代至80年代，曾分6期对直接威胁北京地区的悬河段卢沟桥以上左堤做了加高加固处理，防洪标准达到了万年一遇。1987年又建成了永定河分洪枢纽工程（包括永定河拦河闸、小清河分洪闸、大宁滞洪水库等主要工程）。1992年又采用治理与开发相结合的办法，修筑了卢沟桥以上15千米右堤，并疏通了河道，使右岸防洪标准由20年一遇提高到50年一遇，对卢沟桥下游左右岸险工堤防也做了相应处理。尽管控制上游地区的水土流失是防止洪水灾害的根本措施，但对永定河来说，堤防工程仍然是抵御洪水、护卫北京城的主要屏障。

1998年长江某流域出现历史上罕见的洪灾后，在国家环保总局召开的“灾后重建生态环境保护对策与建议”座谈会上，有关专家指出“改革开放20年，我们的经济发展在生态环境上是透支的、索取的。而今年这场洪灾又用铁一般的事实告诉我们，生态环境遭到破坏，必然会带来巨大的灾难，多年辛辛苦苦积累的建设成就，顷刻之间便会付诸东流”。

在这里，一个根本的问题是在经济发展中是选择可持续发展道路，还是急功近利，延续以大量消耗能源、资源为特征，以牺牲环境为代价的粗放型发展道路？

时任国务院总理的朱镕基同志曾提出灾后重建32字方针，其重要的一点即把整个流域当作一个相对独立的生态系统，制订一个更高层次的可持续发展规划。改变以往水利部门仅把水作为一种资源来开发利用的状况，协调好人口、资源、发展和环境四者的关系，特别是水土平衡问题，既使流域内的经济得到发展，又使流域内形成并保持最良好的生态环境。

首都某报曾报道了这样一条消息：流过山西、河北、河南等地的清漳河，上演了一场争水事件。山西省左权县有关方面不顾海河水利委员会和河北省的阻拦，单方面在清漳河上游修建水电站。此举将拦截下游涉县40万人的饮水水源。而河北省涉县十年九旱，40万人的生活饮用水和地下水全部依赖清漳河地表径流的补给。如果拦截清漳河基流，全县将面临无水可吃的严重局面。

人们都知道，水是生命的源泉，是人们须臾不可或缺而且难以取代的物质。人可以数日不进食，却不能三日不喝水。城市，作为人类文明的重要标志，当同此理。

前面所叙述的情况也让我们清楚地看到，我们的北京城从其孕育、成长，乃至成为文化古都、全国的都城、现代化国际大都市，都仰仗着被称为“母亲河”的永定河的哺育。然而面对现实，我们不得不强烈地意识到北京的母亲河早已不堪重负！

数十年来，北京的中心城区由二环、三环到四环、五环乃至六环，一个圈层一个圈层地不断向外扩展，犹如一张不断往外擀的“大烙饼”。它从60多平方千米扩展到20世纪70年代的350平方千米，如今大概已有1000平方千米；人口则又从100多万，迅速地增加到1000多万人。城市的需水量自然也相应地急剧增加。

1954年兴修的官厅水库拦截了永定河上游占流域总面积90%的径流量，设计库容22亿立方米。但由于上游各支流不断兴修水利、垒坝建库拦截地表水流（据统计如今已有大小水库267座），进入官厅水库的水真是非常有限。于是，历史上曾经“黄浪如屋”“桀骜不驯”、经常泛滥成灾的永定河，也不再是仅在桑葚熟了的时候才“晾河底”了——河床经常处于干涸的状态，自然也就补给不了其原先所形成的洪积、冲积扇地貌特征的地下水的日趋亏空。

环保人士马军在其所著的《中国水危机》一书中曾经这样写道：经我们对中国的河流进行全面的研究之后惊讶地发现，黄河、永定河之所以出现大规模的长时间的断流、干涸，是因为黄河和永定河修建了太多的水库。这些水库经年累月地把水拦截在自家的“院子里”，结果导致水坝以下的河道彻底地丧失了作为自然河流的生命力。大量的河流因此而成为水库的联合体，大量的河流也从此丢失了生命。因此，他认为，水库修成之日，常常是河流下游干涸之日，也是河流生态系统崩溃之时。一个大家最不愿意看到的结果出现了：这就是越想把水拦在自家的“院子里”，反而越得不到渴望得到的水。一个地方修建一座水库来养自家的鱼的时候，却发现它的上游也在计划修建水库，甚至要修库容量更大的水库，来先它一步或者后它半步，把身边的“水资源”榨取干净……

值得人们深思的问题其实早已摆在了面前：永定河流域是一个相对完整的生态系统，它有它自身的运行规律。而一旦人们改变了它的运行规律，随之而来的便是它对人们进行惩罚性的报复，并造成灾难性的后果。因此，我们是否也应该沉下心来，好好地思考这样一个问题：永定河上现有的众多水库，其作用究竟有多大？我们是否也应该还河流本来的面目，让它常年自由自在地奔流不息？

但是，我们又不能忘记永定河原先的水文特征和历史上之所以成为“害河”的根本原因。何况，现如今的永定河早已成了名副其实的地上悬河。一旦有洪水，也总是会在河流左岸的金口、庞村、衙门口三个地点突破，酿成灾害。因此，永定河仍然是维系着首都汛期安危的第一大河，须臾不能懈怠。

连续十多年干旱的北京，已成为严重缺水的城市。而北京的水资源又主要靠市域内和河流中、上游地区的自然降雨。但是，自1999年以来，除去2008年的600多毫米降水量，其余10年的降水量都比多年平均量少了130毫米，也就是说，在北京近10年，老天爷少降了200多亿立方米的水，它相当于20个密云水库的蓄水量。而这也令原本已经缺水的北京雪上加霜。因此，我们只能从战略高度、从永定河流域的整个生态系统去考虑，绝不能顾此失彼。

是时候了，是我们重新考虑北京的母亲河——永定河的保护、利用，恢复其原有的河流生态功能的时候了！

据报道，有关部门已成立专门机构，联合京、津、冀、晋四地联手治理永定河，负责全流域的生态修复，并提出：到2020年初步形成“流动的河、绿色的河、清洁的河、安全的河”；到2025年流域基本形成永定河绿色生态廊道，新增水源涵养林9.7万公顷；“自然保护区、湿地公园以及森林公园建设逐步完善，河流生态水量得到有效保障，水功能区水质进一步改善，重要水源地水质达到三至四类”（《北京日报》2018年6月29日）。永定河将成为真正意义上的生态之河。为此，水利部从山西省偏关县西北的万家寨引黄河水1.2亿立方米，与官厅水库上游的友谊水库、洋河水库、册田水库一起向下输水，启动永定河的春季补水，总水量约2.5亿立方米。

2020年的春季和秋季，永定河又分别启动了两次生态补水，不仅实现了北京段25年来再次通水，还在山峡段、平原段形成18平方千米的水面，营造出良好的水生态环境，吸引了大批水鸟栖息。此后不久，又实施了冬季小流量生态补水，每日从官厅水库调水30万立方米，进入北京境内后途经门头沟珠窝、落坡岭水库，通过河道进入三家店引水枢纽，再分水至园博湖、门城湖、莲石湖、宛平湖和晓月湖。总计补水量约0.32亿立方米。预计能使永定河流域北京段170千米长的河道全线通水。这对扫除永定河流域干流干涸状态以及永定河的综合治理和生态修复发挥了重要作用。

“生态兴则文明兴，生态衰则文明衰。”

一部人类文明的发展史，就是一部人与自然的关系史。“你善待环境，环境是友好的；你污染环境，环境总有一天会翻脸，并毫不留情地报复你。这是自然界的规律，不以人的意志为转移。”所以，我们要坚持“绿水青山，就是金山银山”的理念。

面对大自然、面对北京的母亲河——永定河，我们要心存一份敬畏。愿水长流，鱼长游！

“天下第一泉”

北京西部的太行山脉，被称为“神京右臂”。它自西南逶迤而来，至南口与燕山山脉相会，形成一个呈弧形的山弯，状若围屏，即“北京湾”。

“西山”乃京西诸山的总名。由于其间“林麓苍黝，溪涧镂错，其中物产甚饶，古称‘神皋隩区’……其水皆藻绿异常，风日荡漾，水叶递映，倚阑流览，令人欣然有欲赋京都之意”，自古以来为帝王家所眷顾，建离宫，修别苑；僧侣们也纷至沓来。到明清两代，西山早已是风景秀丽、兰若相望、寺庙星罗、钟鼓之声相闻的名胜之地，而以泉胜者又莫如玉泉。其所以称“玉泉”，乃因其泉水清澈，晶莹如玉，山亦以泉名，这就是“玉泉山”。金章宗明昌年间在玉泉山麓建行宫，修芙蓉殿，并将“玉泉”列入“燕京八景”，号称“玉泉垂虹”。史书称：“玉泉山西南麓有石洞，泉从中涌出，自上而下，宛若流虹。”其东麓还有“裂帛泉”——“泉迸湖底，声如裂帛”，因名之。又有泉自“玉龙洞中出，内甃石暗渠伏流入西湖（今昆明湖）”。明人邹缉在《北京八景图》中亦说：玉泉山“有石洞三，一在山之南，其下有泉，深浅莫测。一在山之阳，泉自山而出，鸣若杂佩，色如素练，泓澂百顷。鉴形万象，莫可拟极。一在山之根，有泉涌出，其味甘洌，门刻玉泉二字”。清朝在玉泉山建静明园，乾隆帝还根据玉泉山水质之优，将其命名为“天下第一泉”，并将“玉泉垂虹”改为“玉泉趵突”。他在《天下第一泉记》中这样说：玉泉山“西山泉皆洑流，至玉泉山势中豁，泉喷跃而出，雪涌涛翻，济南趵突也不

▲ 玉泉山远眺

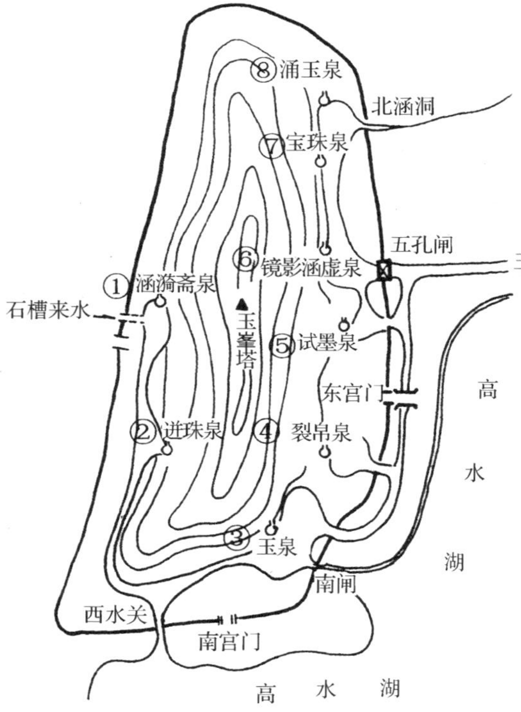

▲ 清代玉泉山各泉位置及水系关系示意图

过是也。向之题八景者目以垂虹，失其实矣。爰正其名，且表为天下第一泉”。据史籍记载，清乾隆年间玉泉山有名的泉流达 30 余处，其中著名的有 8 处：玉泉、涵漪斋泉、迸珠泉、裂帛泉、试墨泉、宝珠泉、涌玉泉、镜影涵虚泉等。另据 1928 年、1934 年有关资料载，玉泉山诸泉在冬季的总出水量为 2.05 立方米 / 秒；在夏季的总出水量为 3 ~ 4 立方米 / 秒。其中玉泉最丰，达 1.41 立方米 / 秒。1949 年时总出水量略有下降，为 1.54 立方米 / 秒；1951 年又降为 1.0 立方米 / 秒。

北京西山以玉泉为代表的为数众多的泉流，是西山风景区和寺庙的“灵魂”，也是金、元、明、清时代北京城的生命之源。即使在新中国成立之后的数十年中，“玉泉”也是北京城须臾不可或缺的水源地，在宫苑用水和城市园林水系中具有非常重要的地位。

但是，在 20 世纪 70 年代，北京西山原有的众多泉流逐渐销声匿迹，就连号称“天下第一泉”的玉泉，也在 1975 年断流了……

自然界是一个异常复杂而庞大的生态系统。地下水（包括泉流）是由大自然的降水（包括雨、雪、冰雹等）渗入地下，并在岩层中逐渐汇集、流动，当它们在流动过程中遇到不透水层的阻隔，便会上升并出露地表形成泉流。

但是，北京西山的诸多泉流，除了承接大气降水之外，还受到永定河水的补给。

新中国成立之后，鉴于永定河在历史上经常泛滥成灾，水患频仍，国务院决定筹集资金修筑官厅水库。建成后的官厅水库库容达 22 亿立方米，既改变了永定河桀骜不驯的“脾性”，清除了中下游的水患灾害，更为京津两地提供了城市用水水源。

据有关部门 1951 ～ 1959 年的统计数据估算，仅香山—九龙山向斜，永定河的渗漏量（补给量）就达 10.06 立方米 / 秒。但是，自 1955 年官厅水库建成以来，永定河中下游的水流日渐减少，甚至断流，自然也无法再从向斜构造中补给西山的诸多泉流，“天下第一泉”也因此而干涸了。

不仅如此，海淀镇以西巴沟低地万泉庄由清乾隆帝命名的数十眼名泉，也都销声匿迹了。因为，这里曾是永定河在数千年前流淌过的故道。历史上这里被称为“丹稜沜”，甚至出现“海淀”这样的地名，足见其水面之辽阔、水量之丰沛。然而，永定河断流，不再有水补给，原有的泉流销声匿迹，也就成为必然的结果。

1955 年建成官厅水库，拦截了永定河上游占流域面积 90% 的径流量，如前所述，由于上游各支流也不断兴修水库，拦截地表水流（据统计现有大小水库 267 座），所以官厅水库从来也没有蓄到 22 亿立方米的设计库容。

“北京的母亲河”早已捉襟见肘。城市的不断扩大、地表水供水的严重不足，必然造成对地下水的索取。记得在 20 世纪

70 年代，有关部门曾测算北京城近郊区每年可开采的地下水为 6 亿立方米，但实际的开采量却总是在 9 亿立方米以上。长年的超量开采使得平原地区的地下水位不断下降，有不少地方原有的含水层甚至已成了疏干区。地下水位的持续下降，又引起地面下沉，并形成东郊大郊亭、朝阳区来广营、昌平区沙河镇至东三旗一带、顺义区平各庄、大兴区庞各庄等多个地面沉降中心，沉降面积已达 1800 平方千米。迫于无奈，有些单位已在开采被称为“战备水”的深层地下水。众所周知，深层地下水是无法回灌补给的，而由此带来的环境地质问题也是难以预料的。于是，人们又不得不求助于“南水北调”，向长江要水。

“天下第一泉”——玉泉和北京西山众多泉流的干涸，又一次提醒我们去思考：永定河上现有的众多水库，是否利大于弊？我们是否应该还河流的本来面目，让它常年自由地流淌、歌唱？

京西稻作成遗产

海淀镇以西的大面积稻作田，原是闻名遐迩的“京西稻”的主要产区。“京西稻”以其米饭略带黏性、软糯清香、口感好而受到人们的青睐。

在北京地区种植稻作的历史，可以追溯至东汉。建武十五年（39 年）张堪官拜渔阳太守，此地与顺义狐奴山近在咫尺。张堪为官勤勉，体察民情，见狐奴山下大小泉眼密布，水资源十分丰富，且泉水冬暖夏凉，汇流成溪。此前，张堪曾任蜀郡太守，通晓水稻种植技术，见此情景，便欲“南稻北植”，引入水稻种植，“乃于狐奴开稻田八千余顷，劝民耕种”（《后汉书·张堪传》），此举便成了北京历史上种植水稻的事迹。为纪念这位造福一方的太守，顺义百姓还在前鲁各庄为他修庙——张相公庙。20 世纪 60 年代，邓拓曾写有“两座庙的兴衰”一文，刊发在《北京晚报》上。文中说：“现在顺义狐奴山下，有若干村庄就是历来种稻的区域。你如果走到这里，处处可见小桥、流水、苇塘、柳岸，穿插在一大片稻田之间，这才是真的北国江南，令人流连忘返。”现如今狐奴山下，潮白河东、箭杆河流域盛产的稻米——“三伸腰稻米”（用这种稻米做的米饭，无论是蒸食或煮食，第一顿若有剩余，可再次蒸食，甚至第三次蒸食，米粒仍能伸长如初，故称“三伸腰”）闻名遐迩，很受人们青睐。三国时期，曹魏征北将军刘靖为屯田，在永定河出三家店后的石景山附近修筑戾陵堰和车箱渠，以引永定河水灌溉，垦殖稻田。

另据《册府元龟》所载，唐代永徽年间（65 ~ 655 年），幽州（即北京）“引卢沟水（即永定河），广开稻田数千顷，百姓赖以丰给”。

入关后的清帝，在农耕文化的汪洋大海中，更深刻地感受到粮食的丰歉与大清王朝统治密切相关。康熙帝亲政后，不仅对旱涝雨情、农业生产等十分重视，而且常到玉泉山下向农“观采”。康熙“自幼喜欢稼穑，所得各方五谷菜蔬之种，必种之，以观其收获”。据《清圣祖实录》《御制耕织图序》等史料记载，康熙先是把南巡时从南方带回的优良稻种，在北京玉泉山一带试种，利用玉泉山水进行灌溉，逐渐改进种植方法，提高产量。后来，他在皇宫的西苑（今中南海丰泽园）开辟稻田，进行选种、育种，并亲自培育出了一年两熟的稻种，命名“御稻”。《几暇格物编》一书详细记载了康熙发现、培育京西御稻的过程：有一年六月下旬，水稻开始吐穗，康熙下田巡视，“忽见一科高出众稻之上，实已坚好”，他马上“收藏其种，待来年验其成熟之早否”。第二年六月，“此种果先熟。从此生生不已，岁取千百，四十余年以来，内膳所进，皆此米也。其米色微红而粒长，气香而味腴，以其生自苑田，故名御稻米”。京西御稻由此诞生。

育种成功后，康熙不仅在玉泉山等北京西山一带御苑中广泛种植，还在北京以北的承德避暑山庄种植成功，令水稻越过长城一线，在纬度更高的地方生长。这一科学培育的著名案例还远播域外，被英国著名生物学家、《物种起源》的作者达尔文收录进《动物和植物在家养下的变异》一书中。

雍正、乾隆两朝不仅继承发扬了“垦田务农、为政之本”的思想，雍正帝还首倡各州县岁举一勤俭老农，各给八品顶戴荣身，以资鼓励。在圆明园里，他开辟有稻田、菜圃，并在园中修筑“多稼轩”“稻香亭”“耕织轩”“学圃”“观稼轩”等，以此标榜天下。乾隆帝则兴修水利，改善灌溉，扩大京西御稻的种植面积。当时，稻田总数已达一万多亩。乾隆帝曾写诗描绘西郊的稻田风光：“新辟水田千顷绿，喜看惠泽利三农。”

京西御稻也成为专供宫廷的贡米，乾隆说自己“无一日不食，无一日非稻”。一直到清末的慈禧太后还在食用这种米。

当时京西稻作区南起万泉河沿岸，西北部则沿着玉泉山水形成的高水湖、养水湖沿岸两侧，北至清河以南的广大区域。这不仅向人们表明“京西稻作区”的垦殖是仰仗着北京西山以玉泉为代表的众多泉水的汇聚，依傍着玉泉山静明园、香山静宜园、万寿山清漪园（颐和园）、圆明园、畅春园，而且正好说明清代是“京西稻”的大发展时期。

有人研究，康熙帝在南巡时，曾从南方带回的江南香稻、菱角等，就在京西种植。为保持水温，还特地把福建、浙江等地用猪毛、鸡毛给稻田增温、保温的技术引进京西稻种植区。这里更是康熙帝在丰泽园培育“御稻米”的种植地。特别是在“平定三藩”之乱后，康熙帝结合皇家园林建设发展水稻种植。例如，在康熙二十三年（1684 年），在畅春园内的空地和西厂就种了一块 6 亩地的水稻田。他在《早御稻》一诗中这样吟咏：“紫芒半顷绿阴阴，最爱先时御稻深。若使炎方多广布，可能两次见秧针。”《康熙御制耕织图序》又载：“丰泽园之侧，治田数畦，环以溪水，阡陌井然在目，桔槔之声盈耳，岁收嘉禾数十种。”为此，朝廷还曾专门设置“玉泉山稻田厂”，以统一管理京西稻事务。清雍正元年（1723 年）玉泉山稻田厂专派大臣管理，雍正三年（1725 年）玉泉山稻田厂再次增设管理人员。之后，又直接归奉宸苑管理。奉宸苑是清康熙帝于其二十三年（1684 年）设立的皇家园林管理机构，隶属内务府，足见其对京西稻作的重视程度。

清乾隆十四年（1749 年）冬，清政府结合京城供水和其他各园的园林用水系统，在这里进行了历史上规模最大的一次水系整理，开凿高水湖、养水湖，修建香山、卧佛寺等处的石渠引水工程；疏浚西湖（昆明湖）、扩大水面直抵瓮山（万寿山）脚下；湖东筑堤，以提高水位，并仿汉武帝在长安（西安）上林苑训练水兵的故事，命健锐营兵弁定期在湖中操练，将西湖改称“昆明湖”。乾隆十五年（1750 年），为庆贺其生母崇庆皇太后钮祜禄氏 60 岁寿辰，在原圆静寺大兴土木，兴建“大报恩延寿寺”，将瓮山改名“万寿山”，并进一步疏浚西湖，加筑东堤，进行大规模的园林建设，将园林正式定名为“清漪园”。对此，乾隆帝在《御制万寿山昆明湖记》中这样写道：“湖既成，因赐名万寿山昆明湖，景仰放勋之绩，兼寓习武之意，得泉瓮山而易之曰万寿山者，则以今年恭逢皇太后六旬大庆，建延寿寺于山之阳故尔。”与此同

▲ 颐和园昆明湖

时，又在湖的西半部修筑西堤。对此次修筑，乾隆帝颇为得意地说：“何处燕山最畅情，无双风月属昆明。”他又在《青龙桥晓行》一诗中说：“十里稻畦秋早熟，分明画里小江南。”这里俨然一派由皇家园林和“十里稻畦”融合而成的水乡江南，追求的是“台榭参差金碧里，烟霞舒卷画图中”。

如前所述，海淀镇以西的万泉河，是发育在永定河清河古道上的一条小河，今天的“巴沟低地”，原先也是古河道留存下来的淀泊。

距今7000多年以前，永定河流出西山之后并不像今天这样流向东南，而是在石景山一带折向东北流经今西苑、清河镇一带，汇入温榆河。现在的海淀镇以西，一直到万寿山、玉泉山一带，都属于永定河的流经范围。到了距今4000～5000年前的时候，受地质构造的影响，永定河的主流转向东南方向流去，原来的河道逐渐形成了一片低地。现在海淀镇正北及西北一带，地形平坦低缓（海拔高度在46米以下），正是继承了当年古河道的地貌特点。旧日这里曾是湖泊散布、溪流纵横之区。数里以外有万寿山、玉泉山平地浮起，其后更有西山蜿蜒，如屏似障。山前低地田塍错列，波光潋滟，正是营园造景的理想之区。

元代时期，北京西北郊海淀一带的一片湖泊，被人们起了一个颇为典雅的名字——“丹棱沜”。实际上，这一片湖泊还有一个更真实的名字——“海淀”，这是当地老百姓的通俗称呼，现在的海淀镇其实就是由海淀湖的名字演变而来的。海淀湖的形成，一方面与永定河古河道的低洼地形有关，另一方面也与今天海淀镇西南万泉庄一带的天然泉水密切相联。万泉庄一带正处在永定河古冲积、洪积扇的前缘，有丰富的地下泉水从地下溢出，古人记载说，这一带“平地有泉，滮洒四出，淙汩草木之间，潴为小溪，凡数十处”。从这里流出的泉水一直向北流，在今海淀镇以北的低洼地带，汇成一片天然湖泊，这就是海淀。到了明朝中叶以后，由于当地劳动人民长期经营，不断在湖区植荷种稻，这片湖泊逐渐被分割为南、北两个小湖，分别被叫作“南海淀”和“北海淀”。开辟海淀湖区的劳动人民所居住的地方，人口日益增多，逐渐形成一个较大的村落，这就是海淀镇原始聚落。再以后还有如万泉庄、巴沟村、六郎庄等村落也随之而起。不过现如今，这些村落已徒有其名，原有的稻作景观已丧失殆尽。前些年，在海淀镇北部的稻香湖—上庄一带发展了500多亩的稻田。他们把“京西稻”的种植与旅游（插秧、割稻等项目）结合起来。“北京京西稻作文化系统”也已于2015年入选中国农业部第三批“中国重要农业文化遗产名录”。

“生命之水”话长河

长河是指今颐和园昆明湖东南端出水口绣漪桥至西直门外高

梁桥的这段河道，长约 5.8 千米。

如前所述，长河原是金初为引玉泉之水东注，与古高梁河相接，尔后补充闸河，以通漕运，而凿开了横亘在其间的“海淀台地”之后才形成的。元郭守敬引昌平白浮之水，南抵瓮山泊（今昆明湖）之后，也循此道。至明清两代，白浮断流，但玉泉山水仍循长河为京城供水，有时甚至是唯一的供水渠道。所以说长河是“北京城的生命之源”是不无道理的。

据明崇祯八年（1635 年）刘侗、于奕正合著的《帝京景物略》一书载：“高梁堤上柳，高十丈。拂堤下水，尚可余四五尺。岸北数十里，大抵皆别业、僧寺，低昂疏簇，绿树渐远，青青漠漠，间以水田，界界如云脚下空……”当时，高梁桥北有座娘娘庙，内供妇人正在哺育婴儿状的塑像，“备极诸态”。相传，农历四月初八，是娘娘神降生的日子，被称为“浴佛节”。凡不育者常在此日入庙祈祷，以求子嗣。所以，每到是日，全城的妇女“游高梁桥，各带酒果、乐器，杂坐于长河两岸，或解裙系柳为围，或妆点红绿，千姿百态，竞相拜祷，至晚方休”。而由此往西，还有极乐寺、大真觉寺（今五塔寺）、白石庄、万寿寺等。

只可惜，明朝后期，长河河道年久失修，河床淤塞，流水受阻，长河的供水、交通和游览等功能都大为削弱了。

清朝康熙年间建成畅春园以后，疏浚长河的工程便被提上了议事日程，并逐步实施。

整治西郊河湖水道的大规模水利修建工程，是在扩建圆明园以后的乾隆十四年（1749 年）开始进行的。为了解决西郊园林和稻田用水问题，给京城和大运河提供更充足的水量，也为了开通良好的水上御路，乾隆皇帝在西郊兴起了扩展昆明湖、开挖高水湖和养水湖、修筑香山引水石渠、开辟南北泄洪旱河、疏浚长河和万泉河等巨大的系列水利工程。

清乾隆十六年（1751 年），专门设立“长河工程处”，全面规划并完成清挖河底、局部拓展河道和整修泊岸等几项治河工程。其中很重要的一项工程是接续昆明湖东堤修筑绣漪桥至蓝靛厂、长春桥这一段长河东岸的堤坝。因为长河以东是巴沟低地，其地面的平均高度要在昆明湖和长河普通水位以下。如不修建又高又坚固的河堤，就不能拦住河水东溢并使之顺利地流向京城。于是便在东堤上开口修建了河闸，以浇灌东面的大片稻田，又在长春桥以北修建了与绣漪桥内昆明湖东堤同样质量的三合土堤坝。

在全线清挖河底、疏通河道的同时，乾隆皇帝还对广源闸到白石桥一段加以拓宽，然后大量地填补柏木桩钉，设置挡土板片等，以堆砌加固泊岸，使整条河流都能通畅无阻。同时还根据水上游览航道的需要，修建了倚虹堂、乐善园、正觉寺、紫竹院、万寿寺、麦庄桥等处的码头，重新整修了广源闸、白石闸、高梁闸等几座河闸以及绣漪桥、长春桥、麦庄桥、白石桥、高梁桥等桥梁。后来又整修了沿岸景点的园林和寺庙建筑。

这样，东起高梁桥倚虹堂、西至清漪园以至静明园的长达12千米的皇家专用水上游览线，就在乾隆十六年（1751年）正式开通了。长河成为一条事实上的帝王专用之河。

自高梁桥沿长河往西，一直延伸到昆明湖万寿山、玉泉山一带，自金以来，历元、明、清三代，名园并起。这里既有封建帝王的行宫、寺庙，也有皇亲国戚的私家园林和别墅。但是，随着岁月的流逝，长河沿岸已经发生了沧桑巨变。许多曾经在历史上盛极一时的寺庙、园林、别墅等，有的经过整修至今仍较完整地向世人展示着它们原有的风韵，有的尚存有遗迹可供人凭吊，而有的则由于历史原因，已经在地面上永远消失了。在此，我们仅选择其中的一部分，以作游览长河时参考。

1. 倚虹堂

西直门外高梁桥之北，因依桥而建，故名“倚虹堂”。清乾隆十六年（1751年）创建。是年，乾隆帝为了给他的生母崇庆皇太后祝贺花甲正寿（60岁大寿），从皇城西华门到海淀畅春园宫门，沿途搭盖彩棚、乐亭、经阁和戏楼，以便皇太后游街赏景后，再进宫接受群臣的朝贺。可巧此时正值“三九”，天气异常寒冷，乾隆帝怕太后在途中着凉，便改变路线，并以暖冰床从畅春园沿长河冰道滑抵高梁桥，然后再换乘万寿大轿入城进宫。暖冰床至高梁桥必须穿行原明朝所建的近郊御园——乐善园。可乐善园的东宫门偏偏是一座绿琉璃瓦顶的如意便门，万寿大轿抬不过去。于是，乾隆帝便下旨拆掉东宫门，改建成“倚虹堂”。以后，这“倚虹堂”便成了清廷往来于畅春园、清漪园的御用码头。

清光绪年间，倚虹堂有两道宫门，全都坐西朝东。第一道宫门上方挂着蓝底金字的“倚虹堂”横匾，正门外台阶下甬道上嵌砌着一块白石，是光绪跪接慈禧的地方。门内有正殿七间，坐北朝南，当时是慈禧的专用殿堂。正殿南面有九间南房，是王公大臣休息的地方。光绪年间，在这九间南房中隔出三间，作为光绪临时下榻的寓所。九间南房正中有三间穿堂门，面临长河御用码头。

正对着正殿的南穿堂门，名叫南宫门，也悬挂着一块蓝底金字的“倚虹堂”三字横匾，和东宫门外的横匾完全一样。这种情况，曾经引起不少人的猜测，有的说倚虹堂的正宫门朝南，也有的说倚虹堂的正宫门朝东，众说不一。尽管这两座宫门表面相似，但实际上还是有明显区别的。在东宫门门洞内的木梁上，有一块蓝底金字的“云楣星鄂”四字横匾，说明东宫门才是帝王后妃们进出的正门。在清政府的诏令中，也都称东宫门为倚虹堂大宫门。

倚虹堂不单是御用码头，皇帝在来往于皇宫和万寿山的途中，还常在这里用膳，甚至召见群臣处理国事。因此，倚虹堂与故宫养心殿、团城承光殿、白塔山悦心殿，被并称为清朝皇帝的“四大办公室”。倚虹堂在乾隆以后仍然被保留下来，作为御道上的一座行宫，一直使用到清朝末年。慈禧太后在清漪园废墟上重新修建起颐和园之后，仍然经常乘船往来于倚虹堂和御园之间。

2. 乐善园（即今北京动物园）

《日下旧闻考》载：“倚虹堂西二里许为乐善园，园门三楹，北向。”

乐善园原是明代的近郊御园。明末时被一些太监占为私产。清初，将其圈入官地，后赐予康亲王（即礼亲王代善，清太祖努尔哈赤的次子，时称“大贝勒”）。康亲王后人觉得此园位于长河南岸，紧邻水上御道，是龙舟往来于皇宫和御园之间的必经之地，便奏请将乐善园交内务府管理，经修葺后充作皇帝泛舟休憩、进膳的行宫。乾隆允其所请，于乾隆十三年（1748 年）由清廷收回并重加修葺，仍名“乐善园”。所以，《日下旧闻考》做了这样的记载：“乐善园门额，皇上御书。是处旧为康亲王园亭，颓废已久。乾隆十二年（1747 年）重加修葺，其上游与昆明湖相接，为龙舸所必经云。”

乐善园宫门内跨小溪，园内有“意外味”“含清斋”“云垂波动”“池月岩云”“翠微深处”，内为“蕴真堂”，南宇为“气清心远”，别院有室曰“鸾举轩”，“鸾举轩”垣外即为南门。

乐善园位于高梁桥西二里多地的长河南岸，其设计为一座水景园。乾隆帝在诗中称之为沼园、沼宫、沼墅、溪园等。乐善园是一座真正意义上的“行宫”，它是乾隆帝乘船从高梁桥到京西御园在水上御道长河中途的歇脚站。他每次泛舟长河都是从北宫门码头登陆进园，从来不从南宫门进园。在乾隆十七年到四十年（1752 ~ 1775 年）期间，几乎是每年进园一次，休息很短时间就登船离去，前往广源闸。他在诗中写道：“沼园逢乐善，隔岁一探幽。”在嘉庆年间，乐善园逐渐荒废了。

咸丰、同治两朝数易其主，直到光绪朝，被固山贝子收回，俗称“三贝子花园”。光绪三十二年（1906 年）清廷批准了农工商部的奏请，把乐善园改作“农事试验场”，并向东南和西南方向扩展，总面积达 1062 亩。此后，又曾多次易名，先后有“中央农事试验场”“万牲园”“天然博物院”“乐善公园”“国营试验场”等名称。新中国成立后改名“西郊公园”“北京动物园”。

3. 畅观楼、鬯春堂、豳风堂

这是目前北京动物园中最引人注目的一组古建筑群，于 1984 年被北京市政府公布为“北京市文物保护单位”。畅观楼、鬯春堂均坐落于动物园西北部。前者为欧式建筑，后者为中国传统的古建筑。豳风堂在动物园东北部，亦为中国传统的古建筑。

畅观楼是一座两层早期西式楼房。楼四周环以小溪，正南溪口建汉白玉石平桥一座，桥身石拱券，桥栏板两端饰有卷云石抱鼓。过桥往北即畅观楼，楼正门处有珐琅镶嵌的匾额，上书“畅观楼”三字。楼为七楹两层，楼顶部立置七座葫芦形宝瓶饰物。东西建阶梯形墙身，中间楼身高于两侧，座下有圆形图案装饰花纹，造型大方，实用美观。楼东西两侧仿欧洲古罗马式椭圆城堡建筑形式，中开拱券窗，为两层。堡顶部呈八角形立锥式样，东部为平顶式。这里特别要提出的是，东西建筑并没有形成对称形式。窗前建平台，中为五间，中间三间凸出，东西凹进，为大理石镶色圆柱，粉红色砖砌墙身，与雪白的大理石形成鲜明的对比。前有绿色油饰栏杆，窗下口嵌有红色图案的瓷砖，十分醒目。楼进身为五间，楼身南端有大理石柱三根，内为廊，上下油饰绿色扶手栏杆；楼东北、西北顶部立面装饰与正面同。楼内、楼梯、地面均为木制；楼前白石桥南的东西两侧，摆置铜兽一对，东为铜狮，西为铜麒麟，造型生动，栩栩如生，为清代北京地区铜铸之珍品。

鬯春堂建于清光绪三十四年（1908 年）初。当时，人们称此处为“三卷”，乃其房顶为三个卷棚房脊相连。据清光绪年间所出的《顺天时报》记载：“内庭宫殿式样，画栋雕梁，丹碧辉煌。

▲ 中西合璧的畅观楼

▲ 修复后的豳风堂

金砖无缝，龙毡有光。”桌椅、茶几等都是紫檀花梨木制作而成的。壁上挂御笔画十二幅，由慈禧太后亲笔所绘。其上的菊花，生意盎然，或枝叶交错，或花朵盛开，极尽画工之神妙。堂外又有御植树木一株，但中心已空。四周高台阶环抱假山石，还有几块奇石，又有几块玲珑石，七穿八洞，景致十分好看。

豳春堂前廊后厦，十分宽敞。四周擎24根红柱，房屋四壁全镶有宽大的玻璃，正间则辟为穿堂门。清末时，这里亦为慈禧和光绪帝及其随行官员的休憩之所。

在畅观楼的东面，有一处建筑布局极为别致，建筑形体名“五楹三卷殿”，名“豳风堂”。

“豳风”二字取自《诗经·国风》，这是一部全是歌咏农业丰收情景的诗篇。

清光绪三十二年（1906年）建该堂，为清帝观农时的小憩之所。其联云：云峦四起迎宸幄，水村千重绕御筵。

堂外有宽大的游廊，廊下有院子，上有天棚，下设茶座；堂四周环以假山；不建粉墙，以峰石为垣，堂前植有桂花，每至花期，香气苾茀，日留枢户间不散；堂后植松，四面石壁，秀润奇峭。

民国时，豳风堂门前立宋教仁纪念碑一通。宋教仁在北平临时政府任职时，曾在豳风堂居住过。1913年3月国会召开前夕，他从上海搭车北上，被袁世凯派人刺杀身亡。豳风堂门前所立的这通碑，就是为纪念宋教仁先生的。

但改建后的豳风堂已面目全非、徒有其名了。

4. 五塔寺

五塔寺始建于明永乐四年（1406 年），初名“真觉寺”。明成化九年（1473 年）仿印度佛陀迦耶精舍形式而建的金刚宝座塔（上置五座石塔），俗称“五塔寺”。清乾隆十六年（1751 年）重修，为避雍正帝名讳遂改名“大正觉寺”。《日下旧闻考》载有：“乐善园西三里许曰大正觉寺，大殿五楹……塔院之东为行殿。”它是为放置西域梵僧班迪达大国师进贡的金身五佛像而建的。

明永乐年间，印度僧人班迪达来到北京，带来五尊金佛像和金刚宝座图。金刚宝座图就是印度佛陀迦耶塔图。永乐帝和班迪达在武英殿谈得很投机，特别加封班迪达为大国师，赐金印，还为他建造居住庙宇，取名大真觉寺。金刚宝座（五塔石台的别名）因工程浩大，直到七十余年后的明宪宗成化九年（1473 年），才委派大臣督修。它的形状、花纹和尺寸，完全同印度的佛陀迦耶塔一样。金刚宝座的石台高 7.7 米，长 18.6 米，宽 15.73 米。台顶平坦，上建五座宝塔，中塔高 8 米，共 13 层，4 个小塔各为 11 层，全部用汉白玉砌成。塔身刻有梵像、梵字、梵宝、梵花，精巧无比。中塔最高，上刻佛的两只足迹。

▲ 真觉寺金刚宝座塔

▲ 真觉寺金刚宝座内的“佛脚印”寓意“佛海无边”

相传班迪达所献的五尊金佛像，分别埋于五座宝塔之内。宝座南北正中有券门，内设过室，回廊塔宝，经 44 级石阶盘旋而上，即可达宝座上层台面。

塔座用砖砌成，青白石贴面，下部为长方形须弥座式石台基。台基四周刻有梵文和佛像、法器等纹饰；台基上部的金刚座南北两面，正中各开一券门，通入塔室。拱门券面上刻有金翅鸟、狮、象、孔雀、飞羊等图饰。塔台面上除 5 座石塔外，还有一座下方上圆的罩亭，与五塔组成一体。塔身和金刚宝座上遍布各种精美雕饰，檐下共有佛像 1560 尊，对研究佛教艺术具有重要价值。塔前有明成化御制碑说："寺址土沃而广，泉流而清，寺外石桥，望去绕绕，长堤高柳，夏绕翠云，秋晚春初，绕金色界。"足见寺周围的环境优美。

当年的五塔寺非常壮观。三座宫门式的庙门，与北海公园内的天王殿庙门相仿。门内正殿五间，东西配殿各三间。按照喇嘛庙的规制，不设钟鼓和旗杆。正殿后面是金刚宝座石台，石台后面还有后殿五间。金刚宝座四周围着一条脊庑廊式的长房，与正殿后廊及后殿前庑廊连接在一起。在东长房中间，经过垂花门式的穿堂，可达东跨院。这里是明宪宗的行宫，屋顶覆黄色琉璃瓦。1860 年，英法联军火烧西郊名园，五塔寺也毁于一旦。1900 年，义和团西郊总部曾设于寺内。八国联军侵占北京时，寺庙几乎被夷为废墟。

1930 年，五塔寺由天然博物院代管。1937 ~ 1938 年，五塔寺的庙宇和塔顶被重新修复。

近年来，五塔寺内办起了“北京石刻艺术博物馆”。它向观众露天展示了北京地区历代石刻 500 余种，若加上库藏石刻，共计 1000 余种，这里还有北京现存年代最早的石刻《汉幽州书佐秦君之神道》石柱和石阙构件，有北朝的造像，有唐代以来的墓志，也有雕镂精湛的《治晋斋》《敬得堂》等法帖和名家书法刻石。

5. 紫竹院、广源闸

紫竹院公园始建于 1953 年，东门与首都体育馆相对，公园北部隔长河与北京图书馆相望，占地面积 46 公顷，其中水面约占 1/3，是北京十大公园之一。

紫竹院西部则是长河上有名的广源闸。据周梦旸所著的《水部备考》记载：广源闸创建于元世祖忽必烈至元二十六年（1289 年）。当时的广源闸尚是一座不能启用的闸桥，大船无法通行。后来在南岸另外开凿出一条河汊，即别港，并建有御船坞，上有龙王庙。所以，“别港”实际上是元时建在高梁河畔“设坞藏舟，过闸换船”之所，又称“广源闸别港”。不仅如此，在这里还有由忽必烈贞懿皇后倡建的“大护国仁王寺”，又称“高梁河寺”。

元引白浮泉水济漕的通惠河，上有 24 座闸，其中有 6 座在高梁河上。今紫竹院公园内大湖、南北小湖和长河南北岸，应是当年别港所在。明代蒋一葵写的《长安客话》载有：“出真觉寺循（长）河五里，玉虹偃卧，界以朱栏，为广源闸，俗称豆腐闸。引西湖水东注，深不盈尺。宸游则陼水满河，可行龙舟。缘溪杂植槐柳，含抱交柯，云覆溪上，为龙舟驻处。”蒋一葵，字仲舒，号石原，晋陵（今江苏武进）人。明万历二十二年（1594 年）“始赴公车，一再上春官，遽就除目，令西粤之灵川”。后升任北京西城指挥使。《长安客话》一书就是他在北京任职期间撰写的。因此，广源闸在明万历时已被改建成闸桥，而且是一座梁式闸上桥。至清时，它亦“频加修葺……于此地易舟，始达绣漪桥至清漪园（颐和园）”。所以，广源闸是明清帝王、后妃经长河到颐和园、玉泉山游览时换龙舟的地方。清乾隆三十六年（1771 年）御制《过广源闸换舟遂入昆明湖沿缘即景杂咏》中说：“广源设闸界长堤，河水遂分高与低。”原北京市水利局副局长段天顺同志所做的《新竹枝词》也咏：“史载长河溪棹游，广源闸下换龙舟。细寻残垒堤阶路，犹有苍苔护码头。”

清乾隆年间，乾隆帝为了博得太后钮祜禄氏的欢心，还模仿苏州城葑门外朝天桥港汊“芦苇深处”的水乡风光，在原“别港”东西河口之间的大片河滩上垒砌了太湖石，并遍种芦苇，取名“芦花渡”，俗称“小苏州芦苇荡”。又把“别港”的龙王庙改建成“紫竹禅院”，庙中供奉观音大士。由此，人们也就把“别港”改称为“紫竹院”了。

在庙的西侧又修建了行宫，作为乾隆陪同太后去万寿寺时的驻跸之所“紫竹院行宫”。“行宫”建筑规模宏大，宫门三楹，为三进大殿。现仅存全盛时九楹二层楼阁一座，庄严雄伟，中悬匾一方，上书“福荫紫竹院”，楼阁上书“报恩楼”三个大字，均为乾隆御笔。

芦花渡里的芦苇移自江南。这种芦苇原名马尾蒹，北京人管它叫“江南铁荻杆”，比卢沟桥河西的铁荻杆粗得多。每至秋末冬初，铁荻杆变成黑紫色，一望无垠的芦苇好似紫色的“竹林”，而观世音住的地方，也就是传说中的“普陀山紫竹林”，以景寓意，起名“紫竹禅院”也就颇具匠心了。

6. 万寿寺

万寿寺的全名是“敕建护国万寿寺”，史书称其“璇宫琼宇，极其宏丽”“几与大内（明紫禁城）等”。

明永乐年间，京城中原有两座刻印经卷的地方——番经厂（专门印刷喇嘛用的蒙古文、藏文、梵文经卷），汉经厂（专门印刷汉文经卷）。由于年久颓圮，其间的经版、经卷无处收藏。明穆宗拟修未果。

明神宗朱翊钧遂于万历五年（1577年）下旨筑万寿寺，并命司礼太监冯保监修。建成后的万寿寺规模宏大，寺内有大延寿殿五间，两旁罗汉堂各九间，延寿殿后有宁安阁，即收藏番经厂和汉经厂的经版、经卷的藏经阁，面宽五间，左右置韦驮殿、达摩殿各三间。其后为大禅殿，面宽五间，面阔 23 米，进深 15 米，系讲经说法和僧人坐禅之地。大禅殿后垒石为山，上建大士殿三间，以奉西方三大士即普陀、清凉、峨眉，间以沟壑相隔，上以石桥相通，并由此形成千曲万回的嵯峨之势。山后还有菜圃百亩。原先置在汉经厂的“永乐大钟”，也被移至寺左临大道的钟楼内悬挂。之后，番经厂、汉经厂相继修复，经版、经卷又被移回原厂，万寿寺便成了明代帝王游西湖（即今昆明湖）途中用膳、小憩的行宫。

在明末的战乱中，万寿寺几成废墟。

清乾隆年间，“自昆明湖循长河而东，缘岸多乔林古木，僧庐梵舍远近相望，广源闸西万寿寺实为之冠，宏敞深静，规制壮丽……朕时从舟过之，乾隆辛未之岁，恭值圣母崇庆慈宣康惠敦和裕寿皇太后六旬大庆，海内臣民举行庆典，朕恭奉大安舆由畅春园道西直门，至大内。銮御所经，兹寺适居其中，且喜其嘉名符祝厘之意，命将作新之，更加丹雘，绣幢宝铎，辉耀金碧，以备临览”（见万寿寺内《御制敕修万寿寺碑记》）。

“乾隆辛未”，即乾隆十六年（1751 年）遂全面重修万寿寺。“寺门内为钟鼓楼，天王殿为正殿，殿后为万寿阁，阁后禅堂。堂后有假山，松柏皆数百年物……山上为大士殿，下为地藏洞，山后无量寿佛殿，稍北三圣殿，最后为蔬圃。寺之右为行殿，左则方丈。”（见《日下旧闻考》）这就是说，清乾隆时，万寿寺内不仅增加了殿堂，而且还扩建了东西两座跨院。

清乾隆二十六年（1761 年），时值圣母皇太后七十大寿时，又再修万寿寺。清咸丰十年（1860 年）万寿寺为英法联军所焚毁。清光绪年间进行了第三次重修，并再次扩建了延寿殿（内供释迦牟尼佛、药师佛、阿弥陀佛，两侧为十八罗汉，面北倒座供观世音菩萨）和西跨院行宫，增建了千佛阁。

慈禧太后每年往来颐和园，都要来万寿寺拈香礼佛，并在西跨院行宫吃茶点。而千佛阁不仅规模宏大，而且壁间镶嵌的数千尊小佛，比北海公园的万佛楼还要精致。阁前的院墙和呈拱形的月亮门，具有法国巴洛克式风格，为中西合璧的建筑。

北洋军阀统治时期，万寿寺被用作兵营、学校、疗养院乃至毒犯收容所。后来，一些毒犯在夜间逃跑时放了一把火，致使这座著名的明清古刹行宫再一次遭到破坏。寺内的藏经阁就是在这次火灾中被毁的，至今未能修复。

1985 年政府拨款数千万元，对万寿寺进行了全面重修，并在此建立了“北京艺术博物馆”。

“北京艺术博物馆”以弘扬古老的中华艺术文明为宗旨，推动着现代艺术的交流和发展，已在此举办了数十项古代艺术展，并引进了数百项现代艺术展，受到了海内外人士的关注和好评。现馆藏各类古代艺术品近5万件，上自原始社会，下迄明清，尤以明清时期为大观。藏品包括书法、绘画、碑帖、名人书札，以及宫廷织绣、官窑瓷器、古代家具、历代钱币、玺印等。美轮美奂的玉石雕刻是馆藏的重要门类，其他如青铜器、竹木牙角器、佛造像、鼻烟壶等不胜枚举。馆内还收藏了齐白石、张大千、徐悲鸿等现代画师的传世之作。这5万种藏品处处闪烁着人类艺术文明的光华，再现了中华民族古今艺术的辉煌。流连其中，能使人得到美的享受和启迪。博物馆还收藏了上自宋代、下至民国时期的古籍图书10余万册。这同样是一笔不可多得的珍贵的文化遗产。

在这里很值得一提的是万寿寺外原有一条被称为“苏州街”的特殊街市。

相传，清乾隆二十六年（1761年），崇庆皇太后七十寿辰，乾隆帝奉母巡幸玉河（长河）沿岸风光。此时沿途两侧张灯结彩，十步一剧台，五步一乐亭，铺陈极为华丽，而太后却喜爱并思慕苏州的风光和那里的习俗。为了博取太后的欢心，乾隆帝便下旨在万寿寺与畅春园之间修建一条仿苏州样式的街市——万寿街。其间不仅各种商店都是苏州式样，连店中的经理、伙计、厨役等也都是从苏州选派的。喧嚣的市井、商铺，轻柔婉转的吴侬软语，使人好像完全置身于繁华的江南苏州城中。因此，人们便又称其为“苏州街”。

据说，苏州街上最有趣味也最为豪华的建筑物莫过于孔雀亭。

原本，修建这条苏州街的经费，并不是由户部专项拨款，而是传下御旨，令各省大臣在苏州街内各自挑选基地，包建一处具有苏州特色的新颖建筑。只要能够博得崇庆太后一乐，贴金嵌玉均在所不惜。各省大臣得旨后欣喜若狂，一场搜刮、争宠竞赛便像瘟疫一样危及全国。奇珍异宝尽情掠夺，能工巧匠多方调集，一条豪华、新颖的苏州街迅速建起。但不曾想到的是，皇太后在她生日那天对于游览苏州街却并不热心。她坐在“万寿大轿”内，随意瞅了两眼，就到万寿寺改坐暖冰床沿长河冰道匆匆地进了城，唯一得到皇太后稍作赞许的就是长芦盐商建造的“孔雀亭”。

孔雀亭的亭基呈八方形，全部用汉白玉石垒砌，上建木质八角形的重亭，亭上的柁檩全部饰彩绘，上嵌珠玉翡翠，亭顶满铺广东外商运来的特大孔雀翎，翎上闪烁着圆圈光环，两层檐上万眼映耀，好似一座用孔雀翎铺就的大亭。在亭的顶端又置一只展翅欲飞、坚尾似扇的孔雀标本，所以取名孔雀亭。而在皇太后过生日的前一天，又恰巧降了一层薄雪，晶莹的雪花透出千波金线，万眼翎花，闪闪耀耀，顿成奇观……

苏州街的南口则建有一座酒楼，取名“杏花村”，其对岸便是俗称“小苏州芦苇荡”的芦花渡。

清咸丰十年（1860 年）英法联军将苏州街付之一炬、焚烧殆尽，孔雀亭、杏花村等也顿成灰烬。

现如今，虽然“苏州街”的地名尚存，但已难从地面上再寻觅出它当年的盛景了。

7. 长春桥

由万寿寺继续上行，便可以见到一座横跨于长河之上的桥。桥下清水粼粼，岸边垂钓，这便是京西八景之一的“长春垂钓”——长春桥。

据史书记载，每年的四月，在长春桥上都要举行热闹的“狮子会”。

四月初一，各地的香会都要往妙峰山金顶的娘娘庙进香，到初十便相继下山，名“回香会”。下山时，要从南、北两路分别下山。从南道下山到四王府，经北坞村，到西顶庙内演唱片刻，再到长春桥上尽情表演；北路，由妙峰山往东过妙儿洼，经北安河村，到青龙桥装扮停当，过万寿山后，让慈禧观赏一番，再往海淀镇南向西直门行进。其中以在长春桥上表演的节目最为精彩，因为他们大都是李莲英的下院诸太监特别邀演的。是日，“下院”门外搭起彩棚看台，不少有权势的太监也应邀临台观摩。香会中的演员都各自拿出绝技，而其中又以“狮子会”这一节目最为奇绝——太狮（大狮）和少狮（小狮）从桥上腿爪相连地垂挂到桥下，在长河的水面上做“狮子戏水”的表演，常常令人叹为观止！

由长春桥北上过绣漪闸，便进入了浩瀚的昆明湖，开阔的昆明湖映衬着蓝天白云和金碧辉煌的万寿山，令人拍案叫绝："兼具南北之长，共赏世代风流。"这是人们对颐和园的赞美。整个景区既体现了帝王园囿的雍容华贵，又不失中国园林的绰约风姿。游人到此，宛如进入画境，而整个"北京长河游"也由此进入了最高潮……

千年御苑南海子

北京南郊的南海子，即南苑，曾经是北京历史上最大的湿地、规模最大的皇家园囿。辽会同元年（938 年），辽太宗耶律德光在取得"燕云十六州"之后，便升"幽州"为幽州府，建号南京，也称燕京，成为辽代的"五京"之一。同时，燕京也成了辽帝"四时捺钵"之地。所谓"捺钵"，实际上是一种由皇家组织的带有军事性质的游猎活动。当时，在今通州漷县镇一带的"延芳淀"，辽帝还曾建有行宫、呼鹰台，纵放海东青，捕捉天鹅、大雁等，以为游豫之所。1153 年，金海陵王完颜亮迁都燕京（今北京），金帝在中都城和城郊建有许多御苑。其中的建春宫就建在今南苑一带，并成为金帝"春水捺钵"、休憩游猎、处理政务之地。

元代建大都于北京，这里便成了元代帝王的“下马飞放泊”，即“冬春之交，天子或亲幸近郊，纵鹰隼搏击，以为游豫之度，谓之飞放”，“下马”是距离很近、下马就到的意思。元代帝王在“下马飞放泊”狩猎的主要对象是天鹅。“天鹅，又名驾鹅，大者三五十斤，小者二十余斤”，每至冬春之交，数量众多的天鹅便来此觅食游憩，“其湖面甚宽……天鹅来千万为群。俟大驾飞放海青、鸦鹘，所获甚厚，乃大张筵会以为庆也。必数宿而返”（《析津志辑佚》）。

元代的“下马飞放泊”到了明代，便被改称为“南海子”，以区别于北京内城的“北海”，并在其周围修起了长达“一百六十里”的垣墙（清钦定的《日下旧闻考》确定为“周垣百二十里”），使原来开放的湿地成了皇家封闭的猎场，其面积大约有 210 平方千米。到了清代，不仅在这里修筑起了城墙、城市，还有供帝王巡幸时居住的行宫、礼佛的庙宇等。清帝在此或检阅部队，或围猎，或宴饮，计有南红门、北红门、东红门、西红门，有庑殿行宫、衙门提督署、鹿圈、二十四园等。清沿用明制，将南海子作为皇家御苑，并改称“南苑”，将明朝的两座衙门改建成旧衙门行宫、新衙门行宫，并新建南红门行宫、团河行宫，后在八国联军入侵时被毁，仅留下地名和团河的御碑亭、云随亭、翠润轩遗迹。

由于南苑地域广阔，且河汊纵横，湖沼星罗，树木苍郁，动物繁多，风光优美，“南囿秋风”成为明代的“燕京十景”之一。明代大学士李东阳有诗咏此：“别苑临城辇路开，天风昨夜起宫槐。秋随万马嘶空至，晓送千旃拂地来。落雁远惊云外浦，飞鹰欲下水边台。宸游睿藻年年事，况有长杨侍从才。”这无疑是南苑秋猎最富诗情画意的描写了：在金风送爽、碧空如洗的秋日，皇上乘坐华丽的御辇，在大臣、扈从的陪侍之下，浩浩荡荡地驰奔南苑。

如前所述，南苑一带是永定河在南迁过程中遗留的古河道之一，或者说也是永定河在西南部洪积、冲积扇的组成部分，且是以河、湖、沟、汊纵横，泉流广布的湿地为其地貌特征的。据史书记载，清乾隆时期曾疏浚苑内的大小湖泊 21 处，“一亩泉”附近有泉眼 23 处，团河附近有泉眼 94 处……所有这些都源于这里是永定河洪积、冲积扇的潜水溢出带，正是它们造就了南苑独特的湿地景观。到了清光绪二十八年（1902 年），清政府将南苑南部放垦，原来的皇家园囿变成了一片阡陌纵横的农业垦殖区。

历史上的“南囿秋风”，早已消失在历史的长河之中。为了追溯、传承南海子的文脉，重建南海子的文化景观，使人们能够享受到优美的生态环境，有关部门积极规划建设了“南海子公园”。建成后的公园，面积大致相当于 4 个颐和园（约 10 平方千米），目前是北京市最大的湿地公园，也是北京四大郊野公园之一。

永定河以她甘醇的“乳汁”哺育了北京，而北京又在历史长河的流淌中成长为举世瞩目的文化名都、现代化国际大都市。“历史悠久、延绵不断、逐步升级”既为我们概括了北京城漫长的历史进程，也在启示我们北京文化积淀的厚重。

中篇　千古希逢　万代奇观

——北京，中国历代都城的
最后结晶

▲ 紫禁城四周的“筒子河”

“北京的母亲河”——永定河所哺育的儿子北京城，世人之所以有这样那样的赞美之词，缘于它是中国历代都城的最后结晶，积淀了深厚的文化艺术。

如前所说，城市是人类文明的重要标志。在我国，“城市”一词最早见之典籍的是战国时的《韩非子·爱臣》。其间云：“是故大臣之禄虽大，不得藉威城市。”《战国策》云：“今有城市之邑七十，愿拜内之于王，唯王才之。”但实际上，“城”与“市”是两个不同的概念。“城”在古代是指在一定的地域上用于防卫而筑起的城墙。“大道既隐，天下为家，各亲其亲，各子其子，货力为已，大人世及以为礼，城郭沟池以为固”“城为保民为之也”“城者所以自守也”。所以，这时的“城”实质上只是一座具有防御性的“城堡”，它仅仅是作为统治中心而存在的。在古代诸凡王朝领地、诸侯封地、卿大夫采邑，都以有城墙的都邑为中心，皆称“城”。“市”则是指进行交易的场所，即买卖交换商品的场所。“日中为市，致天下之民，聚天下之货物，交易而退，各得其所。”而只有当社会发展到一定的历史阶段，城市已经成为人们生活中感觉到的客观实体，防御功能的“城”与商品交换的“市”已经结合在一起，才会在语言中出现“城市”一词。然而，“城”与“市”有机地结合起来，并在语言中形成一个约定俗成的词语，却经历了一个较为漫长而复杂的过程。

在我国原始社会末期，由于生产的不断发展、私有财富的出现和积累，部落和部落联盟之间经常发生掠夺财富的斗争，筑城自守就显得非常必要，“城”也就应运而生。而在古代文献中关于这一时期“城”的记载，诸如“黄帝始立城邑以居”“帝既杀蚩尤，因之筑城”“黄帝筑城造五邑”“夏鲧作城”“昔者夏鲧作三仞之城”“筑城以卫君，造郭以守民，此城郭之始也”等，也已被考古发掘所证实。我国已经发现新石器时代的龙山文化时期的多座城址，如城子崖、后岗、王城岗、平粮台等。这些城址大都是出现在新石器时代龙山文化晚期，个别的可达中期。这与我国古代文献所记载的古史传说是完全吻合的。如果从“城”的最初职能主要是为防御而论，早在新石器时代仰韶文化的遗址中就已有了防御性的设施，例如，在西安半坡遗址和临潼姜寨遗址的四周都发现有人工挖掘的壕沟，并在壕沟内侧设有栅栏，它们所起的防御作用，与早期“城”的功能是一样的，那么，仰韶文化时期居址四周的壕沟和栅栏，作为中国城池的萌芽或征兆，也是完全可以的。

商代的城在古代的文献中屡见记载，商丘、亳、殷、朝歌等都是当时著名的都城，且已被考古发掘所证实，如河南郑州商城、偃师商城、湖北黄陂盘龙城、山西夏县东下冯商城、河南安阳殷墟等。这些城的规模都比较大，而且在城内外都有规律地分布着宫殿区、居民区、手工业作坊区和墓葬区等。从古代文献中也可以看到，商代已经有了专门交易的场所——市。“市”内还有各种各样的“肆”。“殷君善治宫室，大者百里，中有九市。”相传姜尚（姜子牙）在未遇文王之前，就曾在朝歌和孟津市的肆内做负贩、屠宰、卖酒的营生。“太公贫困，负贩于朝歌”。

由此可见，在商代的城中，已经出现了“市场”，这似乎已是毋庸置疑的了。不仅如此，考古发掘证明，郑州商城、殷墟、盘龙城、偃师商城等，都是商代的都邑，既在客观上已成为当时全国或某一地区的政治统治中心，也已经具备了城市的经济性质，即除了已经出现的“市”以外，还有发达的手工业和商品交换中作为等价物形态的货币——贝，已经普遍流通。

商代商品经济的发展促使了货币的出现，而货币的出现又反过来促进手工业和商业的进一步繁荣。郑州商城和安阳殷墟发掘出的大量海贝、鲟鱼鳞片、鲸鱼骨、海蚌、大龟和玉制品等遗物，皆非本地所产，其中很大一部分无疑是交换而来的。特别是其中的玉，盛产于新疆，海贝和大龟则盛产于南海和印度洋沿岸。可见，商代中原腹地已与遥远的外地有了较为广泛的贸易往来。

居住规模和房屋的大小，既反映了主人财富的多寡，也反映了主人当时的身份和地位的高低。在现今所发掘的郑州商城、安阳殷墟和湖北盘龙城等商代城址中，都发现由规模宏大的夯土台基组成的宫殿区。这当然是统治者发号施令和日常起居所在。而一般的平民住房，不但规模小，其建筑也简单。同样，墓葬的大小及其等级，也反映出死者生前的社会地位和身份。以殷墟的墓葬为例：带 4 个墓道的大型墓，已发现 8 座，墓主人是殷代社会中的最高统治者——王；带一两个墓道的中型墓，已发现 22 座，墓主人是殷代社会中的大奴隶主贵族；长方形的竖穴中型墓，已发现 100 多座，墓主人是商代社会中的中小奴隶主；长方形的竖穴小型墓，已发现 3400 座，墓主人是商代社会中的平民；无墓、圹墓、乱葬坑，墓主人应是商代社会中的奴隶。而在这些墓葬中，平民的墓葬在数量上占有绝对优势。这种多层次的阶级结构，说明“城市”在商代已经是实实在在的客观存在了。

从以上分析可以清楚地看到，商代的都城既有作为阶级对抗的防御措施——城墙、壕沟，又有进行商品交易的场所——市；既有贵族、平民、奴隶的多层次社会结构，又有兴旺发达的手工业和商业。它不仅已是某一历史时期国家或地区的政治、军事、文化中心，而且也已是该国家、该地区实质上的经济中心。也就是说，它已经完全属于“城市”的范畴了。

综上所述，无论从生产力发展的水平而言，还是从考古发掘遗址的形态来看，我国黄河中游及其附近，在龙山文化的中晚期即已出现最初的城市。而到了商代，在中国的大地上已有了名副其实的城市。自然，也有了作为城市本身所拥有的功能乃至其在空间中独特的形态。

北京位于华北平原的北端，地处中原农耕文化与北方草原游牧文化的交界地带。在燕山南麓、太行山东麓成长起来的本土文化，既受到中原文化的强大渗透，又时时受到来自北方草原游牧文化的冲击……

城市是人类文明的产物和标志，它是一部具体、真实的人类文化的记录簿。城市的历史建筑，它的空间形态、环境特色是其文化价值最直观也是最生动的写照。

北京悠久的历史和深厚的文化积淀为世人所瞩目，对它的研究也是连绵不断、硕果累累。

北京自出现城市之后，先成为方国的邑城——区域性的政治中心；秦统一全国后又成为北方的军事重镇；辽朝开始在这里建陪都，称南京；金朝正式建中都，成为半个中国的政治中心；元统一全国，建大都，开始成为全国的政治中心；又历经明、清，一直至今。

“历史悠久，延绵不断，逐步升级”既为我们概括了北京城漫长的历史进程，也在启示我们北京文化积淀的厚重。

叹为观止北京城

永定河以她甘醇的“乳汁”哺育了北京，而北京又在历史长河的流淌中成长为举世瞩目的文化名都、现代化国际大都市。然而，大凡来北京的人们，尤其是那些对城市规划曾经做出过杰出贡献的大师们，却更愿意站到北京城原来的制高点上——景山之巅的万春亭中，去观赏北京古城的整体风貌，而且还会毫不吝啬那些蕴藏在心中的溢美之词，赞叹北京城的雄伟壮丽，进而去追索她的文化渊源。

在世界城市发展史上，中国的城市规划设计和建设占有十分重要的地位。我国古代所形成的城市规划理论及其在实践中所取得的巨大成就，也早已引起了现代城市规划师们的高度重视和评价。

已故地理学家、北京大学教授陈传康先生曾经这样说过：“历史上北京城的建设是协调的、壮美的，既遂了统治阶级的心思，又成了一座秀美的古香古色的都城。”

中国工程院院士傅熹年先生也说过：“明代在元大都基础上改建成北京城，废毁元之宫殿、坛庙、官署、祠宇，重新规划建设，清代沿用，基本完整地保存至今。这是中国数千年历史上十余座都城中唯一保存下来的，其宫殿、坛庙、祠宇、官署可谓集历朝成就之伟构，体现了古代规划、布局和建筑的最高水平。”

北京城，作为中国封建社会制度的终结，集中体现了我国古代在都城规划建设上的理论、方法、技术、艺术，它是我国古代劳动人民和规划匠师们智慧的结晶，而作为古都北京城核心的故宫，则是中国至今保留下来的规模最大、保存最完整的古建筑群。

北京城在城市规划设计上的成就，就在于它是依据我国古代都城规划的理论和方法，以非凡的建筑艺术手法来集中体现封建帝王“普天之下，唯我独尊”的主题思想，并通过“城墙”这样一种建筑形式，从宫城到皇城，又从皇城到都城，一系列层层逐次向外延展的整体，组成了一个相互呼应、相互辉映的城市格局。就整体而言，北京城是一个保留中国古代规划、具有都城规划传统的完整的艺术实物。

清华大学在为《北京城市总体规划（2004—2020年）》修编时，对北京城做出了这样的评价：“从中国城市发展来看，北京是‘中国古代都城的最后结晶’。它是历史精华的叠加与因势利导的创造，是最完整的体系同最后的地面遗存。”“从建筑学意义看，北京是世界上仅有的在城市规划学、城市设计学、风景园林学与建筑学融成一个体系，凝聚在一个城市中，融合为一体的杰作。世界上只有局部的例子，但从没有像北京这样全面而完整。现代中国，其他古都均已消失了，在地面遗存中，只有北京是唯一最集中、最完整的范例。”

那么，中外规划大师们又是如何评价北京城的呢?

已故的建筑大师梁思成先生在《北京——都市计划的无比杰作》一文中这样说道：“北京是在全盘的处理上，完整地表现出伟大的中华民族建筑的传统手法和在都市计划方面的智慧与气魄。这整个的体形环境增强了我们对伟大的祖先的景仰、对中华民族文化的骄傲、对祖国的热爱。”他进而又说：“北京向我们证明了我们的民族在适应自然、控制自然、改变自然的实践中有着多么光辉的成就。这样的一个城市是一个举世无匹的杰作。”

德国哲学家黑格尔曾经这样评价东方建筑的宏伟，他说：“如果和东方人想象中的华美、壮丽、宏大相比，希腊人的清妙作品（美丽的神、雕像、庙宇……）可能都像是一些渺小的儿童游戏。”可以认为，黑格尔所说的“华美、壮丽、宏大”的建筑正是北京的故宫，乃至整座北京城。

丹麦著名的建筑师和城市规划师拉斯穆森在他所著的《城镇与建筑》一书中这样写道：“北京，古老的都城，可曾有过一个完整的城市规划的先例比它更庄严、更辉煌的吗?……整个北京城乃是世界的奇观之一。它的平面布局匀称而明朗，是一个卓越的纪念物，象征着一个伟大文明的顶峰。”

曾经主持美国古都费城的城市规划达20年之久，并做出过重要贡献的城市规划师埃德蒙·N·培根，在他所著的《城市设计》一书中，关于北京旧城一节这样写道："这座城市，一座宫殿……在地球表面上，人类最伟大的单项工程可能就是北京城了。这个中国城市是作为封建帝王的住所而设计的，它企图表示出这里乃是宇宙的中心，整个城市默默地沉浸在礼仪规范和宗教的意识形态之中。当然，这些都和我们现在无关了。虽然如此，它的（平面）设计是如此的杰出。这就为今天的城市提供了丰富的思想源泉。"

世界著名的美籍华裔建筑设计大师贝聿铭说："北京古城是世界上历史最长、规模最大的杰作，是中国历代都城建设的结晶……北京古城最杰出之处就在于它是一个完整的有计划的整体。"

我以为，正是明清北京城在都市规划上鲜明的特色，才构成了"任何文化都未能超越的有机图案"。"北京城的规划艺术价值就在于它的整体性。它既严谨对称，又有城市及河湖水系山峦林木穿插其中，各个建筑物相辅相成，全部布局庄严秩序，园林自然有趣，街道胡同肌理整齐，民居色彩古朴典雅，公共建筑华丽辉煌，形成宏壮美丽的整体环境。"

再让我们看看东西方的另一些名家又是如何看北京城的。

被人誉为"20 世纪最睿智的作家"的法国人谢阁兰说："北京才是中国，整个中华大地都凝聚在这里。"

曾经游览过北京紫禁城的法兰西院士皮埃尔·洛蒂这样说：

“没有一座西方的都城会有这样的设计，规划得如此恢宏而整齐；尤其是没有这样的主导思想——极力渲染仪仗的华美，烘托帝王驾临的威仪。”他还说，夕阳之下的紫禁城，“在红彤彤的阳光照射下熠熠生辉，呈现出我们从未领略过的华美”“衬着远处永远飘浮着尘埃的灰蓝色的天际，简直像一座金色的城市”。他接着说：“我们欧洲城市的鸟瞰图呈现的却是一个多么荒蛮的丑态——一堵堵丑陋的山墙，粗糙的瓦片；烟囱林立的肮脏的屋顶。此外，还有纵横交错的黑压压的恐怖的电线网。”

日本早稻田大学教授竹中宪一写道：“漫步在北京街头，以帝都遗迹为背景的一幕幕历史剧便浮现在眼前。还有与宫廷生活截然不同的生气勃勃的庶民文化。二者息息相通，浑然成为一体。这就是我所看到的北京……你一旦被北京的历史所吸引，便会贪婪地漫步于北京街头。”

美国的菲茨杰拉德说：“世界上只有两个城市：巴黎和北京。”而美国的阿灵顿则说：“北京的诱惑力，在世界的声誉和魅力是经世不衰的。近三个世纪以来，它一直是中国的首都，是最有能力、最有文化、最具艺术鉴赏力的地方。为了装点这座城市，中国人用尽了心思和力量，耗费了巨大钱财。在这里人们创造的不仅是中国，而且是东方历史中最优秀的部分。在这座城市里曾发生过许多戏剧化的事件，这个伟大城市里没有任何一座建筑没有为国家的历史做出过贡献。北京已经历了太多的变化和毁坏，即使在今天，失去了昔日辉煌的她，仍充满了浪漫的传说，是世界艺术的朝圣地，对旅游者来说，即使不是东方，至少也是中国最具魅力的地方。”

高耸雄浑数城墙

城墙，是人类文明发展到一定阶段的产物和象征，也是冷兵器时代规模最大、最有效的防御设施。而在中国，城市的出现是以城墙的建造为标志的，它经历了数千年的演进。高耸而壮美的明清北京城墙、城门，既是古都北京历史上最高大雄伟、最坚固完美的军事防御体系，也是其最鲜明生动而又独具特色的形象标志。

在中国古代建筑城池的观念中，城墙既是统治者护卫自己政权的主要军事防御设施，也是统治者中心形象的扩大。在城市设计中，建城又等于计划一座庞大的建筑物。因此，作为国都的城墙，始终是都邑规划和建筑形制不可或缺的组成部分。换言之，北京城从它的产生、演变，乃至其平面构成出现“品”字形的格局，都具有重要的历史意义。北京城墙及宏伟壮观的城门楼、箭楼、角楼等，也构成了整个北京城整体环境中不可分割的艺术构成部分。而人们对北京城的认识，也往往是从城墙、城门开始的。

▲ 1915 年改造前的正阳门城楼和瓮城

让我们来看看艺术史学家、瑞典人奥斯伍尔德·喜仁龙是怎样来认识北京的城墙的。他在1924年所写的《北京的城墙和城门》一书中说道："纵观北京城内规模巨大的建筑，无一比得上内城城墙那样雄伟壮观。初看起来，它们也许不像宫殿、寺庙和店铺、牌楼那样赏心悦目，但当你渐渐熟悉这座大城市以后，就会觉得这些城墙是最动人心魄的古迹——幅员广阔，沉稳雄劲，有一种高屋建瓴、睥睨四邻的气派。它那分外古朴和绵延不绝的外观，粗看可能使游人感到单调、乏味，但仔细观察后你就会发现，这些城墙无论是在建筑用材还是营造工艺方面，都富于变化，具有历史文献般的价值。城墙单调的灰色表面，由于年深日久而剥蚀损毁，故历经修葺。不过，整个城墙仍然保持着统一的风格。城墙每隔一定距离，便筑有大小不尽相等的坚固墩台，从而使城墙外表的变化节奏变得鲜明……这种缓慢的节奏在接近城门时突然加快，并在城门处达到顶峰。但见双重城楼昂然耸立于绵延的垛墙之上，其中较大的城楼像一座筑于高大城台上的殿宇。城堡般的巨大角楼，成为全部城墙建筑系列的巍峨壮观的终点。"

如今耸立在北京内城东南角、平面呈曲尺形的东南角楼，不仅是内外城仅剩的一座角楼，而且已经成为北京城的重要标志。每当列车由东而西地徐徐进入北京站时，首先映入眼帘的便是那高大而雄伟的角楼。人们也会自然而然地联想到："北京到了！"而故宫四隅的角楼，更由于其结构精巧、造型奇特秀丽而被人称

▲ 北京内城正南门——正阳门箭楼

▲ 明北京城墙崇文门——内城东南角楼段。现已开辟成为“明北京城墙遗址公园”

为“九梁十八柱”。它似楼非楼，似阁非阁，丽若琼楼，是一座多面、多角、多窗，又组合得十分和谐、统一的超级艺术建筑。

每当夜幕降临的时候，北京城墙、城门所形成的建筑轮廓线，在如水的月光和满天星辰的映衬下，便形成了一幅壮美异常的剪影。这就是建筑学上所谓的“天际线”。诚然，今天我们已无法看到古都北京城完整的“天际线”了，但是，我们可以从前门保留的箭楼、正阳门城楼、内城东南角楼及其往西延伸的一段残城墙，以及北城的德胜门城楼等，大致领略到北京城墙、城门所构成的“天际线”的风姿。

天地日月拱紫宸

城市，不论哪一个时代，都主要是为当时的社会制度服务的，并体现出那个时代的社会精神。而所有的城市规划理论，乃至城市规划的方法、技术和艺术，亦无一不是在这个大前提下产生的。作为封建社会政治中心的都城，尤其如此。

平面布局就是城市总体结构的不同分区，即各个不同职能区之间的比例大小、占地多少，也就是一个城市的平面形态。所以说，城市的平面布局是城市的整体形象。

美学家李泽厚在《美的历程》中说：“中国建筑最大限度地利用了木结构的可能和特点，一开始就不是以单一的独立个别建筑物为目标，而是以空间规模巨大、平面铺开、相互连接和配合的群体建筑为特征的。它重视的是各个建筑物之间的平面整体的有机安排。”

作为都城，其平面的布局程序和安排，是中国古典建筑设计艺术的灵魂。由于它们控制了人在建筑群中运动时所得到的感受，所以其景象的大小、强弱、次序的安排，也就成了表达完美意念的重要手段。

从明、清北京城的平面来看，它是由外城包着内城的南面（原为“四周之制”，因当时财力拮据，只修了城南一面），内城包着皇城，皇城又包着紫禁城即宫城，形成多重同心的方城。从外城到宫城，其周围又绕以既宽且深的护城河。这样皇帝居住的宫城便成了全城的中心，处在层层的拱卫之中。在城的四周又筑以天、地、日、月坛，宫城便俨然是“宇宙的中心”了。而从整个画面来看，宏伟高大又金碧辉煌的宫殿建筑，在数以千万计、布置有序，又掩映于绿荫底下呈灰色的四合院，还有散落在全城不同部位的王府、寺、观、坛、庙的烘托下，就更显得恢宏壮丽了。

以皇宫为中心来展示都城的各种建筑物，并以超人的技艺来集中表现出皇宫的显著位置，这不仅是中国古典建筑的最大特色，也是北京城的最大特色。而它所能达到的宽广和深远的程度，组织的复杂和严谨，至今世界上没有哪一类建筑物可以与之相媲美的。至于相同时代的同类建筑，论气魄和规模，相较之下都大为逊色。这正如《中国科学技术史》的作者——英国人李约瑟所说："中国的观念是十分深远和极为复杂的。因为在一个构图中有数以万计的建筑物，而宫殿本身只不过是整个城市连同它的城墙、街道等更大的有机体的一个部分而已……这种建筑、这种伟大的总体布局，早已达到它的最高水平。它将深沉的对大自然的谦恭的情怀与崇高的诗意组合起来，形成任何文化都未能超越的有机图案。"

气势如虹中轴线

"主座朝南，左右对称"，是中国古代传统的住宅建筑平面构图的准则。这是因为我国处在北半球的地理位置，背风向阳、朝南的房屋是最理想的。考古发掘证明，早在4000多年前，夏代的宫殿建筑就已是"坐北面南"的了。《周礼·天官》规定：惟王建国，辨方正位。建筑物的对称布设和中轴线，实际是同一设计思想所产生的两种表现形式。因为，中轴线虽然是建筑物对称布局的依据，但对称的布局反过来又自然会产生明显的中轴线。

我们从前面的叙述中可以看到，整个北京城的布局，是围绕着皇宫这个中心而展开的，而贯通这个布局的便是一条南起永定门、前门、午门、故宫，出神武门、地安门，北至钟楼的长达7.8千米的中轴线。北京城左右对称，前后起伏的体形和空间的分配，都是以这条中轴线为依据的，其所特有的壮美的秩序，也是由于这条中轴线的存在而产生的。可以说，这是当今世界上最长、最伟大、也是最壮丽的一条城市中轴线。明清北京城的中轴线与元大都的中轴线是同一条，或者说现存的北京城中轴线始自元代。元代在金中都的东北郊外以琼华岛为中心的广阔平原上建设大都城，给规划匠师提供了一个大展宏图的天地。据《析津志》载，大都城的总规划师刘秉忠在规划大都城时，首先依据北京的地理形势，草拟了都城、皇城、宫殿的位置，然后以什刹海东端（元时的海子桥或万宁桥即今地安门桥）为基点，再把南面丽正门外的一棵大树（后被封为“独树将军”）定为基准线，画出大内（相当于明清紫禁城）中轴线，即京城中央子午线，然后再依次确立皇城正门棂星门，大内正门崇天门、大明殿；正寝延春阁，大内北门厚载门、万宁寺等，又以“中央子午线”为准，画出与之相平行或垂直的经纬网状的街巷、胡同，从而确立了全城的平面布局。傅熹年先生认为，如果在元大都城之四角画对角线以求其几何中心，则可发现它正处于鼓楼处。在鼓楼的正北，光熙门至崇仁门之间的中分点位置则建以钟楼。在钟、鼓楼间连以南北大街（即今旧鼓楼大街）并向北延伸至北墙，形成全城的几何中分线。而宫城的中轴线自其正南门崇天门向北延伸，穿过主殿大明殿、延春阁，直抵北门后载门。这条宫城的中轴线向南延伸穿过皇城的棂星门和南墙正门丽正门，向北延伸至北面的万宁寺中心阁，

▲ 紫禁城的正门午门

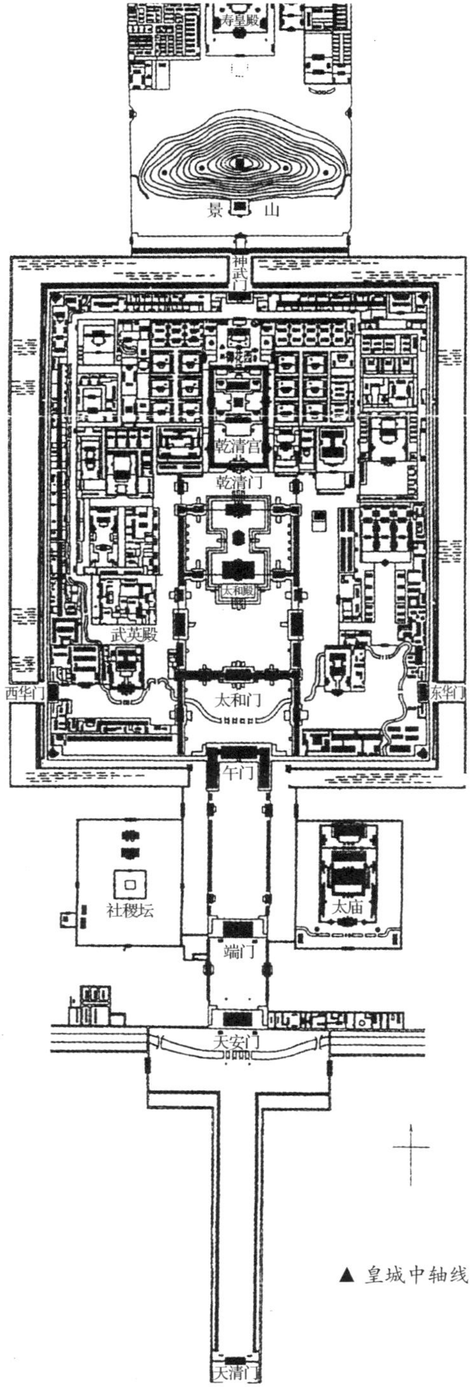

▲ 皇城中轴线

在大都城的南半部形成了全城的规划中轴线。这条城市规划中轴线较几何中分线偏东 129 米，这是由地形造成的。大都城的西城墙要包纳整个海子于城内，而大都城的东墙以东，当时又有许多大小不同的水泡子（池沼），东墙也难以再向东移，但这条几何中分线西距太液池（今北海、金海）太近，仅 230 米左右，若即以几何中分线作为宫城中轴线，则会使宫城过于狭窄，遂迫不得已将中轴线向东移了 129 米。与此同时，为了在都城规划中同时标明几何中分线和规划中轴线，遂在几何中分线处建钟、鼓楼，而在规划中轴线的北端遥对宫城各主要门殿建中心阁楼。

状如棋盘布街巷

道路网是构成城市的“骨架”。它们的配置形式和图案决定了整个城市的整体布局。如前所述，我国古代王城采用的是经纬涂制道路网，即以“九经九纬”组成的三条大道为主干，配以与之平行的南北和东西的次干道,结合顺城的环涂而构成。因此,“棋盘式”的城市道路网是都城传统的制式，也是北京城道路网的一大特色。

明北京城内城是在元大都的基础上发展起来的。今东西长安街以北的街道仍然沿用了元大都街道之布局，除局部地区因受自然条件的制约，或因历史原因而成斜街之外，仍然保持了“棋盘式”的街道格局。据史书记载和考古发掘证明，元大都城两个相对的城门之间都有宽阔平直的大道互相连通。据《马可·波罗游记》记载，元大都“全城地面规划有如棋盘，其美善之极，未可宣言”。这些干道连同顺城街在内，全城共有南北、东西干道各九条。干道阔24步、小街阔12步、胡同阔6步。按一步为1.55米计，分别约为37米、18米、9米。今东四以北，从东四头条至十二条，西四以北的头条至八条，其街道、胡同的排列、宽窄与此是完全一致的。这也正说明了明北京城的建设不仅继承了中国古代都城规划的传统规制，而且还沿用了元大都的道路“制式”。

当然，由于外城是明嘉靖年间加筑的，其街道在事先并未做相应的规划，因而往往受河流或历史地理条件的影响，如外城中轴线东侧的长巷头条至四条的线形便受到三里河河道（亦系古高梁河故道）的制约，而形成西北—东南的走向；中轴线西侧大栅栏西街至虎坊桥的斜街，即铁树斜街、杨梅竹斜街、樱桃斜街等，就是历史上元大都城（当时亦称“北城”）和金中都旧城（当时亦称“南城”）之间交通往来的遗迹。而明清北京城的内城，特别是长安街以北的街巷，仍然保留着“方城十字街”的规制。

形制规整四合院

明北京城将全城分成36坊（内城28坊，外城8坊），分属东、西、南（外城）、北、中五城管辖，它完全继承了中国传统的城市组织精神，是“中国式城市真正性格所在”的坊里形制。

“坊”是城市居住区的基本单位。所谓“坊”和“里”，是被道路网分割出来的“街区”。明北京城的道路是“棋盘式”的，而且主干道大都等距，其所切割出来的“街区”大小面积也就基本相同。于是，在城市小土地使用上，就以“里”或“坊”等作为基本单位，然后再根据实际的需要做适当的调配（合并或分割）。

汉长安城有闾里160个，唐时改称“坊”，每“坊”东西南北各广三百步，开十字街，四出趋门。“坊”还有坊墙、坊门。到了宋代，城坊之制被解体，“坊墙”被冲破，城市的建筑形式部分被改为面向街道的沿街建筑，主要街道被改为商店街道。到了元朝规划大都时，遂将上述两种形制进行综合，其胡同与胡同之间的距离为“五十步”，约合77米，相当于“四合院”的三进院子，背风向阳，出入方便，且与主干道的联系非常密切，既畅通无阻，又非常实用。这也构成了元大都城市规划中最基本的单位。

人们基本摆脱洞穴生活，而以木架建筑作为居所，大概在西周初期。在殷商时期虽然没有出现四合院形式的建筑，但其建筑结构中心的某些特征，已经开始出现了。考古学界在对河南殷墟进行发掘的过程中，发现了几十座宫室墓址。这些墓址在整体布局上，已显示出了南北方向中轴线的作用。此后，因宗法与礼制

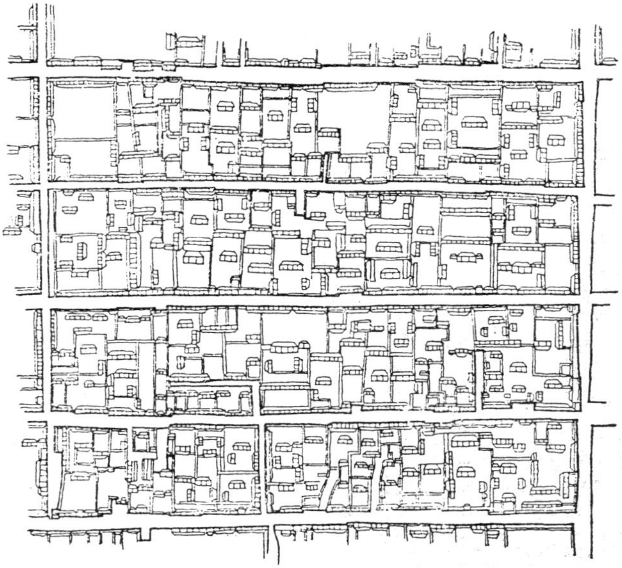

▲ 清 北京典型街坊局部之一

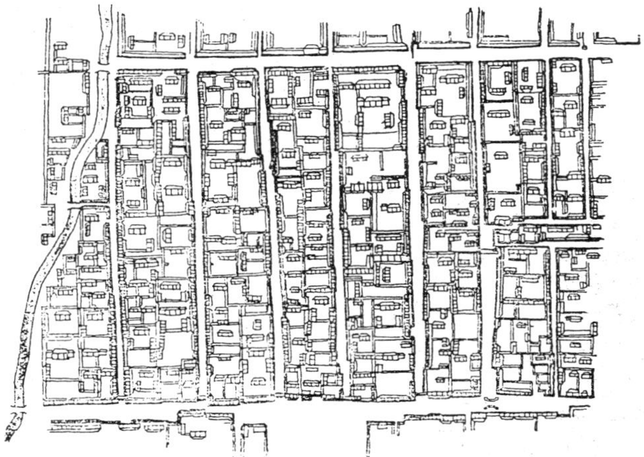

▲ 清 北京典型街坊局部之二

▲ 白塔寺安平巷

▲ 窄小的钱市胡同（北侧是“万丰银行”“大通银行”，南侧是“增茂”“全聚”“万聚”“聚泰”四个字号）

▲ 钟楼湾胡同

的需要，以闭合对称形式，将主要建筑安排在中轴线上的布局，在民居建筑中日渐普遍。魏晋南北朝时期具有四合院特点的民居越来越多，而典型的四合院出现在隋唐时期。宋代以后，四合院的地位越来越重要，特别是明清以来，已成为民居建筑的主流。

四合院不仅是中国古代建筑中最具代表性的一种建筑形式，更是古都北京的主要建筑形式。这类建筑大都采用均衡对称的方式，沿着纵轴线（南北向）和横轴线（东西向）进行设计。首先在纵轴线上安置主要建筑，并在院子左右两侧对称修建两座形体较小的建筑，然后再在主要建筑的对面建一座次要的建筑，构成正方形或长方形的庭院，这就是四合院。对称式的平面布局和封闭式的外观，是四合院的两个主要特征。四合院的这种格局很适合中国古代社会的宗法、礼教制度，也便于安排家庭成员的居所，形成舒适安宁的生活环境。此外，只要将庭院数量、形状、大小与木构架建筑的形体、样式、材料、装饰、色彩等略加改变，即可满足不同气候条件与功能的要求。因此，四合院布局被广泛地用于民居、宫殿、官署、寺庙等之中。

“四合院”是构成“坊”的“细胞”，是北京城最基本也是分布最多的居住形式。其基本格式是由一座坐北朝南的正房和坐南朝北的南房及东、西厢房围合而成。它是一个南北稍长、呈矩形的封闭庭院，住宅的门一般都开在院子的东南角上。这种封闭性的院落既有背风向阳的特点，又具有很强的防卫性，而且以“北

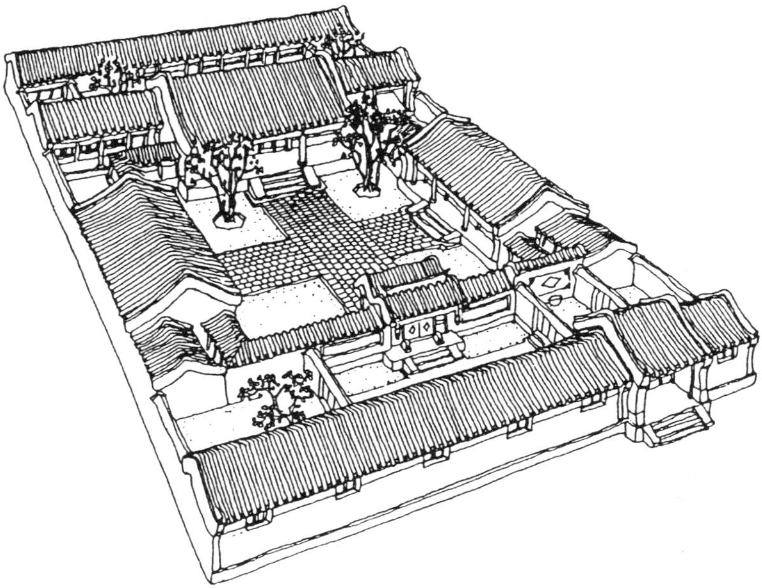

▲ 典型四合院

▲ 四合院如意门上精美的砖雕

屋为尊，两厢为次，倒座为宾，杂室为附”，较能体现出“礼制”长幼有序、主客分明的精神。“四合院”中比较高大而舒适的北房，总是由家长居住；厢房住晚一辈的儿孙们；倒座，即南房，常用作书房或客厅，按“正房与倒座视线不能相通”的习俗，往往在庭院中靠近倒座的一侧，装设屏门或木影壁，讲究的则以垂花门相隔。

规模较大的“四合院”常附有花园，而且多建于四合院的后面或侧面，其间以墙门与住宅相通。北京地处华北平原的北端，地形起伏很小，宅第又不准私自引水修筑水池。所以，往往采用建筑物的错落有致、廊的旋迴曲折、亭阁山石的巧妙布设，来营造花木扶疏、亭台掩映、曲径通幽的宁静气氛。在四合院住宅的四周，都由各座房屋的后墙及围墙封闭，墙壁和屋顶都比较厚重，全部不对外开设窗户。

“四合院”中的庭园是整个房屋布局的中心，这里不仅是采光、通风、家人交通的枢纽，也是休息和做家务，如夏日乘凉或晾衣物等的场所。有的还种植一些花木或陈设鱼缸、盆景，构成一个安静舒适的环境。在室内则设有暖炕，以供取暖。对于气候比较寒冷的北方，“四合院”确实是一种既富有民俗特色又宁静实用的住宅建筑。北京城这许许多多连片又呈灰色调而低矮的四合院，更烘托出了宫殿的气势恢宏、雄伟高大、壮丽辉煌。

景色绮丽琼林苑

每当人们在景山之巅的万春亭上，俯视那格局严谨、金光闪烁的“宫殿之海”时，都不免会被那波光潋滟、柳丝拂岸和掩映着绚丽多姿的亭台楼阁所吸引。这便是紧靠紫禁城西侧的宫苑。

远在数千万年以前的第三纪，自发生喜马拉雅抬升运动以来，太行山和燕山山地都加剧了上升的速度，而山前平原地区则相对下沉，并堆积下了巨厚的第三纪沉积层。然后，由山地河流冲下来的大量洪积、冲积物又在第三纪沉积层之上，堆积成属于第四纪的大小不等的山前洪积、冲积扇和广阔的华北平原，永定河洪积、冲积扇及其冲积平原便是其中的一部分。

永定河洪积、冲积扇以西山山口的石景山附近为顶点，向东北、东、东南三个方向呈辐射状倾斜低落。根据钻探结果，洪积、冲积扇的厚度达 200 ~ 300 米。其底部组成物质为疏松的厚层卵石、砾石，愈近地面，物质愈细。冲积扇顶端物质较粗大，愈向平原愈细。

而自晚更新世以来，永定河在其自身的发育过程中，由于受新构造运动的影响，曾经在洪积、冲积扇和冲积平原上摆动，其方向大体是由东北的清河故道，逐步转而流向东南。到了北魏时期，永定河已经以漯水为名，经今北京城南部流向东南，即今凉

▲ 北海公园中的永安塔和白塔山

水河故道。到了明代中叶，又移到了河北新城、雄县一带，夺取了白沟河道。此后，又由西南退向正南，逐步退到了现在的位置。

史书所记载的古高梁河，其上源即今北京西直门外紫竹院湖泊的前身，水沿天然地势经今白石桥、高梁桥至德胜门水关，转向东南，再经积水潭、北海、中南海、龙潭湖，流向十里河村东南，与灅水故道相合。据钻孔资料分析，其在前门至北京供电局附近的河道宽度曾达到 600 多米。今日所见的什刹海、北海，乃至中南海，这串翠珠般的天然湖泊，便是古高梁河改道之后遗留下的。早在 12 世纪金帝定鼎中都时，便发士卒凿池掘土，开挑海子，积土成山，并栽植花木，营建宫苑，以为游幸之所。700 多年前，元朝统治者在金中都城东北郊外初建大都城时，就把这一带天然湖泊和城市的平面设计结合起来，并且在紧傍湖泊的东岸确定了全城的南北中轴线。也由于这个地理上的原因，才使元大都的平面布局，在实现《周礼·考工记》所规定的理想设计时有所变通，形成了特有的格局。明建北京城，又把紧傍紫禁城西侧的北海、中南海辟为西苑，形成了以团城为枢纽的皇家园林。这一片南北相连的宫苑，犹如一块硕大无比的“翡翠”。它不仅滋润着北京城的环境，调节着北京城的小气候，而且与巍峨高大、富丽堂皇的宫殿互相映照，构成了一幅绝妙的风景画。

叹为观止紫禁城

故宫即紫禁城，位于北京内城的中央。它既是封建帝都的象征，也是整个北京城规划建设的核心。清因袭明宫，虽亦曾进行过一些重建或改建，但仍大体保存着明初的布局、规制。

紫禁城东西宽 750 米，南北长 960 米，周长 3420 米，墙高 10 米。城墙外层用澄浆砖包砌，里面则以黄土夯实。四周共开四门：正南的是午门，向东的名东华门，向西的名西华门，北面的明时叫玄武门，清康熙年间因避讳康熙帝玄烨的名字，遂改称神武门，且一直沿用至今。在紫禁城的周围环有宽 52 米的护城河（俗称“筒子河”）。城四角建有结构精巧、造型秀美的角楼。

故宫占地约72万平方米，有宫殿8000多间，其间有宫、殿、楼、阁、亭、榭、厅、堂、廊、厦、门、庑等，起伏错落，疏密有致，且多为土木结构，黄琉璃瓦盖顶，青白石作为基座，再饰以金碧辉煌的彩画。这些宫殿建筑是沿着一条南北向的中轴线排列，并向东西侧展开的——南北取直，左右对称。整座建筑气魄宏伟，规划严整，蔚为壮观，集中体现了我国古代规划建设艺术的优秀传统和独特风格。

中国香港建筑师李允鉌在其所著的《华夏意匠》一书中这

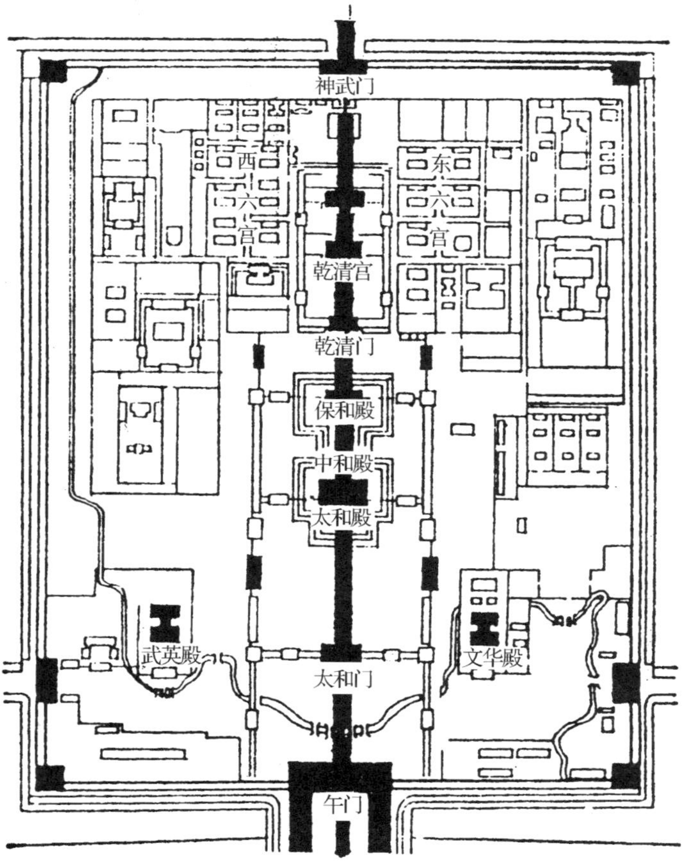

▲ 故宫平面图

样评价故宫：“在设计上，几乎看不到有任何人对它做过恶劣的批评。北京故宫，在设计上的成功并不仅限于它是一个 15 世纪时（1406 ~ 1420 年）的杰作（按时间上限还要早），它可以说是中国人历代宫殿建筑成果的一个总结。它的组织方法、构图意念，绝不只是一个时代的产物。不管在技术上、艺术上，它都是继承了伟大的传统而来的，同时在这个基础上，它有了更进一步的提高。在中国的宫殿建筑上，它已经是一个完全成熟的典型。”

在中国传统文化里认为“天”与“人”是相通的。“上圆法天，下方法地”“夫大人者，与天地合其德，与日月合其明，与四时合其序”。宇宙万物在不断地运动、变化着，同时又共处于一个和谐的统一体中。万物的生灭、阴阳的交错，都遵循一定的规律，由此构成世界的和谐秩序。“天地之美恶，在两和之处”，“德莫大于和”，和谐既是中国传统文化的显著特点，也是故宫在规划建设中所追求的最高目标，从而形成了以“太和”“中和”“保和”三大殿为中心的整体和谐之美。

1. 建筑整体均衡美

故宫在明永乐年间初建时是参照南京宫殿的规制，按《周礼·考工记》中所载的“左祖右社，前朝后市”的布局原则建造的。现紫禁城前部左面的“劳动人民文化宫”，原是皇帝祭祀祖宗的“太庙”；右面的中山公园，原是祭祀土神、谷神的社稷坛；前面有朝臣办事的处所，后面有进行交易的市场。景山矗立在紫禁城北，犹如一道天然的屏障。紫禁城西部为皇家园林，东部是诸多为宫廷服务的衙署（辛亥革命后，故宫管辖的范围逐渐被分割，且只剩下了紫禁城城墙以内的地方）。

紫禁城从明永乐四年（1406年）决定筹建至永乐十八年（1420年）基本建成，前后调集二三十万农民和一部分卫军，集中了全国著名的工匠。从文献中能查出的修建这座皇宫的建筑匠师就有杨青、蒯祥、蔡信、蒯义、蒯纲、陆祥、徐杲、郭文英、赵德秀、冯巧、梁九等；修建的木料都是从四川、贵州、云南、湖南、广西等地的大山里采伐的；石料是从北京附近的房山、盘山等地开采来的。为运输这些材料，严冬时节，将通往北京的道路沿线相隔500米左右凿一口水井，泼水铺成冰道；盛夏时节，则用滚木铺成轮道。可以想见，当时为建造这座举世无双的宫殿所付出的巨大代价。

故宫的建筑由体形基本相同的房屋和大小不同的层层院落空间组成。由于建筑内部的功能不同，房屋有高有低，有大有小；院落有长有宽，有封有敞；组成的空间也有疏有密，有围有透。通过这些有规律、有目的的安排，整个空间组织表现出一种交错起伏、参差跳动的韵律美。站在景山顶上远远望去，整个故宫的建筑既有有规律的重复和有组织的变化，又有统一中求变化、变化中求统一的整体均衡之美。

我们知道，建筑是由物质材料砌构的空间组成，并占有一定空间的有体有形的实体。建筑艺术是由线条、形体、色彩、质感、光影以及装饰等基本因素按照人的审美意识和审美理想构成的，而线又是造型艺术也是建筑艺术中最基本的审美要素。因为，建筑审美中大都是以方形、长方形、圆形等几种基本几何形状为审美特征的。而它们又是以更基本的线组成面，再由面构成形的。

自古以来，以木构架为主要结构方式的中国古代建筑，创造了一个与之相应的平面布局和外观。这就是以“间”为单位，构成单座建筑，再以单座建筑组成庭院，进而以庭院为单元组成各种形式的组群，并沿着轴线（多数为呈南北走向的纵轴线）以均衡对称的方式进行规划组合。

故宫的建筑从台座基础以上全部是用木头拼搭而成的。柱、檩、枋、梁、斗拱、屋架，以及门窗、隔扇、顶棚、藻井、檐椽等，都是线的组合，由线组成构件，再由构件组成个体、局部，直到整体，并以整体的完整形象给人以深刻的印象，形成中国古代《诗经》中所描写的“如翚斯飞”、“作庙翼翼”的艺术效果。

我们从天安门往北推进，端门、午门、内金水桥、太和门，直到太和殿，无一不是横线的延展和叠加，再加上两厢长排平房的檐线透视聚引，视点集中到太和殿下部汉白玉砌就的三层高台崇阶，舒展的横线重叠向上，连续着横线的殿基、重檐，连续并列的檐下斗拱，以至横平的正脊、重檐下两层厚厚的檐阴暗影，更加强了水平横线的效果。即使是屋顶庑殿四阿的腾升垂脊的曲线，也还是线。这层层叠叠的舒展横线加上屋顶的飞腾曲线组合，把太和殿这座巍峨的殿堂烘托得顶天立地、庄严壮丽，给人一种宽阔、稳重的整体美感。

故宫让人充分理解到，中国建筑较之西方高耸直刺天穹的建筑，似乎显得较为低矮、平淡，但也正好说明了中国建筑并“不是着意去表现出单体建筑的体态形貌，而是在建筑群体中体现均衡的结构布局，制约配合；不是去追求高耸入云、指向上苍的出世神秘，而是平面展开、引向现实的人世理想；不是去追求一种强烈的刺激和崇拜，而是重在生活情调的熏陶和感染，从而表现出一种结构严整又连续交错的雄浑气势”。这是一种以简单重复的基本单元组成复杂的建筑群落，在严整中又富于变化，变化中又求统一，体现出一种整体之美、均衡之美、理性之美。

明代的陈敬宗在《北京赋》中这样写道：

惟圣皇之建北京也……岿壮丽于崇朝，睹崔嵬于瞬息。前朝后市之规，既肃肃而严严；左庙右社之制，复亭亭而翼翼。布列有序，不爽寸尺。妙合化工，莫究窥测……

他在对故宫的建筑做了一番描述之后赞之曰：“此诚所谓旷千古之希逢，而超万代之奇观者也。”

事实也是如此，把 8000 间房子，遵照“皇权至高无上”的主旨和其功能的不同，布列在一个面积约 72 万平方米的紫禁城里，其间殿阁楼台、墙院桥亭此起彼伏，曲奥幽深，疏密有致，其难度之大也是显而易见的，但它成功了。

2. 建筑序列起跌宕

“规则的序列，产生一种庄重、爽直、明确的印象，而且强调高潮。它必然引起一种感官上的感受……不规则的序列则充满了流动和各种运动的感受。这种不规则的序列，能造成令人意想不到的感染力，造成外观上使人感到惊异的一些部位。”这是托伯特·哈姆林在《20 世纪建筑的功能与形式》中的一段话。

我们知道，任何具有一定空间组成的建筑物都包含有一定的空间序列：规则的或不规则的，明的或暗的；或者有的强一些，有的弱一些。稍经细心体会，就会感觉到“序列”的存在。这是因为空间序列就是按照一定的轴线关系将一系列不同的空间有序地组合在一起，形成对建筑的整体概念，而人们也正是通过这些空间序列的安排去认识建筑的匠意的。“人类生活在地理环境之中，对周围环境有个观赏、感受、认识的过程，并由此做出种种反应。”或者说，人们在一个空间序列中行进时，总要按照一定的轴线方向和一定的空间布局顺序，从一个空间进入另一个空间，直到走完这一空间序列的全过程，才能获得对这一空间序列的总印象。这个“总印象”也就是这一建筑的“匠意”，即建筑匠师们希冀通过建筑物的形制、体量、色彩，以及它们在空间的序列安排所要表达出来的创作意图。

故宫由大清门往北经过两厢的“千步廊”（已于20世纪20年代初被拆除），跨越长安街、金水桥，走进天安门、端门、午门，穿过太和门，踱过门内五虹、玉阶三叠托起的太和、中和、保和三大殿，再过乾清宫门，经后朝的乾清、交泰、坤宁三宫，步御花园，出神武门，登景山万春亭，放眼北阙，鼓楼、钟楼在望……在这一段长达4100多米的距离之中贯穿着十余个大小不同的空间，组织着三殿、三宫、东西六院。如果我们从中轴线的剖面由南向北去观察那一系列门楼、殿阁和广场空间所构成的轮廓剪影，它那高低起伏、紧缓疾徐的节奏变化，就如同一首乐曲在黄瓦朱墙的主旋律下流淌着，其抑扬顿挫、跌宕起伏，让步入其间的人也随之激荡跳跃。太和殿的金銮宝殿，面阔11间，进深5间，高28米，重檐庑殿顶，坐落在高达7米的汉白玉三层栏台上，更显得高耸齐天、巍峨壮丽。乐曲也达到最高潮，而这错落有致、变化万千的宫殿组群中轴，再加上东西两侧的文华、武英、宁寿、慈宁、寿康、弘孝、神霄、养心等殿阁的烘托呼应，更把这座宏伟的紫禁城组织得庄严而神秘，又令人产生敬畏。

“高潮”是艺术结构中不可缺少的组成部分和核心部分。缺了它，艺术作品就会显得不完整，犹如文学、戏剧、音乐等不但有起始（序曲）和结束（尾声），还必须伴随着矛盾的冲突和情节的跌宕，才能引起人们情绪的共鸣而赋予作品生动的审美感受，它是整个作品艺术构思表现的焦点。而故宫建筑空间序列和高潮的安排，不仅独具一格，而且在“高潮”出现之后，还有一系列次要的空间序列延续下去，直到钟楼之后才分列给东西两侧的安定门、德胜门作为结尾。这正是中国文化中“余味犹存”或“意犹未尽”的体现，高潮涌起的激情逐渐在“笔断意不断”的次要序列下平静下来，让人尽情回味。

我国已故著名建筑学家、清华大学教授梁思成先生，曾对北京城的中轴线做过这样的叙述：

我们可以从外城最南的永定门说起，从这南端正门北行，在中轴线左右是天坛和先农坛两个约略对称的建筑群；经过长长一条市楼对列的大街，到达珠市口的十字街口之后，才面向着内城第一个重点——雄伟的正阳门楼。在门前百余米的地方，拦路一座大牌楼、一座大石桥，为这第一个重点做了前卫。但这还只是一个序幕。过了此点，从正阳门楼到中华门（即大清门或大明门），由中华门到天安门，一起一伏，一伏而又起，这中间千步廊御路的长度和天安门面前的宽度，是最大胆的空间处理，衬托着建筑重点的安排。这个当时曾经被封建帝王据为己有的禁地，今天是多么恰当地回到人民手里，成为人民自己的广场！由天安门起，是一系列轻重不一的宫门和广庭，金色照耀的琉璃瓦顶，一层又一层的起伏峋峙，一直引导到太和殿顶，便到达中轴线前半的极点，然后向北，重点逐渐退削，以神武门为尾声。再往北，又“奇峰突起”地立着景山，做了宫城背后的衬托。景山中峰上的亭子正在南北的中心点上，由此向北是一波又一波的远距离重点的呼应。由地安门，到鼓楼、钟楼，高大的建筑物都继续在中轴线上。但到钟楼，中轴线便有计划、也恰到好处地结束了。中轴线不再向北到达墙根，而将重点平稳地分配给左右分立的两个北面城楼——安定门和德胜门。有这样气魄的建筑总布局，以这样的规模来处理空间的，世界上就没有第二个！

有人则干脆把紫禁城中轴线上建筑序列的安排称为“乐章”。古建筑专家于倬云这样描述道：“当人们沿中轴线漫步观赏时，从低沉旋律的大明门（清改大清门）到外金水桥豁然开朗时，犹如宫殿建筑的序曲；从承天门（清改天安门）到午门则成为高昂旋律的第一乐章；从内金水桥到三大殿是乐曲旋律的第二乐章；从乾清门到御花园是乐曲的第三乐章；从玄武门（清改神武门）到万岁山（即景山）则为乐曲的尾声。”他进而又说，“在 570 年前，中国古代建筑艺术已然具有音乐般的优美韵律。紫禁城建筑群就是一曲凝固的音乐。设计者把外朝、内廷以及序幕、后屏组成一体，在这一组空间组合艺术中，在步移景迁的欣赏过程中，体现出抑扬顿挫、富于变化的韵律美。故宫中轴线的设计技巧，体现出中国古代建筑师深厚的美学造诣。紫禁城宫殿是中国古代美学在建筑中深刻而完美的体现。”

这是因为，空间的形状大小乃至方向，开敞或封闭，明亮或黑暗，都会感应于人，使之产生心理、情绪上的变化，从而获得意想中的效果。例如，高大而明亮的大厅，会使人觉得开朗、舒畅；而一个广阔但低矮且昏暗的大厅，则会使人感到压抑、沉闷，甚至恐怖；高耸而金碧辉煌的殿堂或者神坛，会使人联想到天帝和神的无比崇高、伟大；而一个狭长但低矮的长廊，不仅会起到一种引导作用，而且会让人产生一种期待感。同样，宏大、开阔的广场，总是会令人心胸为之一振；而四周以高墙围合而呈封闭状态、面积又不大的广场，则往往会使人感到压抑……我们古代的规划建筑匠师们便是这样，用建筑的语言，将室内和室外许多不同性格的空间，按照事先确定的“匠意”——艺术构思，再根据“形式美”的法则，即主从、比例、尺度、对称、均衡、对比、节奏、韵律、虚实、明暗、质感、色彩、光影等，形成开头、引导、文明、延续、收束、尾声。人们行进其间，自然会产生一系列心理情感上的变化。这就是故宫建筑整体艺术魅力所在。

3. 建筑空间尺度精

建筑之美不仅在于其形象、轮廓、色彩和装饰艺术，更重要的还有蕴于其间的比例。一座建筑的三度空间尺度与部分的比例，决定了该建筑自身的美，而几幢建筑组合为庭院，或是几组建筑组合成一个建筑群体，就更要求建筑互相结合的空间尺度和比例。故宫中轴线上的建筑组合就是采用空间体量的大小对比、形状对比或由小到大的有规律变化，来突出“高潮”，或预示着“高潮”的到来。正是在采用了对比手法之后，所产生的视觉和情绪突然变化带来的新奇感，才使建筑匠师们想要追求的效果更为明显。

天安门与端门之间的空间较小，是视觉中的竖长方形空间；端门与午门之间，是视觉感受强烈的、竖直而狭窄的长方形空间；午门与太和门之间，则是一个宽阔的横长方形空间。由于金水河岸线与五桥的横隔，更形成了两个较扁平而又略带弧形的横向空间，与刚越过的狭长、竖长空间相比，就觉得狭长的更深远，而扁平的更广阔，从而加强了横向的视觉感受。过了太和门，从门台往北望去，太和门与太和殿之间宽广而辽阔的接近正方形的广场空间，对比太和门南面的扁平横向空间，衬托着高耸的三层汉白玉雕砌的台栏和雄伟的宫殿，更加显示出这一高潮空间序列宏伟而端庄的气魄。它是由越过的小竖长方、狭长纵竖长方至扁平横向长方空间，直到宽广的、接近正方序列空间对比烘托的变化，而取得的视觉空间效果，再往后又转换成横长扁平长方、小正方空间，而逐渐收紧结束。这一为烘托高潮而精心布局的序列空间，作为前导准备的手法，也正是故宫太和殿成为这一空间序列“高潮”的主要因素。

不仅如此，建筑匠师还利用升高主体部位地坪来突出“高潮”。凡是地坪较高的空间，都比地坪较低的空间显得重要，即使在同一空间之中，局部抬高的部分或位置都会被认为是特殊的。在建筑中，楼梯或台阶就是联系这高低地坪的，它的指向就在预示着高潮的出现，也是烘托高潮的一种有效手段。

在《史记》上曾记载了这样一段故事：公元前 199 年汉高祖刘邦带兵出征，丞相萧何为刘邦在长安建起了未央宫。刘邦回来，见到豪华的宫室之后大怒，说：“天下匈匈，苦战数岁，成败未可知，是何治宫室过度也？”萧何回答说：“天下方未定，故可因遂就宫室。且夫天子以四海为家，非壮丽无以重威，且无令后世有以加也。”意思是，就因为天下未定，所以才要大规模地修建宫室。要掌控天下，没有壮丽的宫殿，怎么能有助于提高皇帝的威严？也就是说，皇帝的宫殿要超群的壮丽，才会有“重威”。

北京故宫的三殿高踞于三层汉白玉台栏之上，三上三停，太和殿的巍峨体态，是在逐步登高之中，先见到殿顶，后及殿身的，所以更显得雄伟高大，即“重威”。而太和殿本身，如果以传统的空间概念，即四柱加顶构成的立方空间为一间，就可以看作体积、面积不等的 36 间（不包括东西夹室和前廊）。据于倬云先生的精确测算，中央最大的一间宽 8.44 米，深 11.17 米，高 14.40 米。而天花板与地面的距离又是人高的八倍多，如果人站在一间的中间仰视，都会感觉到这个空间是高耸的。特别是中央最大的一间，顶上还有一个凹入天花板达 1.89 米的藻井，更有目力达不到的高远之感。当皇帝升座时，坐在离地面约 2 米的宝座上，就显得格外崇高。

从上面的阐述中我们还看到，建筑之美不仅在于其形象、轮廓、色彩和装饰艺术，更蕴于建筑空间的组合和比例之中。一座建筑的三度空间尺度与部分的比例，决定了该建筑的自身之美：如端门与午门之间的平面尺度为纵深 350 米，街宽 110 米，形成了 3 ：1 的狭长形御街；太和门庭院的深度仅 130 米，但宽度为 200 米，形成宽阔的平面，其长宽之比为 130 ：200 = 0.65，也是面积中最美的比值，与近代所用的黄金分割率十分接近。不仅如此，从大明门（后改大清门）到万岁山（景山）的总长度是 2500 米，而从大明门到太和殿庭院中心的长度是 1545 米，两者的比值是 1545 ：2500 = 0.618，这正是近代所称的“黄金分割率”。任何一件艺术品，当把最重要的部分放在整个作品的 0.618 部位上，效果是最好的。这也足以说明我国古代建筑师运用数学比例的娴熟和巧妙。

4. 建筑色彩谱华章

色彩的运用在城市规划中是具有非常重要的地位的。在建筑艺术之中，“形”是最基本的，也是最常见而又最实用的建筑实体形象。而“色”在建筑艺术形象中对建筑实体形象的渲染、烘托，乃至满足人们的审美心态，则起着相当重要的作用。正是建筑物的色彩、质感、光彩等，共同组成传达建筑形色美的表现形式，并通过它们对建筑体态形貌的共同作用，形成人们对建筑整体形象的视觉审美感受。而不同的色彩又会给人以不同的心理感受，并由此而产生不同的感觉和联想。在我国古代建筑中，就常常利用色彩的补色效果、间色效果来处理建筑物室内外的表面形式而获得形式审美的不同效果。北京故宫就是运用色彩在建筑中的这种作用，来取得视觉审美上的理想效果的。

在我国古代的历史中，最早使用的是黑、白、土红和赭石色。红色是最早的流行色，给人以喜庆、向上、热烈、奋进的感觉。到奴隶社会则把青、赤、白、黑、黄看作东、南、西、北、中和木、火、金、水、土的五方正色的代表。到了封建社会，黄色标志着神圣、权威、庄严，也是智慧和文明的象征，成为皇帝御用的专有色彩。

明清故宫就采用大面积黄色的琉璃瓦作顶，宫殿区的宫墙、檐墙一律是红墙身、红柱子、青下肩，远望似黄色琉璃之海，再以规格化的彩画等给建筑披上了金碧辉煌的色彩，获得了丰富而和谐统一的艺术效果。而在故宫的周围又以胡同为骨干，形成了形色统一、以灰色为基调的大面积低矮的四合院。每当盛夏来临，这些四合院中的绿荫又组合成了面积广阔的翠绿色海洋，把金光闪烁的“宫殿之海”映衬得更加高大雄伟、气势磅礴。一个城市的规划，在色彩的运用上做出如此大胆的设计，并形成了理想的艺术效果，这在世界城市规划史上，可以说是独一无二的。

文化之魂须追溯

原国家图书馆馆长詹福瑞教授曾在第四届“国家图书馆文津图书奖”上评述获奖图书——由我撰写的《营国匠意——古都北京的规划建设及其文化渊源》时指出：“城市不是钢铁、水泥、玻璃的堆砌，也不是建筑、街道、汽车、公共设施的集合。它是有灵魂、有生命的有机体。”

这灵魂是什么？就是文化。

就古都北京而言，中国的传统文化无疑对城市规划、建筑设计师们有着深入骨髓的内在影响，并且左右着他们的精巧构思、哲学取向和艺术境界，而它们的形成过程正显示了悠久绵长的文化渊源和积深厚重的文化底蕴。这也正是我们所要追溯的北京城规划建筑的文化之魂。

1. 象天设都溯渊源

宇宙和人类，本是一个不可分割的整体。而中国传统科学文化的思维模式或者说它的宇宙观，是从“天人合一”的整体，以及它们之中的有机联系来认识天、地、生、人的关系，亦即整个世界。这也是中国传统文化体系有别于西方的根源所在。

自古以来，中国历代的皇帝都自诩为天帝的“元子”，即天子，其所做的一切都是“奉天承运”。诚如李约瑟博士所说，“时圈从天极向周围展开，正和地面上帝王的势力向四方展开相对应……天上的北极星就相当于帝王，官僚政治农业国家的庞大组织自然是不知不觉地围绕着帝王打转”，形成了与天同构的关系。

中国的建筑，无论是四合院式的民居，抑或是王宫，也无论是从陕西临潼姜寨出土的距今约6000年的原始村落遗址到明清故宫，都有一个贯穿始终的一致性，即把营建与天感通、与天同构的都城，看成“如月之恒，如日之升，如南山之寿，不骞不崩”的千秋大业。

明永乐初年建故宫时袭用南京宫殿的规制，前三殿名“奉天”“华盖”“谨身”均源自《尚书》“惟天惠民，惟辟奉天”。

“天”是什么？《论语》中明确指出：“天何言哉，四时行焉，百物生焉。”《孟子》中说：“顺天者存，逆天者亡。”用“奉天”之名，即“奉天之命”行使皇帝权力。“华盖”源于古代天上被称作紫微垣的一个星座，略呈圆形，有柄，像仪仗中的伞盖。其含义自然也是护卫皇权的象征。所以，明初华盖殿为圆顶，也正说明其意义所在。“谨身”出自《孝经》，书中说：“用天之道，分地之利，谨身节用，以养父母，此庶人之孝也。”这是警诫自己、教育后代，以保持统治地位。明嘉靖三十六年（1557年）前三殿失火，后重建并改名为皇极、中极、建极三殿。《尚书》中说：“皇建其有极。”意思是君主为了治国安民，就要建立至高无上的伦理道德标准。皇极殿就是施行这种最高标准的殿堂。

清初重建三殿之后即改名为太和、中和、保和三殿，这既是封建统治者最高权力的象征，又是他最高的理想追求。“太”是大的极义。在天、地、人之中，阴阳交错、矛盾至极，而又能融合于一个相对稳定的整体之中，这就是最大的“和”，即“太和”。人若能承天之大道，就能达到“无为而治”的理想境界。《周易·彖传》中说：“保合太和，乃利贞。”保持乾元、坤元的交合，遵从天地大道的中和，便能有利于未来的构想和实践。《中庸》中则说：“中也者，天下之大本也；和也者，天下之达道也。致中和，天地位焉，万物育焉。”古都北京，正是在这样一个主题思想的指导下规划建设起来的。而这个“致广大而尽精微”的主题思想的形成，又是经过了数千年的孕育、历练才成就的。

在中国的远古时代，“天”似乎一直是一个摸不着、说不清、道不明而又充满神秘色彩的东西。由于天的变幻莫测，人世间的祸福、命运完全受大自然的主宰。因而，人们也就完全慑服于自然界的威力，进而敬畏自然，并将大自然降于人间的祸福归结为某种神力的作用，而在宇宙的“众神”之中，又有一个至高无上的主宰者，那就是“天帝”。正由于此，无论是从人的主观角度，抑或是从大自然的客观角度而论，作为以农耕文明为显著特点的中华大地，从它的原始形态文明开始，便与天结下了不解之缘。因为农业生产必须不违农时，在客观上也就离不了对天体运行的观测，乃至对时令推移规律的掌握；而对巍巍苍穹神秘力量的体悟、敬畏，乃至崇拜，又产生了中华民族文化上某些亘古不变的原型。古人总是把天象的变化和人间的祸福联系起来，认为天象的变化预示着人事的吉凶，乃至国家的兴衰。这就产生了“天人感应”的神秘观念。不仅如此，我们的祖先从对天穹的观测中形成了这样一种观念，天界是以一个帝星——北极星为中心，以四象、五宫、二十八宿为主干构成的庞大体系。天帝所居的“紫微垣”，位居五宫的中央，因此又被称为“中宫”。满天的星斗环绕着帝星，犹如臣下奉君，形成拱卫之势。《众星环北极赋》载，“天道恒象，人事或遵。北极足以比圣，众星足以喻臣……利贞紫宸（即紫微宫）。岂惟大邦是控，临明御众而已。实将先天稽极，后极立经……然后为政同乎北极，来方类乎众星”。

孔子也说：“为政以德，譬如北辰，居其所而众星共之。”《后汉书》则说：“帝王之义，莫大于承天。”《仪礼》说：“君，至尊也。”这也就是为何帝王都自命为“受命于天”的“天子”，所谓“上天元子，代天君临万民”，并自喻在宇宙，“天”为至尊；在人世，“君”为至尊。周天子就自称是上天的元子（长子），上天赋予他土地和臣民。人们从天上找到了至尊的象征、本源的所在，自然也就昭示尊与卑、本与末的关系，昭示人间的道德与永恒秩序，从而形成流贯始终的政治原则。作为中国文化中的一个观念原型，它制约、影响着政治与哲学观念，塑造着天人合一、君权神授的文化特色，并仿照北极独尊的格局，建成了一个大一统的国家体制。

人君与上天的这种“血缘关系”，大抵算得上是中国传统政治的一根最为强大的精神支柱。“天子”这个人间至高无上的称谓，正是在“君权神授”“天命血缘”这样一种文化传统的“沃土”中诞生的。汉代的大儒董仲舒就认为，通天之际，正确利用天人感应，是保持长治久安的要诀。而天与人之所以能产生相互的感通，关键在于“人者，天之象征也”“以类合一，天人一也”“天地相应，人神一体”。“人王及天帝之替代”是我国古代神权统治思想的核心，也是都城规划建筑设计思想的根源。

由此也可以看出，“天人合一”不仅是中国文化、中华哲学的基本精神，也是中国最有代表性的文化特征，是后代都城规划礼制思想的基石。正是从这样一个观念出发，古人认为在天象体系中存在一个有等级、秩序井然的“王朝”：由帝星临祚，敕封四方。“官者，星宫也。星座有尊卑，若人之官曹列位。”因此，历代都自觉地把人事政治、国家体制与天象模式相比附，并在这

▲ 紫禁城内的金水河

样一种传统文化的影响下，把都城的规划建设作为实现这一原型模式的重要方面。“象天设都”也就成了中国亘古不变的原则——北极为天之中心，天帝在这里设紫微垣而居之，施政于天下；作为“天子”——皇帝的京邑效法上天，筑宫城于地之中心——土中，称“紫微宫”“紫禁城”；“紫之为言‘此’也，宫之为言‘中’也。天神运动，阴阳开合，皆在此中。”天上有银河天汉，皇宫也必须有金水河；天有天门二星，宫城也必设左右二阙等，可谓亦步亦趋。

在数千年的历史长河中，我们的祖先似乎一直在坚持不懈地向上天索取最高的政治准则，即在政治上取法上天——“法天而治”，制定出万古不变的政治信条，并以这样的信条教化全民，以期按照天国的理想意境建起一个人间天朝。而与天交流的权力及自成体系的天学理论，使中国古代社会的统治者——皇帝，在实行统治时如鱼得水，“翻手为云，覆手为雨”。在我国古代有关天的学问逐渐演进为隐秘的统治之术，成为解释国家政治的无可取代的喉舌，而被牢牢地捆缚在统治者的銮舆上。

古人认为，天界是一个以北极“帝星”为中心，以“四象、五宫、二十八宿”为主干，组织严密、等级森严的社会。在这一体系中，“帝星”所居的紫微垣是最庄严、最神圣的府第。因其位居“五宫”中央，因此又称“中宫”，是天帝（即北极星）常居的天宫神阙，其东、西、南、北四个方位，巍然矗立着四座神宫：

东宫苍龙，西宫白虎，南宫朱雀，北宫玄武，并二十八宿，异向同心，形成拱卫之势。因此，天宫中主从有序，等级分明，天帝、后妃、三公、四辅各居其位，左右星官各司其职，秩序井然——东藩大臣是“左枢”“上宰”“少宰”“上弼”“少弼”“上卫”“少卫”“少丞”；西藩大臣是“右枢”“少尉”“上辅”“少辅”“上卫”“少卫”“上丞”。十二星辰同时又象征紫微宫的坚固城垣，分称“紫微左垣”与“紫微右垣”，二者合璧，构成一座完整的宫苑，甚至还有天帝率诸神常幸从的集市——天市等。

当古人从天体的运行中发现了北极星的神秘莫测，并把它看成超自然的神力所在，拥戴它做至高无上的宇宙主宰，于是便从建筑格局上开始进行模仿，并寻求象征物（建筑）与“存在物”（想象中的天体世界）的物物相对；再以后，又以内城建筑群体象征紫微，外城郭建筑群象征二十八宿乃至全天星斗。《三辅黄图》说：“苍龙、白虎、朱雀、玄武，天之四灵，以正四方，王者制宫阙殿阁取法焉。”这便是“法天”“象天”。《史记·周本纪》载：周武王灭商之后，筹划安邦之策，夜不能寐。周公旦问他为何不眠，武王便与他商议建都之事。他认为，周王朝确立之后想做的第一件事，就是要“定天保，依天室”。而“天室”的格局是天帝居中，群星拱之，名曰“天保”，意为天之中心。为此，他曾“南望三涂（今河南嵩山南），北望岳鄙（太行、恒山之边鄙都邑），顾瞻有河，粤瞻伊洛（审视伊、洛二水之阳）”，进行了广泛的勘察，在人间寻找“土中”。最后终于在伊、洛平原找到了“毋远天室”的地之中心——“土中”洛邑。

以后《管子》又提出了一整套城市选址和规划布局思想，对西周的礼制等级城邑制度有较大的突破，并对后世产生了深远的影响。《管子·乘马篇》指出：“凡立国都，非于大山之下，必于广川之上。高毋近旱而水用足，下毋近水而沟防省。因天材，就地利。”

张衡在他的天文学著作《灵宪》中说：“在天成象，在地成形。天有九位，地有九域。天有三辰，地有三形。有象可效，有形可度。情性万殊，旁通感薄，自然相生，莫之能纪。”这是说天上有多少种现象，地上就有多少种形体，各种现象和形体之间都相互联系，彼此影响，并遵循着自然相生的原则而产生。接着他又解释“三辰”：“文曜丽乎天，其动者有七，日月五星是也。日者，阳精之宗；月者，阴精之宗；五星，五行之精。众星列布，体生于地，精成于天，列居错峙，各有所属，在野象物，在朝象官，在人象事。”他还认为，在选国都时，地上的山川形势要与天上的星象感应相通：“在天为帝座星宫，在地为帝王之都；天上有银河天汉，地上有长江大河；天上有四垣九野，地上则以垣局建造城池，以分地域、九州。”《史记·天官书》在专论日月星辰之象时，便说天是以中宫天极星为中枢，辅以三公，子属正妃、后宫，旁及内宫、外职及士农工商，建成秩序严谨的天上王国。

秦在统一六国之后，群臣曾进谏：“陛下兴义兵，诛残贼，平定天下，海内为郡县，法令由一统，自上古以来未尝有，五帝所不及。臣等谨与博士议曰：‘古有天皇、有地皇、有泰皇，泰皇最贵。’臣等昧死上尊号，王为‘泰皇’。”结果，秦始皇却回答说：“去‘泰’著‘皇’，采上古‘帝’位号，号曰‘皇帝’。”是为始皇帝。这便是借上古称天的名号，享用天的权威。同样，秦王朝以天为则，皇宫建筑亦追求与天同构。秦始皇“筑咸阳宫，因北陵营殿，端门四达，以则紫宫，象帝居。渭水贯都，以象天汉，横桥南渡，以法牵牛”“更命信宫为极庙，象天极”。连秦始皇陵也是“上具天文，下具地理”。因此，可以说秦朝都城——咸阳的总体构思和皇宫的布局，亦都是“象天法地，天地感通”的。

汉长安城是汉惠帝时所扩建的，尽管当时长乐、未央二宫均已建成，且其正门——安门不仅宏大而且南凸，南城垣又随地形曲折而成“北斗”，故汉长安城又称“斗城”。汉人是以北斗的斗柄来确定时辰和季节的。汉高祖刘邦是十月入主咸阳的，而此时天又呈现金、木、水、火、土“五星连珠”之吉象，故开国之后仍因袭秦制，用颛顼历，以十月为一年之首月。此时，北斗七星的斗柄正指向西北，遂因附会而将汉长安城西北垣建成北斗形；南垣则相应建成“南斗”，形成二斗星拱卫北极之象，故称“斗城”。同时，汉人崇信“斗为帝车，运于中央，临制四方”，建斗城自有中央居要、四方来效、斗车运转、海内晏然的象征意义。再则，斗乃“璇玑玉衡，以齐七政”的象征，建此意味着汉政权体制政通人和。这便是汉人政治理想的集中体现。

如果“我们将北斗七星、勾陈、北极、紫微右恒星座连接起来，与汉长安城形状惊人相似，且几个特殊的关键部位，正是星座的位置。南端突出处为天玑所在，建章宫独立于西南，正是开阳、摇光的连接部分，西北曲折城墙与太子、勾陈连线吻合，天璇、天枢与勾陈（北极星）三点一线，已被天文学家证实。在天文观察中，沿着天璇、天枢的方向即可找到北极星，这与东墙的平直完整相一致。更令人惊奇的是，连接安门、清明门、雍门、直城门的八条大道，也基本相同，甚至主要宫殿、市场的大小比例也基本符合”。刘邦先主长乐宫，后主未央宫，两个主要宫殿都位于北斗七星上，就在于“齐七政”，象征“天体感通，体制完备”。同时，又象征“斗为帝车，运于中央”。但是，未央宫作为都城的行政中心，并不在中央，而是偏于西南。这是按八卦的位置，乾卦对应西北，坤卦对应西南。“帝星”位于西北，“天行健，君子以自强不息”，皇宫地处西南，“地势坤，君子以厚德载物”。而在“天干地支”的方位中，“未”在西南。所以未央宫实为地之中央，并感通于天之中央的宫廷建筑。

魏晋南北朝诸代天下纷乱，战争频仍，但“布政之宫，在国之阳。上圆法天，下方法地”一类的“象天设都”的思想并未改变。尤其是南朝诸代，如宋、齐、梁、陈等朝代，其城郭都是“体天含晖则地”，“考星创制”。581 年，北周静帝宇文阐以“木行已谢，火运既兴，河洛出革命之符，星辰表代终之象”下诏逊位，禅权于隋，即隋文帝杨坚。隋文帝灭陈，结束了南北割据的局面，并命宇文恺修建大隋国都。宇文恺在考察了陈朝、南朝都城的建制后，于 582 年在汉长安城的东南兴建新都，名大兴城。

唐代秉承隋制，改名长安城。

长安城上承周秦汉魏“象天设都”，特别是总结了北魏洛阳城规划布局的经验。它以宫城（太极宫）象征紫微垣，位居正北的中央部位，并附会了《周礼》的三朝制度沿宫前的轴线依次布列，而以其正门——承天门为大朝，太极、两仪二殿为日朝和常朝，宫城以南是皇城；在皇城左右稍南分列两市——左为东市，右为西市。中轴线两侧以棋盘式格局分列 108 个里坊。整个都城雄伟壮丽，蔚为大观。

长安城用象征手法，以宫城前的中轴线统领全城对称的建筑格局，抽象、灵活地表现出了“象天设都”，对后世都城的规划、建设产生了至为深远的影响。它不仅为北宋东京、明清北京城所继承，还为日本等国家所效仿。

“象天设都”经历了对天的“自然崇拜—自觉模仿—象征拟似”这样一个演进轨迹。我们今天看到的北京古城，便是其登峰造极的产物。只是“象天设都”这一早已积淀成中国都城规划和建筑设计思想的稳固观念，在表现形式上更灵活、含蓄，更蕴含文化意味。而在都城规划建设之中被称为“基本定式”的中轴线，便是自周秦以来尤其是隋唐以来，成为都城建设“天人合一，象天设都”高度抽象化的表达方式。

北京城的规划建设便秉承了“天人合一，象天设都”的理念。紫禁城与天上的紫微垣相对应，以太和殿位居紫禁城、皇城，乃至全城的中心，形成层层拱卫的态势，再在其正南面画出一条正对皇帝宝座的长长的中轴线，从而有力地突出了宫城的核心地位，更有效地满足各种仪式活动的要求。主次就位，两翼对称，承袭“天子”为普天之下唯一统帅的大一统思想，在城市空间的布局上又得到最完美、最辉煌的体现。

我们从北京城的总体平面布局中看到：在紫禁城的四周，南有天坛，北有地坛，东有日坛，西有月坛。这种布局形式即表明“中国的政体是以北天区（北极）为原型模式的文化物，中央集权于皇帝一身，郡县对中央形成拱极之势。帝王与大臣犹如北极与群星”，象征王朝千秋万代、得天独厚的正统地位。“紫禁城”俨然是“天之心，地之中”了。太和殿（原名奉天殿、皇极殿）中的“太和”二字，更寄寓了对君主制下所形成的一切秩序的自诩。它象征着天朝秩序的最高境界——和谐。城内的“金水河”是“表天河银汉之义”，东西六宫的东西五所正合天干地支之数，用以象征天上的星辰。

明清北京城有两个显著的特点：一个特点是平面呈“回”字形的格局，亦即以太和殿、乾清宫为中心，外围是紫禁城、皇城、内城……形成层层拱卫的格局。而紫禁城对角线的相交之处，正是太和殿宝座的所在。这就是说，明清北京城是秉承了中国的古制，在都城建设中确定了与天帝所居的“天中”紫微宫相对应的“土中”——紫禁城。另一个特点是有一条贯通南北即南起永定门、北达钟鼓楼、统领全城的“中轴线”。

北京城是全国拱卫的中心，紫禁城是北京城的中心，太和殿自然是紫禁城的中心，那么太和殿内临朝登基理政的宝座，当然是中心的中心。太和殿内的御座被安置在一个高约 2 米的基座上，皇帝面南而坐，由此向南延伸到正阳门的便是御路（“天街”）——通达“天子”的“通天之路”。这条所谓的“通天之路”实际上就是元大都城的规划设计者刘秉忠测定的“中央子午线”。清康熙四十八年（1709 年）清政府曾将其确定为天文、地理意义上的“本初子午线”，即零度线，这实际上从天文和地理意义上重申了古代中国人以自己为世界中心的理念。它比 1884 年国际会议确定以英国格林尼治天文台经线为本初子午线要早 175 年。

葛路先生在研究中国美学问题时谈道：从周至明、清，在设计思想上有一个长期延续的基本定式，即将主要建筑安排在一条笔直的中轴线上，左右取得均衡对称，再加上高低起伏变化。这条被称为“基本定式”的中轴线，就是周秦以来尤其是隋唐以来都城建设中所表现出来的天地间相互感通、高度抽象化的表达方式。所谓“中轴线”，也正是规划建筑师们所遵循的城市建设的

▲ 高踞于三层汉白玉石台基之上的太和殿

基准线。正是由于它的存在，犹如一个人的脊梁，既显示出了“天子”至高无上的威严，又把北京统领成了一个不可分割的整体。

应当指出的是，明清北京城在表现手法上显得更抽象、更灵活。譬如，在紫禁城之后（北），用拆毁元故宫的房渣土和挖掘筒子河的泥土，在元延春阁的故址堆起了一座高 40 多米的土山。虽是风水上的一座“镇山”，与奉天门（即今太和门）前的内金水河形成“背山而水”的格局，却命名“万岁山”。这座山在北京小平原上异峰突起，成为京城之中至为明显的标志。与此同时，又将位于大都城中分线（今旧鼓楼大街）南端的钟、鼓二楼移到“万岁山”的北面，作为北京城规划建设中轴线的结束。钟楼通高 48 米，上悬 63 吨重的青铜报时钟。钟、鼓楼原是全城的报时中心，作为全国的首都，自然也是全国的“标准时间”（犹如今天的“北京时间”）。明初建设北京城时，将它们移置中轴线的北端，显然也是为了加重皇权至上的分量。

这样，中轴线从永定门起，穿过正阳门、大明门（大清门）、承天门（天安门）、端门、午门、奉天门（太和门）、奉天殿（太和殿）、乾清宫、玄武门（神武门）、万岁山（景山）、地安门、鼓楼、钟楼。这些建筑物无论就其布设的序列还是本身的功能而言，都将“象天设都”北极天帝的人工再造模式表现到了极致，也将“皇权至上”的主题思想发展到了顶点。

布局中的程序是中国建筑设计艺术的灵魂，是建筑群的布局精神和设计意念的主要体现者。试看，从外城最南端的永定门起北行，在中轴线的左右是天坛和山川坛（后改称“先农坛”）两个约略对称的建筑群；然后进入正阳门循御道北上，依次通过大明门（清改“大清门”）、承天门（清改“天安门”）、端门、午门、皇极门（清改“太和门”）抵达皇极殿（清改“太和殿”），出玄武门（清改“神武门”），再往北穿越景山中峰，最后止于鼓楼和钟楼，并将其平稳地分配给左右分立的两个北面城楼——安定门和德胜门。正是这条贯通北京城南北的中轴线将很多重重封闭、自成一组的基本平面组织串成一体，形成了一条压倒一切的主轴，并通过它将整个城市不论从空间组织上、还是体量的安排上都完全连贯起来，使整个北京城呈现出一种极为完整的节奏感，达到完美的艺术效果。

我们可以自豪地说，明清北京城的规划和中心建筑群的布局，不仅有其非常深厚的民族理念和文化渊源，而且也是中轴线运用的最高成就。

2. 营国制度作模本

“古之王者，择天下之中而立国，择国之中而立宫，择宫之中而立庙。天下之地，方千里以为国，所以极治任也。”这是《吕氏春秋·慎势》中的话。而《周礼·考工记·匠人》中的“营国制度”一节，首先追述了周王朝营建都邑的制度，即将城邑建设体制分为三级：王城、诸侯城（诸侯封国的国都）和“都”（宗室、卿大夫的采邑）。但着重记述了王城规划制度，包括形制规模，城门数量，交通干道网络，宫、朝、市、祖、社的布局，以及前朝后寝制度等方面。其次，分述夏后氏“世室”、殷人“四阿重屋”和周人“明堂”的建筑设计。同时，还记载了王城的几项营建制度，如朝市的规模、宫门、城墙、道路的规格等。最后，还规定了礼制营建制度，侯国和封邑要参照王城的标准，按一定的差额逐级降格建筑，等第分明，不得僭越。

“匠人营国”的原文如下：

匠人营国。方九里，旁三门。国中九经九纬，经涂九轨。左祖右社，前朝后市，市朝一夫……内有九室，九嫔居之；外有九室，九卿朝焉。九分其国，以为九分，九卿治之。王宫门阿之制五雉，宫隅之制七雉，城隅之制九雉。经涂九轨，环涂七轨，野涂五轨。门阿之制，以为都城之制；宫隅之制，以为诸侯之城制。环涂以为诸侯经涂；野涂以为都经涂。

从上述引文可以了解王城规划制度，现摘录出以下几条规定：

（1）营建都邑应该是方九里，每边各开三座门。

（2）国中九经九纬，经涂九轨。经涂九轨，环涂七轨，野涂五轨。

（3）左祖右社，前朝后市。

（4）内有九室，九嫔居之；外有九室，九卿朝焉。

第（1）条规定了王城的形制、规模和城门的数量；第（2）条提出了王城干道网规划；联系第（2）、（3）、（4）条便可以进一步看出王城的基本规划结构。

根据《周礼·考工记·匠人》王城规划制度，其城的基本规划结构应具有下列几个要点：

（1）“方九里，旁三门”“左祖右社，前朝后市”，是形成王城结构的主要制度。正是这一规制，不仅确立了以宫城为主体的中心区，而且奠定了全盘规划结构的基础，以充分体现出王权尊严的规划主题思想，并本着“择国之中而立宫”的要求，将宫廷布置在全城的中心位置上。环绕这个中心，对称安排左祖右社、前朝后市，再以贯穿宫城的南北中轴线作为全城规划的主轴，把象征帝王政权的“朝廷”，布置在这条轴线上。这样既具有象征意义，又强化了中轴线在整个王城中的主导作用。通过主轴的控制，把“祖”“社”等象征国家礼制的建筑统一起来，构成一个以宫城为核心的中心区——宫廷区，成为全城规划结构的主体。

（2）城的其他各个组成部分，则按各自的功能和规划要求，分别部署在主体的周围，聚集为一个有机的整体，即在城的规划主轴中心位置上设置宫廷区，其北为市场（但仅有“一夫”之地）。王室、卿、大夫府第所在的“国宅区”则在宫城周围，工商业者近市居住，而一般居民闾里则分处于城的四隅。这便是宫、朝、市、祖、社五者的相对规划位置和它们之间的关系。

（3）全城的道路网，均环绕宫城这个核心，沿主轴对称布置，进而确立宫城的地位和主轴线的主导作用，即以“九经九纬”组成的三条大道为主干，配以与之平行的南北和东西的次干道，结合顺城的环涂而构成。

这个道路网是环绕城的中心区对称部署的，中经中纬大道便是它纵横的轴线，宫廷区即位于两轴相交会的部位。主干道直对城门，与城外的野涂衔接，沟通畿内其他道路网，形成一个以王城道路网为核心、遍布千里王畿的庞大道路系统，把畿内各个部分连接起来，聚集在王城的周围。

（4）宫城之内则以前朝后寝之制布置。应门为正朝（治朝）的朝门；路门为路寝（正寝）的门，也是朝寝分区的界线，即路门之外为朝，以内为寝宫。九卿的九室在应门之内、路门之外，九嫔的九室在路门之内。

不仅如此，“匠人”还提出了一些具体的营建王城的制度：

（1）朝、市规模为一“夫”，即占地面积为方百步。

（2）王城城垣高七雉（支），城隅高九雉，每面开三门，共计十二座城门。

（3）宫城城垣高九雉，宫隅高七雉，宫门高五雉。

（4）全城采用经纬涂制（即“棋盘式”）干道网，即三条南北和三条东西向的主干道（一道三涂）为骨干所组成，顺城加辟环城干道“环涂”，连接经纬二道，构成一个干道网；城外有“野涂”沟通内外。经涂宽九轨，即周天“七丈二尺”；环涂宽七轨，即用尺“五丈六尺”；野涂宽五轨，即用尺“四丈”。

“匠人营国制度”，作为我国奴隶制社会营建城邑的经验总结、城邑规划的珍贵史料，既为研究我国古代城市规划史、追溯其文化渊源提供了可贵的文献资料，又为建立我国城市规划体系打下了初步的基础。对此，我国著名的城市规划史学家贺业钜先生曾做过很深入的研究。他认为，所谓“国”，即指“城”，营国就是营建城邑。西周有封国建侯制度，封国意味着作邑作邦，建立城邦国家。营国包括建城池、宫室、宗庙、社稷，并规划所属的田地和农业奴隶的居邑，即所谓治野。有国有野是西周城邑建设的特殊体制。因此，那时建一座城实际上是建立一个以城为中心、连同周围田地所构成的城邦国家。建城实为建国，通常也就称城为国。在《周礼·考工记·匠人》中将城邑分为三级，即王城、诸侯城、“都”。王城即王国的首都，是全国宗法血缘统治网的中心，作为第一级城邑；诸侯承王命，又以政治和宗法的双重身份，在他们的封地疆域内营建国都，构成宗法血缘统治网的一大据点，作为第二级城邑；宗室及卿大夫受采邑，秉承上命，同样以双重身份，建置采邑“都”，作为第三级城邑，在采邑内建立小型的城邦国家。正是这样一个按照宗法与政治相结合的统治原则，以三级城邑为据点，编织成了一个自上而下、遍布全国的统治网。而《周礼·考工记·匠人》着重叙述王城规划制度，其余两级城邑，则参照王城的基本结构，按礼制营建制度来规划。

由上可以推知，“城”是由“里”（邑）逐渐发展起来的。初期的城邑，其实不过是若干个“里”的聚合体。于是“里”的规划概念——井田规划概念，也就被扩大运用到城的规划上来了。

《周礼·考工记·匠人》中所说的王城规划，实际上是由井田规划概念发展而来的。“市朝一夫”已经清楚地表明了以井田单位——“夫”作为王城规划用地单位，并按照井田组合来组织规划用地。例如，经纬涂所划分的方块地盘，恰好方一里，抑或是它的倍数。“方一里九夫之田”也就是一“井”。田间阡陌转化为王城的经纬涂，而井田的附庸便发展为王城的城垣了。王城如此，当时的诸侯城也大抵如此，即基本都是呈方整的形制。

贺业钜先生还认为，分析《周礼·考工记·匠人》的王城规划可以发现，不仅其规划的匠意与井田有着密切的联系，甚至连同其规划方法也同样是借鉴井田规划的。具体地说，《周礼·考工记·匠人》王城规划完全采用了井田制的方格网系统，以“夫”为基本网格，“井”为基本组合网络，经纬涂（阡陌）为坐标，中经中纬作坐标的城市规划方法，看来早在西周初，约公元前11世纪就已使用了，至迟到春秋晚年（约公元前5世纪）《周礼·考工记·匠人》成书时，便已被正式记录在这部官方文献之中了。

上述的这套井田方格网系统的规划方法，一直为后世所承袭，进而发展为我国城市规划的传统方法。在“营国制度”中道路条数的安排和宽度的确定上，则采取了一种象征性的手法。因为“乾元用九，天下治也”“天地之至数，始于一，终于九焉”。故以“九经九纬”论之。

商周时期，奴隶制国家所需要的礼法典制已日趋完备，国都和侯都城市规划和建筑布局形式、等级差别，均被列为国家礼法典制的大事。都城建置规划是钦定的，神圣不可侵犯。进入封建社会之后，虽有新兴地主阶级突破旧制度束缚的种种尝试，但充满礼治气息的营国制度的基本规划结构却被保存下来。随着儒家思想逐步取得统治地位，营国制度对王城规划的影响越来越大。它对战国时期的城市规划（如燕下都、赵邯郸城、齐临淄等）有或多或少的影响。可能王莽时期就已有按《周礼·考工记·匠人》营国制度改造长安城的企图，自东汉以降，直到明清的1900年间，我国都城规划基本上都继承了营国制度的传统。其中影响最大的几个基本要素是：

（1）城市的主体结构，如中轴突出、左祖右社、前朝后市及前朝后寝的规划制度。

（2）礼制规划秩序。

（3）经纬涂制道路系统。

（4）井田方格网系统的规划方法。

长安是西汉的首都，是当时中国政治、文化和商业的中心，也是商、周以来规模最大的城市，最初是由秦咸阳渭南离宫改造扩建而成的。城周约22.5千米，城的每面各有三座门，每门有三个门洞，各宽8米，可容四辆车通行。它创造性地将诸多宫室与官署、市场、闾里等置于同一城中。张衡在《西京赋》中说："徒观其城郭之制，则旁开三门，参涂夷庭，方轨十二，街衢相经。"《三辅黄图》中则说："长安城中，经纬各长三十二里十八步，地九百七十三顷（今实测面积为35平方千米），八街九陌，三宫九府，三庙，十二门，九市，十六桥。"市场多建有重楼，有的"列楼为道"，并置官吏管理。从上述情况可知，长安城的规划建设多附会《周礼·考工记·匠人》中的营国制度。

东汉光武帝刘秀奠都洛阳，该城"东西六里十一步，南北九里一百步"，号称"九六城"；东汉末年，曹操在今河南安阳东北、北临漳水所建的邺城；北魏太和十七年（493年）孝文帝所营建的洛阳城；隋唐时期的长安城；北宋的东京（开封）；及至金代的中都城等，我们都可以清楚地看到，其规制和空间布局的特点都有一个共同的一脉相承的关系。而其中北魏的洛阳城和北宋的东京，更为后世传承营国制度树立了楷模，其影响自然也更为深远。

元大都城是我国自唐长安以来又一个规模巨大、规划完整的都城，明清北京城又是以元大都城为基础，经过改造、建设、发展而成的。今东西长安街一线以北到安定门、德胜门的城市格局，包括其平面布局、胡同规制，基本上还保留着原来的大都城的风貌。

城市的总体规划和宫殿建筑规划上最为突出的一点，即大都城的平面布局，力求体现古代《周礼·考工记·匠人》一书中所描述的“前朝后市，左祖右社”的原则，又结合地方特点，做了进一步的发挥。在大都城南部的中央，利用湖泊为中心，布置了“三足鼎立”的宫殿建筑群，然后绕以皇城（萧墙），皇城以北积水潭的北岸是以商业集中而命名的日中坊。太庙和社稷坛则分布在皇城的左右两侧……

元代的大都是一座周长 28600 米、南北略长、呈长方形的城。北面两座城门，其余三面各有三门。每一座城门以内都有一条笔直的干道，两座城门之间，除少数例外，也都加辟干道一条。这些干道纵横交错，连同顺成街在内，全城共有南北干道和东西干道各九条。其中丽正门内的干道，越过宫城中央，向北直抵中心台前，正是沿着全城的中轴开辟出来的。从中心台向西，沿着积水潭的东北岸，则是全城唯一的斜街，从而也为棋盘式的干道布局增添了一点变化。

从以上的简述可以看出，元大都城是以《周礼·考工记·匠人》营国制度为蓝本，结合其所在地的自然地理条件进行规划建设的。如果说其中略有不同，那就是：一是大都城并不是一座等边的方城，而是一座南北略长的矩形城；二是受海子宽阔水面的影响，宫城并不居于城的中央，而略偏城南，且出现了斜街；三是因受中国古代风水理论的制约，北面只开两座城门。

纵观自《周礼 · 考工记 · 匠人》提出营国制度以来，在历代都城规划建设中，最近似营国制度所指出的王城制度理想模式的恐怕要算是元大都城了。大都城内纵横交错的干道，在城市的坊巷结构中起着非常重要的作用。其中占主导地位的自然是南北向的干道，沿着它在东西两侧平行排列的则是次要街道或胡同。干道宽约 25 米，胡同宽 6 ～ 7 米，共 50 坊。

尽管明代北京的宫殿是在拆毁元代故宫之后建设起来的，但元大都城原有的棋盘式街道格局和城坊，基本上被保留了下来。今天，我们仍然可以从北京的街道、胡同分布中看到元大都城的旧迹，比如从东四头条到十二条、西四北头条到八条，其间平行排列的胡同，南锣鼓巷东西两侧平行排列的胡同，可算得上其中最为典型的几个例子。

在一个既古老又年轻的现代化国际大都市中，至今尚保存有 700 多年前棋盘式格局的街道、胡同，应该是一种财富，也是很值得我们自豪的事。

3. 礼制秩序尊为先

“礼”作为一种文化现象，由来已久。《礼记 · 礼运》中说：

“夫礼之初，始诸饮食，其燔黍捭豚，污尊而抔饮，蒉桴而土鼓，犹若可以致其敬于鬼神。”这是说，远古时期“礼”主要指人们对于神灵的敬畏和祭祀。进入阶级社会之后，统治者为维护其自身的利益，便利用人们对神灵的敬畏之“礼”加以衍化，形成了统治集团内政治地位的等级制度。

法国著名的人类学家列维·斯特劳斯曾经下过这样一句断语：“对于秩序的要求是一切思想活动的基础。”他认为，人有一种追求秩序的天性。当人类思维发展到一定阶段的时候，便会认为一切神圣的事物都应有其适当的位置。神圣的事物之所以神圣，就是各有其位的缘故。“如果废除其位，哪怕只是在思想中，宇宙的整个秩序都会被摧毁。”

这个所谓的“秩序”，在中国就是“礼”。《礼记》开篇就说：“夫礼者，所以定亲疏、决嫌疑、别同异、明是非也。”又说：“道德仁义，非礼不成；教训正俗，非礼不备；分争辨讼，非礼不决。君臣上下，父子兄弟，非礼不定。”

“礼”是决定人伦关系、明辨是非的标准，是制定仁义道德的规范。它不仅是一种思想，而且还是一系列行为的具体规范；它不仅制约着社会的伦理道德，也制约着人们的生活行为。

中国是举世闻名的礼仪之邦，礼制则是人们在生产、生活实践中观念、道德和行为准则不断规范和历史经验长期积累的结果，是中国古代文明长盛不衰的内在动力。

孔子说，为政“譬如北辰，居其所而众星共之”。《史记·八书·天官书》在描述了“中宫天极星，其一明者，太一常居也”之后说：“斗为帝车，运于中央，临制四方，分阴阳，建四时，均五行，移节度。”白行简的《斗为帝车赋》说：“遥观帝座（指北极星），宛在彼中央……犹一人（皇帝）之在上，而万国之是制。”冯宿的《星回于天赋》也说，为人君者“必当观大象以立规，验周星而取制”。这种对以北极为中心的天穹模式的观点、体悟，并由此而产生的伦理道德、人文政治的附会，以及虔诚的认同与身体力行的模仿，正是中国古代礼制形成的文化渊源。而且成了“礼，天之经也，地之义也，民之行也”“礼之可以为国也久矣，与天地并”“礼，经国家，定社稷，序民人，利后嗣者也”。我国古代王朝，不论是汉族，抑或是少数民族称帝，除依靠武力统一天下外，全都离不开继承“以礼治国”。明朝的开国皇帝朱元璋则说：“为治之道，必本于礼。”

“礼制”创造了中华民族的统一化文明，但也在某种程度上限制了人们的创造力，塑造了民族文化的保守性格。值得注意的是“礼”自其诞生之初，又与“乐”如影相随，吟唱和舞蹈便是原始祭祀之“礼”所不可或缺的内容。至周朝时甚至形成了制度，即对“礼”和“乐”加以强化，形成了较为完备的礼乐制度。古代，天子位于统治阶层的最顶端，因此享有“礼”和“乐”的最高端。

文明一旦达到了成熟礼制的阶段，就必然会出现相应的管理机构和脱离社会的公共权力，国家亦因此应运而生。而“国之大事，在祀与戎”又反映了国家的主要职能在于祭祀和战争。在我国古代，“宗庙被毁，则国不复存”的记载史不绝书，礼制祭仪几乎就是国家的命脉。人们熟知的典故“问鼎”，就是以祭祀礼仪的重器作为国家和政权象征的真实记录。由此可见，中国古代礼制在文明起源中占有重要地位，也是探讨国家由低级向高级发展的重要线索。

《尚书·皋陶谟》说：“天叙有典，敕我五典五惇哉！天秩有礼，自我五礼有庸哉！”它假借天的名义，使礼制合法化，使被统治者由对神、对天的敬畏转为对人（统治者）产生敬畏。

《周礼》是儒家政治思想和治理国家的蓝图。“惟王建国，辨方正位，体国经野，设官分职，以为民极。”这正是《周礼》开篇的总纲。宋朝王安石的《周官新义》说：“昼参诸日景，夜考诸极星。以正朝夕，于是求地中焉，以建王国（都城），此之谓辨方；既辨方矣，立宗庙于左，立社稷于右，立朝于前，立市于后，此之谓正位；宫门城阙堂室之类，高下广狭之制，凡在国（都城）者，莫不有体，此之谓体国。井牧沟洫田莱之类，远近多寡之数，凡在野者，莫不有经，此之谓经野。”

《周礼》将都城建设，君、臣、父、子长幼秩序，官员的品级、职能等，都有秩序地固定下来。而建筑等级制度不仅是不可或缺的，而且几乎贯穿于都城规划的每一个环节、每一个角落。

汪德华先生认为：《周礼》“是一部全面而又深刻地影响我国古代城市规划思想的理论著作：在哲学方面，追求阴阳刚柔对比、‘五行’变化的空间序列；在政治制度方面，充分表现封建国家秩序的等级性、社会的程式化；在文化、美学观念方面，以形象、色彩等空间环境要素传输礼制思想，强烈影响人的心理；在伦理、民俗观念方面，以造就天地、自然、祖宗的显赫地位，作为沟通人与人感情的最高联系纽带，在城市中广泛体现出礼乐伦理思想。中国古代城市规划确立的以礼制为主轴的规划思想，比世界其他文明国家更有其鲜明的个性和目的、特有的理解力和创作力，自立于世界之林”。

周代的建筑等级制度，是国家的根本制度之一。它是以“礼”的形式出现的，大约在西周时曾经较为有效地实行过。

据文献记载，周代的建筑等级制度是从以下三个方面来规定的：

一是从建筑类型上加以限制。譬如有些建筑规定只有“天子”才能拥有，如明堂辟雍等；有的建筑只有天子和诸侯才可以拥有，如泮宫、台门、台等。

二是从营造物的尺寸和建筑数量上来加以限制。如“公之城盖方九里，宫方九百步；侯伯之城盖方七里，宫方七百步；子男之城盖方五里，宫方五百步”“王宫门阿之制五雉，宫隅之制七雉，城隅之制九雉，经涂九轨，环涂七轨，野涂五轨；门阿之制，以为都城之制；宫隅之制，以为诸侯之城制”“天子之堂九尺，诸侯七尺，大夫五尺，士三尺”“（台）天子三，诸侯二”“王有五门，外曰皋门，二曰雉门，三曰库门，四曰应门，五曰路门”“凡采诸侯三门，有皋、应、路”。

三是从建筑形式、色彩和施用的加工方式上加以限制。如“楹，天子丹，诸侯黝，大夫苍，士黄”，“天子赤墀”；天子宫殿屋顶为“四阿顶”，卿大夫以下宫室屋顶则为两坡顶；天子的庙堂，要用“山节”“藻棁”装饰，其他人则不许使用这些装饰。

明堂，是古代帝王特有的借助天的力量来确定人间大事的场所。它用“四阿”“山节”等标志性建筑物件，是为了向世人表明这种建筑特别的“能力”。另外“天子有灵台以观天文，有时台以观四时施化，有囿台以观鸟兽鱼鳖。诸侯当有时台、囿台。诸侯卑，不得观天文，无灵台”。台门，也就是阙门。考证表明，阙象建木，故其施用也是祭祀特权的表现。红色，因其独特的物理属性及与火色和血色的关系，自远古起就是具有巫术宗教力量的东西。所以就有“楹，天子丹”和“天子赤墀”的规定。至于城的规模、墙的高大乃至门数的多寡，则是具有军事防卫价值的东西。

到了战国时期，随着“礼崩乐坏”“天下无道”，建筑的等级制度便由礼制形态向“亦礼亦法”的形态转化，其适用的范围就更大了。

唐朝在立国之后不久，便在颁布的《永徽律》中明确规定：“诸营造舍宅、车服、器物及坟茔、石兽之属，于令有违者，杖一百，虽会赦，皆令改去之。”《唐律疏议》疏云：“营造舍宅者，依《营缮令》。”其中关于屋舍营造的规定如下：“王公以下，屋舍不得施重拱藻井。三品以上堂舍，不得过五间九架，厅厦两头门屋，不得过五间五架。五品以上堂舍，不得过五间七架，厅厦两头门屋，不得过三间两架。仍通作乌头大门，勋官各依本品。六品、七品以下堂舍，不得过三间五架，门屋不得过一间两架。非常参官不得造轴心舍及施悬鱼、对凤、瓦兽、通栿、乳梁装饰……士庶公私第宅皆不得造楼阁临视人家……又，庶人所造堂舍，不得过三间四架，门屋一间两架，仍不得辄施装饰。”

宋代的建筑等级制度基本沿袭唐制，但也有一些变化。从总体上看，宋代的具体条款比唐初宽松。如从《宋史》记载的“六品以上宅舍，许作乌头门。凡民庶之家，不得施重拱藻井及五色文采为饰，仍不得四铺、飞檐”的规定可知，唐初时王公贵族才能用的重拱藻井，现在只禁民庶之家使用；而民庶之家如果使用单拱造，并不在禁限之列；唐初五品官以上才能用的乌头门，现在则成了六品官以上可以用。其实，在一定时期，即便是民庶之家，建筑所在位置如果特殊的话，四铺作斗拱和斗八藻井也可以使用，这从后来的宋代建筑等级制度说“士庶之家，凡屋宇非邸店楼阁临街市之处，毋得为四铺作及斗八”可以看出。另外，宋代规定“非宫室寺观，毋得彩绘栋宇及朱墨漆梁柱、窗牖雕镂柱础”，则显示建筑装饰得到了更多的关注。

元代以少数民族入主中原，但统治者较多地保留了原有的礼制。典章制度虽较为粗疏，但建筑等级制度并未取消，如规定“诸小民房屋，安置鹅项衔脊，有鳞爪瓦兽者，笞三十七，陶人二十七”等。元代法律还对各级衙府的规模和形制加以限制。

明朝一立国，便制定出一套更为详细、严密甚至更加严苛的建筑等级制度。而且，这套规定随着社会形势的变化不断地加以修订、补充，显示出统治者对此项制度的重视。

明朝对“亲王府制”“郡王府制”“百官宅第”“庶民庐舍”等的建筑形制、体量、开间、彩色绘饰等做了详细的规定。从其具体条款看，明代的建筑等级制度，要比唐宋时严苛。唐宋时官员可以使用的歇山顶，这时不准使用了：“官员营造房屋，不许歇山转角”；宋代百官即可使用的重拱藻井，此时也在禁限之列。可这并不是说，明代所有的建筑都在规制上降低了规格。从亲王府殿堂使用在形象上较唐宋斗拱更为复杂的窠拱来看，可以认为明代的建筑等级制度有意加大了皇族与一般官员间的区别，并在分层上更加细密了。分层细密这一点，从建筑等级制度对门的形制规定上也可看出。唐宋时的制度中并未详述的大门式样，在明代的条款中却从公侯的金漆兽面锡环到六品官至九品官的黑油铁环，共设了四个层次。这既是封建专制进一步强化的结果，也是人们对建筑形式的认识更加细致深入的表现。

清军入关以后，清统治者大力吸纳汉文化，协调民族关系，以达到长治久安的目的。在建筑等级制度方面，大体沿袭了明朝的制度。《大清会典事例》做了如下规定：

亲王府，基高十尺，外周围墙，正门广五间，启门三。正殿广七间，前墀周围石栏，左右翼楼各广九间，后殿广五间，寝室二重，各广五间，后楼一重，上下各广七间。自后殿至楼左右均列广庑。正门殿寝均绿色琉璃瓦，后楼翼楼旁庑均本色筒瓦。正殿上安螭吻，压脊仙人以次凡七种，余屋用五种。凡有正屋正楼，门柱均红青油饰，每门金钉六十有三，梁栋贴金。绘画五爪云龙及各色花草。正殿中设座，高八尺，广十一尺，修九尺，座基高尺有五寸，朱髹彩绘五色云龙，座后屏三开，上绘金云龙均五爪，雕刻龙首有禁。凡旁庑楼屋，均丹楹朱户，其府库仓廪厨厩及祗侯各执事房屋，随宜建置于左右，门柱黑油，屋均板瓦。

世子府制，基高八尺，正门一重，正屋四重，正楼一重，其间数、修广及正门金钉、正屋压脊均减亲王七分之二。梁栋贴金，绘画四爪云莽各色花卉，正屋不设座，余与亲王府同。郡王府制与世子府同。

贝勒府制，基高六尺，正门三间，启门一。堂屋五重，各广五间，均用筒瓦。压脊二，狮子、海马。门柱红青油饰，梁栋贴金，彩画花草。余与郡王府同。

《大清会典事例》还规定，皇宫、坛庙大门每扇门钉九行，每行九枚；亲王九行，每行七枚；郡王、贝勒、贝子、镇国公、辅国公九行，每行五枚；公七行，每行七枚；侯以下至男，减至五行，每行五枚，铁制。其余外官，即使是位列九卿，也不能用门钉。所以，紫禁城所有的门钉都是九行，每行九枚；唯东华门例外，是九行，每行八枚。

彩画也有严格的等级。建筑上的彩画，在我国历史悠久。至清代发展至顶峰，且种类繁多，花色多样。清代宫殿上的彩画大致可归纳成四大类：琢墨彩画、五墨彩画、碾玉彩画、苏式彩画。但在古建筑界通常分为和玺彩画、旋子彩画、苏式彩画三大类。

和玺彩画是宫殿彩画的最高等级。其最大的特点是用各种不同姿态的龙或凤的图案组成整个画面，其间缀以祥云、花卉，大面积沥粉贴金，产生金碧辉煌的效果。其间又分为金龙和玺彩画、龙凤和玺彩画、龙草和玺彩画等名目，如太和殿、乾清宫、养心殿内外檐梁枋大木间都是金龙和玺彩画；坤宁宫、慈宁宫则为龙凤和玺彩画；体仁阁、弘义阁则为龙草和玺彩画。

旋子彩画级别低于和玺彩画。明代宫中施用的都是旋子彩画，清代才由此发展出和玺彩画。两者的画面和色彩搭配大体相仿，其主要的区别在藻头。其中心称花心即旋眼，花心的外圈环以两三层重叠的花瓣，最外圈绕以一圈涡状花纹，称“旋子”。现故宫三大殿正殿、四角崇楼、体仁阁、弘义阁用的是和玺彩画，其中左、中、右、后左、后右各门及四围廊庑则用旋子彩画。

宫中苏式彩画是清代中后期出现的一种装饰彩画，因其最初仅被用于苏州园林之中，故名苏式彩画。被引入皇宫后也多用于御花园中，后来也用在生活区，如西六宫的储秀宫、体和殿等。其主要特点是彩画中多用龙凤、花卉、鸟虫等图案，或绘以亭台楼阁、山水花鸟、博古之类。

需要特别指出的是，中国古代建筑屋顶高耸，屋面曲线柔和，人字形的屋顶中间向下稍凹，呈反抛物线状。由于它突出在天穹之中，其屋顶的形式便成为尊卑地位的一种象征，也是房屋的等级规定表现得最为强烈的地方。

现以故宫建筑物的屋顶为例。

（1）重檐庑殿顶。又称“四阿顶”。这是一种“四出水，五脊四坡式”屋顶，又叫“五脊殿”。用这种殿顶构筑的殿宇平面呈矩形，面宽大于进深，前后两坡相交处为正脊，左右两坡则有四条垂脊，分别交于正脊的一端。重檐庑殿顶是在庑殿顶之下，又有一个短檐，四角各有一条短垂脊，共九条脊。这种屋顶典雅大方，适用于大型建筑（古代的明堂就是四面坡的屋顶），是清代所有的殿顶中等级最高的，如现存的太和殿、乾清宫、坤宁宫等，还有奉先殿，以及宫城四面的城门楼（午门、玄武门、东华门、西华门）。

（2）重檐歇山顶。又称“九脊殿”，除正脊、垂脊外，还有四条戗脊。正脊的前后两坡是整坡，左右两坡是半坡。重檐歇山顶第二檐与庑殿顶的第二檐基本相同。整座建筑物的造型富丽堂皇，在等级上仅次于重檐庑殿顶。现存的天安门、端门、太和门、保和殿等均属此种形式。

（3）单檐庑殿顶。其外形仅是重檐庑殿顶的上半部，是标准的“五脊殿”“四阿顶”。故宫中的体仁阁、弘义阁就属此类。

（4）单檐歇山顶。其外形仅是重檐歇山顶的上半部。故宫中的配殿大都属于此类，如东、西六宫等。

（5）悬山顶。这是一种两坡出水的房顶，五脊二坡，两侧凹入屋顶，使顶上的檩端伸出墙外，顶下饰以博风板。故宫中多用于神厨、神库中的房顶。

（6）硬山顶。亦属“五脊二坡顶”，与悬山顶的不同之处在于两侧的山墙从下到上，把檩头全部封住。故宫中两庑的房屋以此种屋顶为最多。

（7）卷棚顶。其最明显之处是没有外露的主脊，两坡出水的瓦陇一脉相通，左右两山墙可有悬山和硬山的不同。此种屋顶的建筑在故宫中多为太监、仆人等的居住用房。

可以这样说，明清北京城就是遵循上述有关建筑等级制度的规定进行建设的，从而形成了北京城内等级鲜明、秩序井然的城市平面布局和独有的城市风貌。

这里，还需要特别指出的是，“居中”也是礼的重要组成部分。

“古之王者，择天下之中而立国，择国之中而立宫。”“欲近四旁，莫如中央。故王者必居天下之中，礼也。”“王者命创始建国，立都必居中土，所以控天下之和，据阴阳之正，均统四方，以制万国者。”

如前所述，武王伐纣灭商之后，曾为选择建都所在地而做实地考察，最后认定伊洛平原是大地中心，即“土中”的所在地，并由周公、召公负责在此建都。《六经天文编·土中篇》说：“周公卜洛以为天地之所令，四时之所交，风雨之所会，阴阳之所合。”伊洛平原成为后世许多王朝的定都之地，将此视为“土中”的观念是起了很大的作用的。

“居中”也出于古人对北辰（北极星）的崇拜。在汉代以前，人们都认为北辰位于天之中枢，即天空的正中心，故《论语·为政》说：“为政以德，譬如北辰，居其所而众星共之。”这是孔子用众星拱仰天帝做比喻，说明治国以德为主之道。皇帝称天子，所以一切也仿照天帝居国土的中央。“地中”一名由是而来。

由此也可以知道“居中”具有沟通天地的价值。在封建社会，不是任何人都可以使用的。“周人对天象的观念是，北极位于北面，众星向北环拱，因此地上的皇帝也如北极向南，臣下朝拜时，均向北拱揖。”因此，以北为上习俗的形成，对于位于北半球的人们来说，是崇拜太阳和北极的产物。基于上述的几种观念，当我们通观中国古代都城时就会发现，在都城的平面配置中，不仅要坐北朝南，而且倾向于将皇宫放在城区的中央或中轴上（但实际的建筑安排上，在都城或其他城市占据真正中心地位的又往往是钟鼓楼），还要通过诸如使用明亮的色彩、高大的体量、严整的组合关系等一系列手法，来突出皇宫的居中性质，使之成为中央区或中轴线上最突出的部分。《礼记》说："礼，有以多为贵者……有以太（大）为贵者……有以高为贵者……有以文（纹饰）为贵者……"纵观中国在古典建筑形式以及与美的形式特征有机地连在一起的努力，如汉代在方形平面上采用的正脊延长的做法，魏晋时富于节奏感的纵深轴线的形成，屋面举折做法的逐步产生，乃至逐步形成的各种鲜明色彩有效配合的装饰方法等，这些努力的结果，便在一定程度上使得"贵"和"美"不可分离，"多""高""大""鲜明""深奥""通畅"等，在既是"贵"的同时，又是"美"的。

这种"美"并不是为美而美，它有明确的政治目的。随着人们美的意识的发展，美和美感就越来越具有超功利的意义。魏晋之后，中国艺术史显示出人们对美的另一种形态的关注，在绘画、书法、诗歌上，清淡、飘逸、空灵等概念得到相当程度的发挥。尽管这种变化也必然会影响到建筑，但在宫室建筑中，宏大壮丽始终是统治者追求的主要目标。而在保证建筑系统内贵贱尊卑等级差别秩序的情况下，在追求"宏大壮丽"的目标时，便只能将建筑造得更复杂、更华丽、更细致，特别是进一步加工那些本来就已具有高贵含义、同时又与人的知觉方式关系密切的建筑部分。阙、斗、拱、藻井等的演变正表明了这一点，即这些部分的建筑越来越复杂、精致，使建筑物从总体上变得更加华丽。这在从唐代雄壮、舒展、明朗的建筑风格向清代繁复、严谨、精美的建筑风格转变中显得最为突出。

由于在古代，人类的一切行为都不能违背天地大法，都必须遵循天道运行的规律，建筑的结构和形象也必然会与政治、人伦规范等联系起来，即要求从建筑的形态到其总体布局，都要体现尊贵卑贱、等级有序的社会秩序，也因此才会有历史时期建筑等级制度条款的层出不穷。

建筑等级制度的条款，最初只是对祭祀和象征特权的限定，着眼于一宫一室的形象。但是，这种制度也必然会扩大到全国，即在全国范围内按照其在政治上的重要性来确定各种城市的规模，形成拱卫都城的格局。在都城中供帝王享用的体量最高大、色彩最明亮、装饰最豪华、最富象征意义的宫殿，坐落在城市小中轴或者中心，围绕着它的则是等级略逊的衙署官员们的小府第，再往外才是低矮的色彩灰暗的平民住宅。这种平面格局所呈现出的群星拱卫北斗之势，鲜明地显示出居住在紫禁城里的帝王的绝对权威。

这是因为，根据阴阳五行之说“木居左，金居右，火居前，水居后，土居中央……是故木居东方而主春气，火居南方而主夏气，金居西方而主秋气，水居北方而主冬气。是故木主生而金主杀，火主暑而水主寒，使人必以其序，官人必以其能，天之数也”，这种五行的方位、四时的划分法及其相生相克理论为后世的风水所遵从。由于五行的秉性不同，故又分别代表不同的颜色：“土气胜，故其色尚黄。”“木气胜，故其色尚青。”“金气胜，故其色尚白。”“火气胜，故其色尚赤。”“水气胜，故其色尚黑。”方位、颜色与“四象”相结合，便又有了风水中所一贯遵循的“左青龙、右白虎、前朱雀、后玄武、中央后土”的模式。有鉴于此，紫禁城内的建筑物不仅高大雄伟，而且多以黄色琉璃瓦作顶，以表明其为“中央后土”“土为黄色”，前朝三大殿基座的平面就是“头南脚北”的“土”字（中山公园内的社稷坛也有类似的表达方式，俗称“五色土”）。皇帝是天下最高的土地所有者。从而，也形成了北京城中熠熠生辉的“宫殿之海”。事实也是如此，黄色成了皇权的标志而被专用。王府只能以绿色的琉璃瓦作顶，而百姓只能以灰瓦作顶了。

北京城里大片的四合院，其平面布局也体现出“中轴线”的观念。譬如，四合院的主体建筑——坐北朝南的正房（也称“上房”），就是建筑在四合院平面布局的南北向中轴线上的。四合院的平面略呈方形，北为正房（两侧有耳房）、东西两边为厢房、南面为倒座，并以房屋的外墙共同围合成一个相对封闭的院落，外墙上没有窗户，只在东南一隅设有一门，以供出入通行。“大圜在上，大矩在下。”“圜，圆，天也；矩，方，地也。”这是以“天圆地方”之说组合而成的方对以圆，以应于天的空间格局。“四合”可谓名副其实。四合院四周的房子是这样安排的：南面坐南朝北的一排，即“倒座”，一般是供男佣或客人居住的；东西厢房呈对称态势，供家中的晚辈居住；坐北朝南的上房，是供家长居住的。其北，有时也有一排房，被称为后房，是供女佣居住的。上房的前方是整个四合院的天井，天井之南的正中位置，则筑有“垂花门”，它也是四合院的二门，所谓“大门不出，二门不迈”即是指此。像故宫中的太和殿一样，作为四合院主体的正房，其尺度最大、用材最精、造价最高、地位也最显赫。这种四合院的空间秩序，也就是一个封建大家庭的伦理秩序：长幼有序，男女不等，内外有别，尊卑分明。这大面积、数量众多的四合院与数以千计的胡同构成了北京城的底色，形成了北京城独有的城市风貌。

由此可以看出，中国古代建筑群体中的单体建筑及单体建筑之间的相互关系，不仅是由视觉要求决定的，而且是由“父父子子，君君臣臣”的社会现实决定的，从而使建筑群体也成为理想的政治秩序和伦理规范的具体表现。

傅熹年先生认为，从春秋战国至西汉时期的宫室主体虽多为高大的台榭，但从已发现的遗址看，台榭四周仍有建筑或墙围成宫院，而各台榭、宫院之间也多保持轴线呼应的关系。东汉以后，宫殿采取院落式布置已基本定型。其后，虽然形式、规模都在不断发展变化，但基本布置一直延续到明清。各朝宫殿的外朝、内廷两大区都由大量规模大小不等的院落群组成。院落可被视为宫殿的基本组成单位。每个院落都是封闭的，沿周边建廊庑或配房，用左右对称的布置形成一条中轴线，以凸显建在中轴线或院落几何中心处的主体建筑；若干院落又以一定方式组织构成院落群，共同拱卫或凸显其中的主院落；若干院落群又以一定的规律组织起来，被布置在最重要的建筑周围，形成全宫乃至全城的主轴和中心。

20 世纪 40 年代初，建筑大师张镈先生曾率领天津工商学院师生，对故宫紫禁城外朝的主要殿宇进行了精测。结果发现，除了众所周知的中轴线对称布局等，还有以下两个特点：一是各建筑组群，因其规模大小和所属等级而选用大小不同的方格网为布置的基准，即外朝三殿象征皇权，体量也最大，采用方 10 丈的网格；内廷后两宫为皇帝住宅，则采用方 5 丈的网格；宁寿宫为太上皇所居，其规格不能低于皇帝，也用了方 5 丈的网格；慈宁宫虽为皇太后所居，但出于“男尊女卑”，只能低于皇帝，与后妃、皇子居住的东西六宫和大量次要宫殿相同，用方 3 丈的网格。二是加强了古代“择中”方法的运用，即为了强调主从关系，每所宫院的主建筑都被布置在所在院落地盘的几何中心，从而保持其主次有序、主从有第、统一协调的关系。

不仅如此，《周易・履卦》说：“刚中正，履帝位而不疚，光明也。”其后“疏”曰：“以刚处中，得其正位，居九五之尊。”而《周易・系辞》中又有“崇高莫大乎富贵”之句，其后“疏”曰：“王者居九五富贵之位。”这便是后来以“九五之尊”称皇帝的渊源。

明清北京城正是以宫城为中心，以中轴线为基准，采用了院落和院落群的组合形式，把千门万户的大量建筑组织起来，形成井然有序、重点突出的巨大建筑群体。而礼制中的尊卑等级关系既需要通过相应的尺度来体现，又要以一定的标准来控制其间的相互关系。测量发现，故宫宫院东西的宽度与前三殿台基宽度之比，也正好是“九五”之比，亦即寓意“九五之尊”。显而易见，这绝不是一种偶然的巧合，而是古代规划设计匠师们精心安排的结果。

整个北京城，也正是按照顺治年间所颁布的建筑等级制度规定的条款进行改造和扩建的。这些建筑群有继承明代的部分，也有经过改造和重建的部分。俯瞰整个北京城，一条自南而北的中轴线贯穿了全城，在这条中轴线上几乎集中安排了所有象征帝王至高无上的建筑物，永定门、前门、天安门、午门、太和殿、乾清宫、神武门、景山、钟鼓楼等。这些建筑不仅体量高大，而且色彩艳丽、金碧辉煌，犹如一幅历史的长卷。它是一道建筑艺术的长廊，也是一条在规划布局上集中显示礼制的中枢脊梁。在明清时期，天安门前千步廊的两侧，还曾按“文东武西”的礼制秩序，左边部署六部机关，右边布置五军都督府机关。中央的“六部五府”被如此集中地布设在中轴线的两侧，既突出了中央集权的威严，也保证了行政事务的便捷。

故宫现存的主要建筑，从形体上大致可以分为四个等级。第一等自然是皇帝直接使用的宫殿。一般在中轴线上，多为庑殿顶或歇山顶、黄琉璃瓦，彩画多为沥粉贴金双龙和玺或龙凤和玺彩画。太和殿面阔 11 间，为重檐庑殿顶，五条脊，琉璃斗拱用的龙纹垫拱板是“九五”之数，即 45 块；保和殿略低，为重檐歇山顶。中轴线上的主要建筑，如天安门、端门、午门的城楼，以及保和殿、乾清宫等，都是面阔 9 间、进深 5 间（含“九五”之数）。皇后、太后所用的宫殿，虽然也属于这一等级，规格却大为简略。第二等是靠近中轴线的东西六宫，妃嫔们的宫室，或位于中轴线上的大门、廊房、花园的景亭等，均为歇山顶，黄琉璃瓦或两色剪边琉璃瓦，多用旋子彩画或苏式彩画。第三等是宫内的官员使用的房屋，为硬山、悬山或卷棚房顶，只用较简略的旋子彩画或苏式彩画。第四等是最低的，它们多属上述三个等级的附属房屋，一般为灰瓦硬山顶或悬山顶，没有彩画，多是低级官吏或兵丁、匠役、太监、宫女们使用。还有宫殿的琉璃瓦顶建筑，在檐角上都有一些小兽用作装饰，规格最高的宫殿一般是 9 个（不包括檐角尖端的骑凤仙人）。这些兽的名字，从仙人之后算起分别是龙、凤、狮子、天马、海马、狻猊、狎鱼、獬豸、斗牛，以下按建筑等级从排尾递减为 7 个、5 个、3 个，墙门檐角多是一个。唯独太和殿檐角除上述 9 个之外，最后还有一个“行什”。这也是现存古建筑中的孤例。

宋都汴京（开封）是被四面城墙包围的重城。这是对隋唐长安重城“三面重，一面不重”城制的突破。金、元、明、清的北京城，受汴京的影响，全是多重的方城。明清城墙还是用特制的城砖包砌的，较之金中都、元大都的土城更加完善、坚固、威严。整个北京城既有自外城、内城、皇城、紫禁城的层层拱卫，又有严格按照建筑等级规制，建筑在由方格网道路系统所围合的里坊中的王府、庙宇，乃至大片低矮、灰色的四合院民宅，形成了一个高低错落有序、体量大小有致的整体，高大而金碧辉煌的故宫与低矮而色彩灰暗的民居互相映衬，令人叹为观止。

附：门——北京四合院等级制度的标志

门是建筑物中供人行走的出入口。由于建筑物的功能不同，类别各异，门也是各种各样的，常见的如城门、宫门、殿门、庙门、院门、宅门等。由于门所处的特殊位置，它的规制、大小、高矮、形式等自然也比较讲究，甚至成为一个家族或一个家庭地位、德行的标志。如将一个家族的资望称作“门望”——名门望族，将一个家庭的家风称为“门风”。可见，门已成为一个家族或家庭的象征甚至代言物了。

如前所述，北京自元大都城建设起，将全城用纵横交错的棋盘式街道将其划分成整齐的区域（坊），并规定每 8 亩（约合 5300 多平方米）建一所住宅。这种居住的形式甚至在今天也还能见到遗迹。明清两代虽然也部分继承了元大都的城市格局，但由于人口的增加，元代每所住宅占地 8 亩的规定已无法再继续执行，甚至一所四合院的面积只有 6 亩、4 亩或更小。这样，四合院便出现了各种大小不同的类型。由于清朝实行“满汉分治”，城里出现了大量的王府。据记载，自顺治至嘉庆年间（1644 ~ 1820 年），北京内城共有王府 89 处。这些王府虽然仍是四合院的形式，但它所具有的规模、形制，乃至房屋的质量，应是住宅中最高的档次了。现依《大清会典事例》所记，将北京四合院门的规制分列如下：

王府大门

王府大门在北京四合院中虽属第一等级，但按清朝对宗室的分封制度，共有 14 个等级，与此相对应，分赐给这些王子的王府也分为亲王府、郡王府、贝勒府、贝子府、镇国公府、辅国公府等。它们的大门的规格依次为：亲王府门为五开间，可开启中央的三间，屋顶可覆盖绿色琉璃瓦，屋脊可安吻兽，门钉为“九行七列”，共 63 颗；门前有石狮一对，隔着街道立影壁一座。郡王府门为三开间，可开启中央的一间，门钉“九行五列”，共

45 颗。有时为了区别不同等级的身份，往往以其间数、用瓦乃至门前设施的不同来表示。

广亮大门

这是从一品官到七品官等官宦住宅的大门。这种门多为面阔一间的房屋，屋顶为五檩四架椽的硬山顶，门扇安在脊檩的下面，门板共两扇；在门簪、门枕石部分多用木雕、石雕作为装饰，大门外山墙墀头上也多有砖雕装饰。

金柱大门和蛮子门

这两种门的形式与广亮大门相似，也是单独的一间房，但略高于四合院内“倒座”房。与广亮大门的区别就在于金柱大门的门扇是安在檐柱之内的内柱即所谓的“金柱”之间的，而蛮子门的门扇则安在外檐柱之间。

如意门

这也是一种单独屋宇式的大门。其特点是门的外檐柱间加砌了一道砖墙，墙中央开一小门，门的上角砖墙则装饰成“如意”状。

随墙门

这类门大多用于面积较小和简陋的四合院住宅中。其特点是屋门不是独立的屋宇，而是在住宅墙上开门，并在门上稍作处理。

有清一代，皇城以内多为内府官员的办公区和府第所在区；西城（原）、北城分布着许多王府，属于贵族和内府当差人的居住处所，尤以什刹海、后海一带王府居多；东城（原）多富商大贾的宅邸。因此，规格高、保留也较完整的四合院也多分布在内城，而外城的宣武区（原）多为各省官员、来京赴考的举子寓居之地；前门和崇文门外一带多居住着大批的商人和中小手工业者、城市贫民。天桥一带则是昔日的贫民区。除官员、商贾的宅邸会馆外，这里的四合院不仅占地小，规格也较低，且多一进、两进小院落，甚至是大杂院或四合房。

北京这些不同规制、不同等级、不同大小的四合院就像是北京城的“细胞”，或串联（或称纵向复合型），即由四合院院落，沿纵深方向排列成两进院、三进院，甚至四进院；或并联，即纵向、横向组合而成的双向复合型，形成“一主一次”“两组联立”“多院组合式”的四合院院落。它们没有官式建筑那种流光溢彩的各色琉璃、形制纷繁的斗拱，更没有色彩鲜艳、绚丽多姿的和玺彩画、旋子彩画，而是以青砖、灰瓦、素石、黑栗色的木柱和清新淡雅的苏式彩画自成一体。它们与四合院内的树木构成了大面积的灰绿色城市底色，使紫禁城彰显出它的金碧辉煌、雄伟壮丽，其“普天之下，唯我独尊”的匠意也显露无遗。如果从宫中俯瞰北京城，则又是一幅壮阔的无与伦比的图画。

4. 易经八卦巧布局

人类一诞生，便与大地母亲结下了不解之缘，而人类的衣食住行，无不仰仗于大地，无论是过去、现在，或是将来，大地永远是人类赖以生存的空间环境。

在中国古代，任何一个王朝或政权，无不期望自己能够“长治久安”地存在下去，“以成就万世之基业”。因此，对于都城所在地的选择都极其慎重，也无不对当地的自然地理形势、战略地位、军事、政治乃至经济基础等做深入而细致的分析，以确定其是否有利于巩固统治。在中国古代城市规划建设中，中国传统的易经八卦、风水理论起着相当重要的作用。

应该说，选择什么样的栖息地、如何取得食物、怎样逃避天敌和采取什么样的方式繁衍后代，是绝大多数动物的本能，而栖息地的选择，又在很大程度上决定了上述三个方面行为的有效性，以致最终决定物种的兴衰。作为自然人，在栖息地的选择上较之动物自然要更精明、更挑剔，也有更多的忌讳。中国原始人类满意的栖息地模式，也就成了人类所谓的理想风水宝地的原型。

所谓风水，在很大程度上表现为人们对自然过程和自然景观格局的尊重、信赖和爱护。而理想的风水模式，也正是我们的古人在生产、生活实践中逐渐完善的选择环境空间的学问。其根本目标是追求对人类发展有利的生产、生活环境和理想的生态环境。它既是一种文化现象，又是人们追求的一种景观理想、一种生物与文化基因的图式。

考古发掘业已证明，远在公元前 6000 ~ 前 2000 年，大量新石器时代的聚落大都选在背风向阳、背山面水地带，或处于河流沼泽的边缘地带。无论是仰韶时期，还是龙山时期，均是如此。究其原因，聚落选在背风向阳之地无非是为了躲避凛冽的寒风。接近水源或在河流交汇之处，既便于交通，又便于生产、生活。这些早期的聚落多数为现代城镇所叠压，说明在基址的选择上，即使在今天也仍不失其合理性。不仅如此，陕西半坡村、宝鸡北首岭遗址在建筑布局上还都有一定的规律：聚落中央是公共活动中心的大房子和开阔场地；周围环建住宅，宅门都向着中心；中心场地留着东向或东南向的开口，住宅只在北、西、南三面环绕布局。这种布局，既利于接受阳光、便于通风，也利于防卫。可以这样说，上述这些都是自然选择的结果。

毫无疑义，我们的祖先在生产、生活的实践中，逐渐形成了考察周围的环境，择其吉而避其凶，以便营筑宅址、村落乃至城镇。人们发现：当人们所选择的地址，所布局的生产场所、村落、城镇，如果得当，那就会给人们带来鸿运；反之，就会带来祸殃。于是人们便会总结其中的经验，并用当时的文化意识观念来解释它，逐渐形成了一套系统的理论，这就是风水学。

在中国古代，“风水”又称“堪舆”。“堪”是天道、高处；“舆”是地道、低处。“堪舆”乃是指研究天道、地道之间，特别是地形高下之间的学问。它是以当时的哲学观念为基础，把天文、气候、大地、水文、生态环境等内容，引进选择地址、布建居住环境的艺术之中。因此，“堪舆家”又称“地理家”。而古代中国的风水模式自始至终都在强调一个基本的整体意象：“左青龙，右白虎，前朱雀，后玄武。”据东晋郭璞《葬书》记载的这一意象模式的理想状态是“玄武垂头，朱雀翔舞，青龙蜿蜒，白虎驯俯”，就是“穴场坐落在山脉的止落之处，背依绵延的山峰，俯临平原，穴的周围清流屈曲有情，两侧护山环抱，眼前朝山，案山拱揖相迎”。

风水理论发生于古代中国，成长于中国，且与中国的一部经典哲学著作——《周易》有着非常密切的关系。

《周易》是我国古老的文化典籍之一。诚如清代《四库全书·总目提要》所言：“《易》道广大，无所不包，旁及天文、地理、乐律、兵法、韵学、算术。以逮方外之炉火，皆可援《易》以为说。”3000多年来，它在中华文明史上一直居于很高的地位。它对我国的哲学、文学、史学、政治、伦理、民俗、宗教，乃至天文、历法、数学、乐律等都产生过重要的影响，尤其是它玄妙的义理在世界文化史上独树一帜。它为人们提供了一幅特殊的宇宙演化图式。《周易·系辞上》说：“是故《易》有太极，是生两仪，两仪生四象，四象生八卦。”以太极为原初的这一宇宙演化理论，力求探索宇宙的起始及其演化过程，立论恢宏，思想玄妙，基本上奠定了东方哲学思维模式的基础，影响极为深远。《周易》哲学的另一个特点，还在于建立了一个“三才”统一的宇宙论，《周易·说卦》：“是以立天之道曰阴与阳，立地之道曰柔与刚，立人之道曰仁与义。”“三才”之道的统一，涵盖了宇宙阴阳消长、万物之刚柔变化、人生之道德准则，至广大而尽精微，极高明而道中庸。

《周易》应用于天道，便有天干、地支、气象与节气；应用于地道，即大地、山川、河湖、城镇、村落、住宅、道路等；应用于人道，便有人们的伦理观念与行为准则等。阴阳、五行是《周易》的基础。风水这门选择、布建人们生活环境的学问，是以《周易》为理论基础的，用《周易》的观念来指导人们选择、布局和建造周围的环境。它强调人要配合天、效法天才能兴盛发展；违背天理人情、违背自然法则就会失败遭殃。所以风水在选择与建构生活环境时，总是要把城市、村落、住宅等与天象结合起来。“法天象地”力求“天助、人助”。“万物并育而不相害，道并行而不相悖”，使人和周围的生活环境、气候、天象、动植物、地形等形成协和、共进、互助的关系，从而达到“天人合一”“天人相助”而“致中和，天地位焉，万物育焉”的境地。中国传统的城市、村落、住宅的选址、规划、布局，注重四方、区位，四合院、中轴线都体现了“中者，天下之正道”。

我们这里所说的风水，强调人与自然的和谐，主张“人之居处，宜以大地山河为主”，亦即人要顺应“天道”，以自然为本。人类只有选择合适的自然环境，才有利于自身的生存和发展。

风水不仅把人看作自然的一部分，更把大地本身看成一个富有灵性的有机体，各部分之间彼此关联、相互协调。这种自然观，既是风水思想的核心，也是东方传统哲学的精华。

我们的祖先在对自然现象的长期观察中，看到日来月往、昼夜更替、寒暖晴雨、男女老幼等种种阴阳两极的现象，便逐步形成了阴阳的观念，进而发展为包含有朴素辩证法的阴阳学说，即世界上的万事万物都是阴阳两气结合的产物，并由其变化推动着事物发展变化。

阴阳概念体现了中国古代的一种宇宙观和方法论。据杨文衡等的研究，阴阳是风水之祖，讲风水龙脉必须讲阴阳。一阴一阳，相间而成。风水学中，山以高峻为阴，平衍为阳；曲为阴，直为阳；俯为阴，仰为阳；尖为阴，窝为阳；静为阴，动为阳；山为阴，水为阳。用阴阳来反映自然界中存在互相对立的事物，是完全符合大自然的客观实际的。先秦时代的《老子》最先提出“负阴而抱阳”的环境选择观念。“负阴而抱阳”包括两层意思：一是背负高山，面对江河，与《管子》讲的建都条件完全一致；二是背北向南，即坐北朝南，争取充足的阳光，这也是风水学的一条基本原则。

由此可知，中国古代传统的风水地理理论，不仅认为人和生物是有生命的机体，认为天、地、生、人各大系统之间组成一个整体性的大自然，也是一个有循环、有轮回、有新陈代谢的系统。

那么，中国史书中有关古都北京的风水又是怎样论述的呢？

城市是一个有生命的机体，是一个复杂的生态系统。它的诞生和发展，须臾离不开它周围的环境。城市又是人类物质文明与精神文明的荟萃之地，而国都的所在地更是国家、民族文化和科学技术水平的最高体现。因此，早在春秋时期，对国都的选址，便提出了一套较为系统而完整的理论。《管子》载："凡立国都，非于大山之下，必于广川之上。高毋近旱而水用足，下毋近水而沟防省。因天材，就地利。"又说："天子中而处，此谓因天之固，归地之利。内为之城，城外为之郭，郭外为之土阆。地高则沟之，下则堤之。"

如前所述，北京地处华北平原的北端，也是东北、华北平原与内蒙古高原三大地理单元的交会之地。燕山山脉和太行山脉从北面和西面绵亘而来，在关沟附近聚结形成风水学上所说的"龙脉"，在地貌上则形成了一个半圆形的大山湾，即俗称的"北京湾"，仅在东南一面敞向平原，其间有大河贯流，湖泊沼泽星布，气候温和，土壤肥沃，诚所谓"水甘土厚"之地。这正是中国古代风水理论中所谓的"藏风聚气"的所在，是理想的风水宝地。

对此，史籍多有记载。

据《地理人子须知》所载，对于北京城所在地区的风水，早在唐代就被堪舆家杨益所称颂："燕山最高，象天市，盖北平之正结。其龙发昆仑之中脉，绵亘数千里……以地理之法论之，其龙势之长，垣局之美，干龙大尽，山水大会，带黄河、扆天寿，鸭绿缠其后，碣石钥其门，最是合风水法度……以形胜论，燕蓟内跨中原，外挟朔漠，真天下都会，形胜甲天下，依山带海，有金汤之固。”

宋代理学家朱熹也说：“冀都是正天地中间，好个大风水。山脉从云中发来，云中正高脊处。自脊以西之水则西流于龙门西河，自脊以东之水则东流入海。前面一条黄河环绕，右畔是华山耸立，为虎。自华来至中，为嵩山，是为前案。遂过去为泰山，耸立于左，是为龙。淮南诸山是第二重案。江南诸山及五岭又为第三、四重案，正谓此也……故古今建都之地莫过于冀，所谓无风以散之，有水以界之也。”

此后，在不同的历史时期，古代的学者、政治家们对北京的“风水”形胜都有过评述。其中以《大学衍义补》等最具代表性。

邱濬说：“太行自西而来，演迤而北，绵亘魏、晋、燕、赵之境，东而极于医无闾。重冈叠阜，鸾凤峙而蛟龙走，所以拥护而围绕之者，不知其几千万里也……其东一带，则汪洋大海，稍北乃古碣石，稍南则九河故道，浴日月而浸乾坤。所以界之者又如此其直截而广大也。况居直北之地，上应天垣之紫微。其对面之案，以地势度之，则泰岱万山之宗正，当其前也。夫天之象以北为极，则地之势亦当以北为极。”易曰：“艮者，东北之卦也，万物之所以成终而成始也。”“离，万物皆相见，南方之卦也。圣人南面而听天下，向明而治。”孔子曰：“为政以德，譬如北辰，居其所而众星共之。今之京师，居乎艮位，成始成终之地，介乎震坎之间。出乎震而劳乎坎，以受万物之所归。体乎北极之尊，向乎离明之光，仗万物之广，亿兆之多，莫不面焉以相见。则凡舟车所至，人力所通者，莫不在于照临之下。自古建都之地，上得天时，下得地势，中得人心，未有过此者也。”

元李洧孙则谓：“昔周髀之言，天如盖倚而笠欹，帝车运乎中央。北辰居而不移，临制四方。下直幽都，仰观天文，则北乃天之中也。维昆仑之结根，并河流而东驰。历上谷而龙蟠，向离明而正基。厥工既重，厥水惟甘。俯察地理，则燕乃地之胜也。”

上述评述，无不以古代的风水理论对北京所在地的燕蓟山形水势做了细致的分析，其结论是：“自古建都之地，上得天时，下得地势，中得人心，未有过此者也。”

明代的杨荣则是在比较了历史上的长安、洛阳、金陵（南京）之后，做出了北京形胜的评述。他在《杨文敏集》中这样写道：“予尝考天下山川形胜，雄伟壮丽可为京都者，莫逾于金陵。至若地势宽厚，关塞险固，总据中原之夷旷者，又莫过于燕蓟。虽云长安有崤函之阻，洛邑为天地之中，要之，帝王都会为亿万年太平悠久之业者，莫若金陵、燕蓟也。昔太祖以金陵龙蟠虎踞，长江天堑，遂定都焉。皇上继承大统，又以燕蓟左环沧海，右拥太行，内跨中原，外控朔漠，宜为天下都会。乃诏建北京。及今十有余年，车驾凡两巡狩。荣叨禄翰林，既尝历观金陵之胜，今复忝扈从，得以偏阅北京山川之概，退而与诸僚友讨论，莫不称叹，以为斯文千载之奇逢也。”

但是，北京之所以成为元、明、清三代都城的所在地，无不与当时的政治、经济乃至军事地理形势有着非常密切的关系，且总是根据当时最主要的矛盾选择最有利的地点，而绝非仅仅依据所谓的“风水”来决定一切。

清乾隆十八年（1753年）御制《帝都篇》说得实在：“帝都者，唐虞以前都有地而名不著，夏商以后始各有所称，如夏邑、周京之类是也。王畿乃四方之本，居重驭轻，当以形势为要。则伊古以来建都之地，无如今之燕京矣。然在德不在险，则又巩金瓯之要道也。”

明北京城是在元大都的基础上改造扩建而成的。紫禁城不仅位于京城的中心位置，而且还是全城风景最优美的宫苑区。紫禁城周长3千米，占地面积72万平方米，建筑面积近16万平方米，号称有房屋“9999”间（实际上只有8707间）。其规模之巨，占尽了最大的天数，体现了“天子”的权威。气魄之大，建筑之美，风格之堂皇，装饰之豪华，都是中国历史上绝无仅有的。

“天人合一”是中国传统文化的核心，而中国古代都城的规划深受这一思想的影响，且往往成为天空星象的对照，整个城市格局也就由此展开。风水结构与宗法礼制、尊卑有序结合在一起，左右了整个都城规划建设。明清北京城就是一个典型的“面南而居”“坐北朝南”的都城，都市中轴线统领着整个城市的布局，城市空间极为规整。为了体现风水中北面必须有“镇山”，即靠山的思想，规划匠师们便在中轴线的北端人工堆砌了一座“镇山”——万岁山（清改“景山”），使整个宫城北面有山可依。与此同时，又按风水理论中“气随水而比，故送脉必有水”，“凡京都府县，其基阔大，其基既阔，宜以河水辨之。河水之湾曲乃龙气之聚会也”。所以，故宫的金水河自乾方（西北方——天门）引入，从巽方（东南方——地户）流出，并在武英殿、太和门前凸成“金城环抱”即冠带形之势（天安门前的外金水河也向南凸成如是之势）。这种做法既符合中国风水理论的空间布局原则，也使都城的面貌多姿多彩。

前文已经提到阴阳学说是中国古代的一种宇宙观和方法论，《周易》一书是这种宇宙观和方法论的集中体现。它对明清北京城规划布局的影响也是非常明显的。

《周易》中的六十四卦，纯阳的乾卦排在第一位。它所强调的是阳刚的力量永远处于主导地位，决定着事物的发展。而“九”又是奇数即阳数中最大者，被称为“老阳之数”。因此，宫城的布局不仅要坐北朝南，而且要以“九”这个老阳之数来代表礼制等级中的最高级别。

《周易》上说：“九五，飞龙在天，利见大人。”九为阳爻，五为阳位，显示光明正大。又喻德才兼备，大有作为，造化光辉的前景。所以往往被用作人君的卦象。唐孔颖达在为《周易·履·象》作正义时曾说：“《象作》载：‘刚中正，履帝位而不疚，光明也。’又说：‘以刚处中，得其正，位居九五之尊。’进而又解释说：‘言九五，阳气盛至于天……犹若圣人有龙德，飞腾而居天位。’”此后，相沿引申，遂成为天子的代称。

上述两点在北京内城的规划布局上有明显的体现。紫禁城分外朝与内廷两大部分：外朝属阳，因此外朝主殿的布局采用奇数，计有太和殿、中和殿、保和殿；大清门（原为大明门，清顺治元年改此名）、天安门（承天门）、端门、午门和太和门，统称“三朝五门”之制。内廷宫殿则属阴，因此宫殿布局多用偶数，即“两宫六寝”：“两宫”即乾清宫、坤宁宫（交泰殿是后来加筑的）；“六寝”即东、西六座寝宫。在建筑上外朝之殿均用“九开间，五进深”，即面阔九间，进深五间（乾清宫属阳，也同此），象征“九五之尊”；重檐歇山顶，九条脊，檐角小兽亦为“九”：龙、凤、狮子、天马、海马、狻猊、狎鱼、獬豸、斗牛。门扇采用的是“四九”的倍数，为 36 扇；门钉是“九九”的倍数，为 81 颗。太和殿是外朝的正殿，初建时也是“九五”之数。但在清康熙三十四年（1695 年）重建时，即将原来的九开间改为十一开间，重檐庑殿顶，檐角小兽增至 11 个，成为皇宫中超高级大殿，进一步突出了皇权至上的原则。另外，我们从故宫的平面布局上可以看到，紫禁城分外朝和内廷，即前后阴阳两区。外朝是处理政事的地方，位于城的南部。位前，属阳，太和、中和、保和三大殿均在此。太和殿位于三大殿的最前，在外朝中可说是阳中之阳；中和殿位居三大殿中间，为阴阳之和，在外朝中可以说是中阳，即阳明；保和殿位于三大殿的最后，在外朝为阳中之阴。三大殿均有“和”字，体现天地阴阳和谐、万物有序、国泰民安，即儒家所谓的“和为贵”。内廷是帝王居住之处，在城的北部。位后，属阴，以乾清宫、交泰殿、坤宁宫为主体，后面紧接御花园。内廷东西两侧翼有日精、月华二门，并有东、西各六宫，是后妃们居住的地方，也象征拱卫着天地合璧的二门。天为阳，地为阴，天地之道，即阴阳之道；天地交泰，乾坤相和，阴阳合和，万物有序，即寓意其中。

故宫内的建筑采用的是突出中轴线，主要建筑沿中轴线南北纵深展开，以体现帝王至高无上的权力，显示出庄重威严的气魄；次要建筑则对称地布设在中轴线的两侧。

过午门、神武门，一条南北中轴线又将宫城分为东西阴阳二区。东方是太阳升起的地方，为阳，“五行”中属木、为春，在“生长化收藏”中属生。因此在宫城的东部部署了与“阳”有关的建筑物。如东部的某些宫殿为皇太子所居；文华殿原为太子讲学之处；乾隆年间所建的南三所，系皇太子的宫室。西方为阴，“五行”中属金、为秋，在“生长化收藏”中属收，所以部署了与“阴”有关的建筑物。如皇后、皇妃居住的寿安宫、寿康宫、慈宁宫等。这样，东居太子，西栖皇妃，男左女右，阳左阴右。皇城东有太庙，法阳象天；西设社稷坛，社阴象地。据《老子》一书中所说的“君子居则贵左，用兵则贵右”，宫廷朝事大典百官排列，文臣列于左，武将立于右，与此相应，文华殿位左，武英殿位右。太和殿丹陛上左陈日晷以司天，右置嘉量以司地（前者定天文历法，后者制度量衡），皆左主天道属阳，右主地道属阴，阴阳相合而成一体。古代建筑匠师们就是这样把阴阳宇宙观与宗法礼制巧妙地结合起来。

古人认为，天上的紫微垣为天帝所居，即北极星，天空中的亿万颗星都在围绕着它旋转，它是整个宇宙的中心。明清北京城的四周分别布有天、地、日、月坛，中心是宫城即紫禁城，宫城的中心是太和殿。太和殿的中心又象征着宇宙中心的须弥山，其上有 9 个台阶的须弥座，上面坐着“天子”。他位于一切设计、想象的中心。

外朝的踏跺级数、台基、槛墙的砖皮层也用奇数。如外朝纵向的三大殿，即太和（明称奉天）、中和（明称华盖）、保和（明称谨身）；横向的三殿，即武英、奉天、文华三殿的台基均为三重须弥座，被称为“三台”。

内廷位于紫禁城的后部，是为阴，因而其布局多用偶数。中轴线上的主要建筑是乾清、坤宁两宫，后来在乾清、坤宁两宫之间增加了交泰殿，改称后三宫。据《谷梁传·桓公十四年》记载：

“匍粟而纳之三宫。”范宁注：“三宫，三夫人也。”杨士勋疏：“礼，王后六宫，诸侯夫人三宫也。”因此，明代设计宫殿时绝不敢以诸侯的三宫之制代替皇帝的六宫之制。从数目中的阴阳来看，一般建筑中槛墙的层数均为奇数，但内廷中的槛墙、台明、山墙、檐墙的宫墙下肩，以至踏跺的层数，多用偶数的布置方法。这种奇特的安排，虽然在宫殿建筑文献中尚未见到记载，但对比同时营建的坛、庙，结合文献中所载的地坛、月坛所用的偶数特例，说明当时在建筑设计中，对奇偶数的运用确有阴阳之分。

从宫的名称来看，多用骈体的对偶之词。在两宫庭院中轴线上是前后排列的重檐庑殿式的乾清宫和坤宁宫，四周以门庑环抱。由于明朝后寝没有沿用汉未央宫、唐大明宫台殿池沼错综布列的布局，而是把宫与苑隔开，使寝宫更加严谨端庄，但是过分的森严刻板损害了后宫的生活气息。为使主要的寝宫（皇后居住的寝宫）增加生活气息，在坤宁宫后布置了宫后苑（后称御花园）。在肇建宫殿时由于宫后苑被划为乾清、坤宁两宫之内的后院，因而宫后苑的正门被称为坤宁门（即现在的顺贞门），与乾清宫的正门前后对应，子午相交。

这组宫殿的命名，多取《周易》乾坤之文。这和元朝“取诸乾坤二卦之辞”作为建筑名称是相同的。乾、坤是《周易》中的两个卦名。乾之象为天，坤之象为地。内廷中把乾清、坤宁二宫布置在中央，周围以日月星辰拱卫。“乾清”“坤宁”有“天清地宁，统治永久”之意。乾清宫庭院的东门被称为日精门，西门被称为月华门，这既沿用元大明殿左右的日精、月华门的名称，又移到内廷形成东为日、西为月、前为乾、后为坤的布局。其寓意是“乾坤日月明，四海皆升平”。《周易》又说：“象曰：天地交泰。”所以将交泰殿置于乾清、坤宁二宫之间。两侧宫室被称为东西六宫。因《周易》中称卦中的阴爻为六，布置在内廷为阴的范围内，与中轴线上阴中之阳的乾清宫恰为刚柔相济。东西共十二宫，象征十二星辰拱卫乾坤，六宫之后为东西五所。据《芜史》载：“千婴门之北并列者则乾东之房五所，百子门之北并列者则乾西之房五所。”五是奇数，为阳。为什么在立宫之后所谓阴中之阳的部位出现了奇数呢？古代阴阳学说认为：善补阳者，当从阴中求阳；善补阴者，当从阳中求阴。在内廷千婴门、百子门北布置了以“乾”命名的乾东、乾西之房各五所，就是阴中求阳。在千婴、百子门北，为了符合千婴、百子之象征，将该所定为奇数五，即东西各为并列的五个同类型的三进院落。因东西合在一起为十，所以被称为天干（或十天干，即甲、乙、丙、丁、戊、己、庚、辛、壬、癸），仍为偶数。东西六宫合在一起为十二，所以也符合地支（子、丑、寅、卯、辰、巳、午、未、申、酉、戌、亥）的数目。从而更表达出“天地会合，四季融合，风调雨顺，阴阳交泰”的寓意。

阴阳学说中对事物的总体分析可分为阴阳两面，但是仔细分析，还有阳中之阳、阳中之阴、阴中之阳和阴中之阴。从故宫建筑上分析，午门、太和殿为阳中之阳，乾清宫和各宫室的前殿则为阴中之阳，它既与阳中之阳有共同之处，又有相异之处。乾清宫的屋顶用重檐庑殿式，殿前、御路、丹墀上陈设日晷、嘉量、室内天花藻井等，与太和殿基本相同。这是阳中之阳与阴中之阳的共同点。但是，二者又有区别。如乾清宫的南半部台基为须弥座配白石钩栏，而北半部则为青砖台基，台基上不用钩栏，而用琉璃灯笼砖。一座大殿的前后用两种不同的装饰，这是阴中之阳在乾清、坤宁两宫的艺术处理。在古代，阴阳虽是“万物之纲纪”，但是单从阴阳分析，还难以解释事物间的相互关系和变化过程。古人在观察自然中得出一个朴素的唯物概念，认为木、火、土、金、水是构成宇宙万物的基础物质。后来又发展了这种认识，从这五种物质的不同特性，抽象归纳出一切事物的分类方法，推演出事物间的相互联系及其变化，形成了与阴阳说相辅相成的五行说。

构思奇巧说天坛

天坛位于北京外城，与先农坛东、西而峙，它们是中轴线上南端两组非常重要的古建筑群，也是明、清两代帝王祭天祈谷的场所。天坛占地 273 公顷，是我国目前现存的规模最大、形制最完备的古代祭天建筑群。1998 年 12 月，在联合国教科文组织第

22届世界文化遗产委员会上，天坛被正式列入《世界遗产名录》。

那么，他们又是怎样评价天坛的呢？

“天坛是建筑和景观设计之杰作，朴素而鲜明地体现出对世界伟大文明之一的发展产生过影响的一种极其重要的宇宙观；两千多年来，中国一直处在封建王朝的统治之下，而天坛的设计和布局正是这些封建王朝合法的象征。许多世纪以来，天坛所独具的象征性布局和设计，对东方的建筑和规划都产生了深刻的影响。”

我认为，这里所说的“极其重要的宇宙观”，应该是指中华民族由对天的敬畏、崇拜、祈求，进而到模仿，到自称为“天子”的过程中形成的，并且是从对宇宙的看法、观念中生发出的包括祭祀、建筑等在内的典章制度。明清时期在都城的南郊所建的天（地）坛，正是展现这种“宇宙观”的重要载体。

毫无疑义，设坛祭天源自原始人对天神的崇拜。自人类认识到大自然的威力，有了天的意念之时，就会产生对天神的崇拜、祈求。殷代甲骨文的“祭”字，就是用双手持着肉和酒奉献的意思。后来又加了一个代表神祇的“示”字，其意义就更加明确了。

《汉书·郊祀志》就这样写道：“帝王之事，莫大乎承天之序；承天之序，莫重于郊祀。”所以，历代帝王在定都之后必然会在其南郊，而且是在“天干”中所说的“丙”位上建立祭坛。我们今日所见到的天坛便是在明永乐十八年（1420年）所建的“天地坛”，嘉靖九年（1530年）又因立四郊分祀，于嘉靖十三年（1534

年）改称“天坛”的基础上又经清乾隆、光绪重修、改建而成的。

天坛总占地面积达273公顷，是皇家祭坛中面积最大的——是地坛的2.8倍、日坛的40倍、月坛的100倍。整个坛城由三道坛墙——外坛墙（周长6360米）、内坛墙（周长4115米）和东西向的隔墙，构成了一个北圆南方的形态，内、外两坛坛墙又互相构成一个“回”字形结构。但是，这个“回”字形结构是北圆南方的。这正是明初建“天地坛”时所保留下来的，其时是天地合祀。依据古代“天圆地方”之说，遂将坛墙建成“上（北）圆，下（南）方”的形式。像这样半圆半方的墙形，在其他建筑中是没有的（“先农坛”例外）。所以，也有人将其称为“天地墙”。

明嘉靖九年（1530年）因立四郊分祀之制，天地坛于嘉靖十三年（1534年）改称“天坛”。按道理“天地墙”也应随之改为全圆形的墙。但长6360米的外坛墙和长4115米的内坛墙，合计10475米，改建工程所需的财力、物力实在太大，难以实现，因此一直保留至今。

天坛建筑的最大特色无疑是在建筑形制、规模、色彩等方面刻意追求天的意境。同时，又依据各建筑组群、建筑物本身的功能，创建出匠心独运、构思奇巧又各具风采的格局。

一条南起自昭亨门、北至北天门，长约1250米的建筑轴线，把圜丘、皇穹宇、祈谷坛这三组外形均呈圆形的建筑群串联成了一个有机的整体。

南面为洁白如玉呈圆形的祭天台，即圜丘，用于冬至祭天；中间是蓝瓦金顶的圆形大殿皇穹宇；北端则是蓝瓦金顶、三重檐的巍峨圆形大殿祈年殿，用于孟春祈谷；路西是精巧别致的方形殿宇——皇帝举行祭天大典前沐浴、斋戒的斋宫，南北还附有与功能相适应的附属建筑，包括宰牲亭、神厨、神库等，西外坛南部有神乐署，是培养祭祀乐舞生和演奏礼乐的场所；其南还有牺牲所，是专为大祀、中祀饲养祭祀用的牲畜的地方（现已无存）。

天坛内的主要建筑群面积，仅占园林整体面积的 1/20，却各具特色，极富象征意义。

圜丘坛，包括圜丘台、皇穹宇及其附属的神厨、神库、宰牲亭、井亭等。进入天坛南门北望，便可见到圜丘坛。这是一组平面呈“内圆”和“外方”的建筑物。所谓“内圆”是指直径 102 米的内壝墙（即围绕祭坛四周的矮土墙）和圜丘台；“外方”则是指每边长 168 米的外壝墙。壝墙均为红墙蓝瓦、四面均有棂星门。在圜丘台的东南有燔柴炉、瘗坎、燎炉，西南则矗立着三根望灯杆。

圜丘台是圜丘坛的主体建筑，又称祭天台或拜天台。它的建造完全遵照“天圆地方”之说，均为圆形。圆通“圜”，故称“圜丘”。圜丘坛始建于明嘉靖九年（1530 年），当年建造的规模略小于今日所见实物。台面墁铺青色琉璃砖，周围的栏板、望柱亦皆青色琉璃。清乾隆十四年（1749 年），因“圜丘坛上张幄次及陈设祭品处过窄，即议鼎新”，并提出“台面可以不用琉璃，著

▲ 天坛 祈年殿

改用金砖，益经久矣”。所谓“过窄”是指原有祭台上层坛面直径 5.9 丈（约 20 米），中层坛面直径 9 丈（约 30 米），下层坛面直径 12 丈（约 40 米），每层高 8.1 尺（约 2.7 米），体量确实较小。但明朝规定祭坛上只设一个正位——皇天上帝和一个配位——明太祖洪武皇帝，坛面虽小，亦足可满足使用。清代，祭坛上除设一个正位之外，配位是依世而增，到了乾隆时期，祭台台面的配位已增至 5 个，即太祖努尔哈赤、太宗皇太极、世祖福临、圣祖玄烨、世宗胤禛。繁多的祭器、礼器和 40 余位执事人员已显拥挤，而皇帝还需 7 次祭坛行祀，进退极为不便。乾隆皇帝下旨扩建圜丘坛，首先撤掉前明所建的饰以蓝色琉璃的圜丘。“以石材重做新坛。新坛上层径 9 丈（约 30 米）（一‘九’），中层径 15 丈（约 50 米）（三‘五’），下层径 21 丈（约 70 米）（三‘七’），以合一、三、五、七、九阳数。”不仅如此，三层台面之和为 45 丈（约 150 米），寓意皇帝的“九五之尊”，可见建筑师们是煞费苦心的。

经过三年多的时间，圜丘台改建完工。圜丘台面原准备用金砖墁铺，但由于台面数的和必须以“九”为基数，而金砖尺寸不同于通常的烧造尺寸，难于制造，后改用艾叶青石；圜丘栏板原议定用琉璃，也因琉璃的尺寸大于通常的长度，难于烧造而改用汉白玉，并一直保留至今。

圜丘坛共有 4 个门：东天门为泰元门，南天门为昭亨门，西天门为广利门，北天门为成贞门。《周易》有“乾、元、亨、利、贞”之说。“乾”代表天。《程氏易传》中有“元亨利贞，谓之四德”之说。元者，万物之始；亨者，万物之长；利者，万物之遂；贞者，万物之成。贞下起元，循环不已，生生不息，体现出了“天行健”的本意。只是这成贞门既是圜丘坛的北天门，又是祈谷坛的南天门。一门两用，并有两个称谓。

我国古人通过对天的观察、认识，形成了“天圆地方”的观念，并以“周三径一”来表达圆周和直径的长度关系（祖冲之计算出的圆周率为 3.1415926……），“三”是奇数，而方形有四条边，“四”是偶数，于是，古人便以奇（单）数为“阳”，天数；偶数为“阴”，地数。奇数中又以“九”为最，称“阳极之数”，并联想到天有九重，天帝就居于“九重天”上，进而又发展到皇帝贵为“天子”，也要坐“九龙宝座”，具有“天”的象征意义。清乾隆帝在改造和扩建圜丘台时就明确提出了数字寓意的要求。

圜丘上的三层台面均以石板环砌，且每层均铺陈“九”圈。上层圆形台面的中心位置铺一直径 80 厘米的圆形石板，称“太极石”，又名“天心石”。其外环铺一圈石板，共 9 块（一“九”），再外第二圈为 18 块（二“九”）……依次自内向外共环以石板 9 圈，达到 81 块（九“九”）；中层台面内圈亦即第 10 圈，石板数为 90 块（十“九”），再外为 99 块，直至第 18 圈（中层最外圈）为 162 块；下层则自第 19 圈 171 块至第 27 圈 243 块（二十七“九”）。总之，圜丘台面所铺的石板，不论各层所铺的环数，抑或是各环所铺的石板数，均寓以“九”和“九”的倍数。

圜丘围以汉白玉石栏，建筑匠师们不仅在石望柱之上浮雕飞龙图案，柱下亦附石雕龙头出水嘴，其各层石栏板数亦遍显“九”数：上层石栏四面各 9 块（一“九”），共 36 块（四“九”）；中层石栏四面各 18 块（二“九”），共 72（八“九”）块；下层石栏四面各 27 块（三“九”），共 108 块（十二“九”）。据统计，整座圜丘台含“九”数的建筑设计有 500 余处。在竣工之日，乾隆皇帝大悦，并赏赐了参与圜丘台建筑设计的匠师们。

更值得注意的是圜丘台天心石与周围的环境所形成的“亿兆景从”的意境。或者说，当祭天时，皇帝在这里向上苍表述敬意时，仿佛会立即得到亿万民众的同声回应。其声学原理是，自天心石（太极石）发出的声音，沿半径方向向四周扩散，其声波同时以垂直状态碰撞到台面周边呈圆弧形排列的石栏板表面，并被反射回来，又集聚到天心石。这反射回来的声波因反射的距离较近，人耳难以分辨，只听到与原发声音叠加的声音效果。于是人们不但会感到自己说话的声音洪亮浑厚，而且似有众多的回应。“亿兆景从”是“亿万民众紧紧相从”的意思（“景”在这里读“影”，亦是影的本字）。运用声音反射的原理，通过建筑物形制和构造的特殊设置，创造出这样一种“亿兆景从”的意境，实在令人叹为观止！

在圜丘台北的棂星门外，沿天坛轴线向北约三十米处，便是“天库”。这“天库”乃是平日尊藏圜丘台上所供神位、神版的宝库，每逢祀日，神版才被送上祭坛供皇帝祭祀，所以，“天库”又被称为“圜丘寝宫”。英国一位外交大臣赤德来参观天库时曾风趣地说：“这里是上帝的宿舍。”而圜丘是“上帝办公的地方，他在那里接待人间皇帝的上访”。

天库的正殿称“皇穹宇”，又称“天神寝殿”。在明嘉靖时初建的大库，乃是一座重檐建筑，即泰神殿。清乾隆十七年（1752年）才改为如今单檐圆顶的攒尖形建筑。

天库的入口处是一座精美的琉璃门，它是由3个单体券门与扇面墙构成的整体结构。其顶部覆盖天青色琉璃，檐下的斗棋、梁、枋、垂花等饰件及其上的彩画等均系仿木结构，即以琉璃件涂彩釉烧制而成的建筑构件组装而成。琉璃门造型玲珑，工艺精湛，与天库内的其他建筑形制十分和谐。

天库建在直径达19.2米、高2.85米的圆形须弥石基座之上。石座东、西、南三向出陛，上沿环砌汉白玉栏板共49扇。其座之上，端居一个高22.35米、直径15米的单檐蓝瓦，圆形攒尖金顶的殿宇——皇穹宇。“皇”意为宏大，“穹”即天穹，“宇”即宫殿。“皇穹宇”意为“上天的宫殿”。其外围环列着8根高

5.6米的柱子，承托着覆盖蓝色琉璃瓦的金顶，意为“八柱擎天”。共8开间，正面的明间为门；其殿外檐木构，单翘重昂七彩斗拱，满饰沥粉贴金，是为“和玺彩画”。整座建筑显得尊崇、稳重、玲珑、精美，十分得体。殿内地面也环铺石板，正中心是一块直径88厘米的圆形石，即继圜丘坛后的第二个“太极”。太极石外环铺石板9重（意为“九重天”）：第一重8块，向外依次以倍“8”之数环铺，寓意“八维”（八方），环形铺石360块。

为了创建出“天穹”的隆起形象，建筑匠师采用了在内外环柱顶设一环镏金斗棋，并以其后尾的一个圈向内斜杆，悬空环起第一圈环形额枋……如此反复5次，形成向内收缩、向上隆起的屋顶承重结构，既体现出天空的穹隆形象，也由此形成精美无比的藻井艺术。殿顶的“金龙藻井”尽显古代建筑匠师对力的分解和对平衡的纯熟运用，在建筑史也有很高的地位。

殿内正北两柱间是正位“皇天上帝”神版供奉处，下有直径2米、高约1.5米的圆形石座，前设9级石附梯，石座后护以“九龙屏风”；前置高1.5米的木神台（前有9级木附梯），均漆为天青色。木台上端放屋宇形的木护神函，内置神龛，其内奉置“皇天上帝”神版。其东、西两侧分列8个方形的须弥石座，前为三级木附梯。座后护雕龙屏风；前置木神台，上为神龛，其内分别奉置清代前8位先祖的神版。其东侧为：努尔哈赤、福临（顺治）、胤禛（雍正）、颙琰（嘉庆），西侧为：皇太极、玄烨（康熙）、弘历（乾隆）、旻宁（道光）。

祈谷坛是一个十分庞大的建筑组合。它位于天坛内坛北半部，占地 72 公顷。平面呈北圆南方，其四方分别是东天门、南天门（即圜丘坛的北天门成贞门）、西天门（现天坛公园西二门）、北天门（现天坛公园北二门）。整个建筑组群建于一个南北长 163.2 米、东西宽 187.5 米的矩形砖筑城台之上，四周建有低矮的壝墙，墙顶覆绿瓦。其四方有东砖门、南砖门、西砖门、北砖门（即皇乾殿琉璃门）。祈谷坛是其中最主要的建筑群，位居天坛总体布局轴线的北端。其南以一条高出地面 4 米许、宽 30 米、长 360 米的砖墁大道——丹陛桥与南天门相连通。其左、右广植古柏，一派庄严肃穆的气象。

进入南砖门即为祈年门，门内左院正中略偏北建有三重圆形屋檐的祈年殿。这里便是皇帝进行祈谷大典的所在。殿前左、右有配殿，殿后则是祈谷坛的“天库”——皇乾殿。其附属建筑有：在东砖门外 300 米的宰牲亭、长廊 72 间，北侧的神厨、神库等，共 20 余座。

明永乐十八年（1420 年）初建时，这里是大祀殿，行合祀天地之礼。嘉靖九年（1530 年）更礼制，改行天地分祀（这时于大祀殿南另建了圜丘专用于祀天），嘉靖十九年（1540 年）又拆去大祀殿，在原址建圆形的“大享殿”，即今祈年殿的前身，三重屋檐用三色琉璃瓦，上为蓝、中为黄、下为绿，以象征天地万物。

至清代在此改行祈谷礼。清乾隆十五年（1750年），大修后便将屋面统一为蓝色琉璃瓦，次年又更名为“祈年殿”，且由乾隆帝亲写殿匾。每年孟春（农历正月）上辛日（第一个辛日）皇帝在这里举行“祈谷大典”，祈祷一年“风调雨顺，五谷丰登，国泰民安”。

祈年殿坐落在一个直径90米、高6.2米的三重石坛之上。祈年殿高38.2米（明清尺为九丈九尺九寸九分），殿体直径24.2米，环周12间，檐下饰以和玺大点金彩画；上为圆形三重屋檐的攒尖金顶。殿和坛结合在一起，乃是一座典型的上殿下坛的建筑。其自下而上有9个同心圆，环环叠置，逐渐向上收缩，给人以旋转腾飞、直上云霄之感，远远望去显得宏伟、壮丽、高耸云端，它的形象早已成为北京的标志。祈年殿殿体是由28根楠木巨柱组成的三环柱网。其中檐柱12根、金柱12根、龙井柱4根。它们分别承托着沉重的三重殿顶。垂直环立的大柱直指天花藻井，使每一个进入大殿的人都有一种向上涌动的态势，点明“天”的主题。靠近大殿的4根龙井柱，以朱红漆做底，柱面沥粉贴金，饰以宝相花交叉的连续图案，下端是沥粉贴金的山海纹饰，被称为“海水江崖”，使殿堂显得满堂生辉。它们把大殿的平面划分为四方4个空间，象征每年有4个季节：东方甲乙木，代表“春”；南方丙丁火，代表“夏”；西方庚辛金，代表“秋”；北方壬癸水，代表“冬”。4柱中间的方形空间，就是“中央戊己土”了。

在这里“天干”“四方”“五行”“四季”都被涵盖了。

中环 12 根金柱，沿圆周方向划分 12 个开间：东、南、西、北与四季相应，各为 3 间，它象征每年中的 12 个月份。与春季相对的 3 间，北间为正月，正东间为二月，其余为三月、四月、五月、六月……十二月，依次向南转西、向北环转排列，而且正月、二月、三月与“春”对应；四月、五月、六月与“夏”对应，其余类推。

最外一环的 12 根檐柱（与门窗相连的大柱）所划分的 12 开间，则古代 1 天有 12 个时辰（古代一天分 12 个时辰，1 个时辰相当于现在的 2 个小时）。它们分别是子、丑、寅、卯、辰、巳、午、未、申、酉、戌、亥，同时也代表 12 个地支和方位。不过，它是以正北开间起始即“子”，尔后依次向东环转排列定位至正东开间为“卯”，正南开间为“午”，正西开间为“酉”，子、卯、午、酉又分别成了北、东、南、西的同义词。皇城内紫禁城的南门就被称为“午门”，南北经线被称作“子午线”，也源于十二地支所表示的方位。

依这样的方向排列，外环 12 开间与中环 12 开间中，正月相对应的开间，适逢为“寅”。在我国古代的历法中，以“天干”“地支”纪月时，就称正月为“寅月”，叫“正月建寅”（二月为卯月）。同时，外环 12 根柱的柱位和 12 根柱间，还分别代表着一年有 24 个节气。以代表春季正月起始的柱位“立春”，柱间为“雨水”；

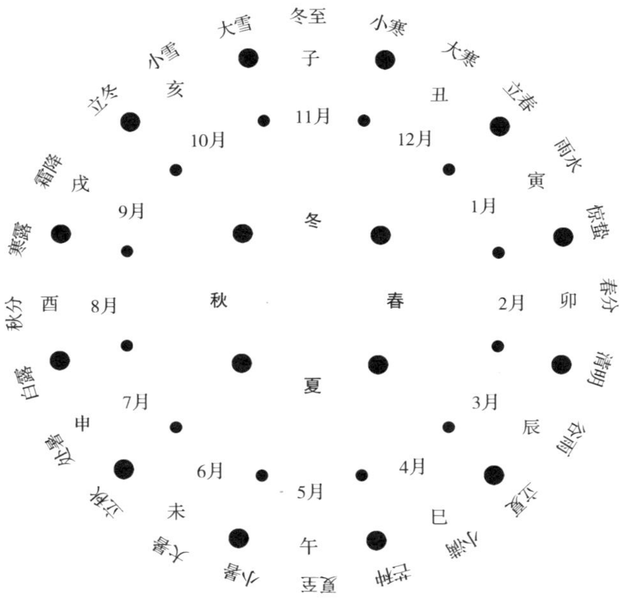
冬至
小寒
大寒
立春
雨水
惊蛰
春分
清明
谷雨
立夏
小满
芒种
夏至
小暑
大暑
立秋
处暑
白露
秋分
寒露
霜降
立冬
小雪
大雪
子
丑
寅
卯
辰
巳
午
未
申
酉
戌
亥
11月
12月
1月
2月
3月
4月
5月
6月
7月
8月
9月
10月
冬
春
夏
秋

▲ 祈年殿内主柱的寓意

顺时针下个柱位为“惊蛰”，柱间（正东）为“春分”，依次排列清明、谷雨、立夏、小满、芒种，至正南开间为“夏至”；再次为小暑、大暑、立秋、处暑、白露、秋分（正西）、寒露、霜降、立冬、小雪、大雪、冬至（正北）、小寒、大寒。环转一周，各节气和月份、季节严格对应“两分”（春分、秋分），而且恰对东、西、南、北四方。所以，整个祈年殿内的建筑，不仅寓意丰富、深刻，而且十分科学，把它们绘制到平面之上，正好是一个完整的罗盘仪。如果说圜丘坛突出在数字寓意上下功夫，那么祈年殿则对时间、空间做了全面的阐述，充分显示了作为一个农业古国，人们对节气、时空的重视。因此，祈年殿堪称是一项伟大的杰作，值得我们去细细品味。

祈年殿的彩画是天坛内最高等级的，即龙凤和玺彩画。殿内的藻井，顶部嵌满了金龙浮雕，精美至极，与地面的圆心石上下呼应。由于祈年殿是祈谷大典的祭场，大殿的主要用途便是陈列各个神位和皇帝的列祖列宗即“配位”，以供皇帝诣坛行礼。

中国古代原始的宇宙观认为“天为阳、地为阴”“天圆地方”“天人合一”等，在天坛都有具体的体现。如围墙体现“方地为舆，圆天为盖”；天坛的圜丘、皇穹宇、祈年殿俱呈圆形，以象征“天圆”；殿顶一色的蓝琉璃瓦，亦象征至高无上的天。

《辞源》：“苍，草色，引申为青黑色。人们指天为苍天、青天，古人指天神。”我们知道，人类最初崇拜天神的活动，显然是在林中空地的土丘上进行的。以后，又向高山上转移，认为在高山筑土为坛进行祭祀，更能与天相接近并进行对话。到后来又逐渐演变成郊祭，但依然在其周围置以林地，以至在后来出现了诸如“夏后氏以松，殷人以柏，周人以栗”之礼。《周礼·春官·大宗伯》中说：“以玉作六器，以礼天地四方。以苍璧礼天……”

天坛现有绿地面积163公顷，各种树木6万多棵。其中有百年以上树龄的古树3500多棵，300年以上树龄的达1150棵。其分布原则是“坛之后，树以松柏”，圜丘坛建筑群外东、西、北三面约有松柏4000棵；祈谷坛建筑群外东、西、北三面约有侧柏3000棵。这样布设，不但营造出了人类初始在林中空地筑土为坛的崇拜场所所具有的环境氛围，而且将祭坛的主体建筑依托于树林之上，使其更具有超凡脱俗、庄严肃穆、与天相接的感觉。

清乾隆九年（1744年）《甲子冬至有事于南郊敬成》中这样写道：“伊古诚为贵，匪今祭以时。微阳爰始复，殷礼敢云迟。捧璧青坛肃，陈�素虑知……”这“殷礼”就是“殷人以柏”的礼制。天坛树以大面积的柏树林，便是继承了这一古制。

美国前国务卿基辛格曾几次到天坛参观。当看到天坛那曲虬古朴的翠柏时，他不无感慨地说：“依我们美国的经济实力，仿造几座祈年殿应无问题，但是我们仿制不出这些记载着年轮的古树……”天坛内数以百计的古柏，不仅使圜丘坛更加圣洁崇高、使祈年殿越发巍峨壮美，而且还记载着自然年轮的更迭，也记录着天坛历史的沧桑变迁。没有了它们，天坛的整体景观将会黯然失色。

如果我们能够从空中俯瞰整个天坛的布局，那定会被它气势恢宏的平面布局所震撼，其对天的意境的追求，真可谓达到了登峰造极的地步。还有一个值得我们注意的问题是，在北宰牲亭以南约 120 米处，置有八块青石。其中的七块大青石是明嘉靖年间所置，其东北的一块小青石相传为清乾隆年间所置。尽管如此，长期以来，人们总是以“七星石”称之。何以如此？相传“七星石”为天上的陨石。“七星石”虽按天上北斗七星的格局排列置放，但从石上所刻的朵云纹等一看便知乃人工所为。据说，明嘉靖年间在改建大享殿时，一位道士向嘉靖帝谏言称，在大殿的“巽”位（东南方）不宜空虚无物，否则会不利于皇权永固、国祚绵长，亦不利于皇帝延年益寿，遂建议用“镇石”。嘉靖帝笃信道教，对道士的话深信不疑，便命人在大享殿的“巽”位，置“七星石”。但是，清帝入关之后，乾隆帝在“七星石”的东北侧又加一石，虽已实有“八石”，“七星石”的名字却未变。

“七星石”的由来还与我国东岳泰山有着独特的渊源。东岳泰山素有“五岳独尊，雄镇天下”的美誉。其主峰海拔 1532.7 米，虽不及华山和恒山高，但北起燕山、太行山，西至华山、伏牛山，南达皖南、浙西，这一广大地域之内，就没有比泰山更高的山。尤其是从泰安至岱顶的 10 千米间，相对高度约 1300 米，构成了拔地通天之势，具有雄风盖世的气派、“镇坤维而不摇”之威仪，真是“直通帝座”、与天帝对话的地方。

泰山位于东方，古代传统观念中，“万物皆相代于东方”，

▲ 位于祈年殿东南方旷地丛林中的“七星石”

是阴阳交替、万物更生之地，又符合“五行”“五常”“四时”“八卦”“二十八宿”之说，以至于使东岳泰山成为吉祥之山、神灵之宅、紫气之源。

从文化渊源上说，泰山地区也是中华民族远古文化的主要发祥地之一。泰山周围地区也包括山东丘陵的人，古称夷人，因位于东方，故又称“东夷”。根据传说，古代东夷人是炎帝的子孙，而太行山以西黄河中游的居民，是黄帝的后裔，经夏、商、周三代，炎、黄两大氏族融合成一体。因此泰山被认为是炎帝子孙的祖山。据史书记载，早在先秦时期，就已有帝王封禅或祭祀泰山的活动，而且自秦始皇始，历代帝王几乎都要到泰山封禅和祭祀。清帝入关之后，康熙就有“泰山和长白山乃同脉”的定论。因此，康熙、乾隆都曾登临泰山。乾隆就先后有 10 次朝泰山拜谒岱庙，其中有 6 次登临岱顶。

据考察，从远处观泰山，可见有 7 座山峰罗列其间。明永乐年间迁都北京，永乐十八年（1420 年）天地坛建成于南郊。嘉靖九年（1530 年）采用天地分祀典制，在北郊另建祭祀地神的地坛，天地坛只用以祭天，即天坛，并把“泰山七峰”以象征手法浓缩于天坛之内。这就是我们现在所看到的“七星石”的由来。清乾隆帝在“七星石”的东北侧再加一石，以此象征位于东北的长白山。其深层的含义即是：源于白山黑水之间的满族，乃是中华民族大家庭中的一员，其统治亦与中华文化一脉相承、代代相传。

如前所说，城市是人类文明的重要标志，北京城更是中国历代都城的最后结晶。许多人为保护北京老城做出了巨大的贡献。他们的努力，为后人保留了许多历史文化古迹和文字资料，也给后人留下无数美好的回忆，更为后人树立了良好的榜样。

下篇　殚精竭虑　呕心沥血

——记那些曾为呵护北京老城做出贡献的人们

▲ 明清紫禁城以黄琉璃瓦作顶，形成了金光闪烁又富有节奏感的“宫殿之海”

建筑，真实地记录下了城市发展的历史，是城市文化的重要载体。

城市是人类所创造的最大、最复杂，但又异乎一般的“人工建筑”，同时又是一个有生命的机体，它有其诞生、成长、发展、变化，乃至衰亡的规律。它随着某一历史时代的客观条件而诞生和兴起，并为一定的时代服务，而当一个时代过去之后，假如它不产生根本性的蜕变、交替而取得新的生命，那它就会随着时代的流逝而衰亡。

新中国的成立，标志着社会主义新时代的开始。古老的北京城也就必然要面临继承和改造的问题。这之所以显得特别突出和必要，是因为旧北京城在空间格局上，是以非凡的艺术手法集中表现封建皇权至高无上的主题思想，它与社会主义时代人民当家做主的主题是相悖的，也显然是难以调和的。

北京既已确定为这个新时代的人民的首都，人们也就必然会要求它在全城的规划上充分表现出“人民当家做主”这一主题思想。这样的一种承继和改造，是没有任何一个先例可以作为借鉴的。

前人留给我们的是一座比较完整的历史文化名城——人类宝

贵的文化遗产，我们留给后人的又将是什么？

正是在如何对待北京老城的问题上，许多人都选择了“呵护”。于是，他们便殚精竭虑、呕心沥血，或著书立说，或做实地考察并绘制成图……他们的努力，为我们留下了许多历史文化古迹和文字资料，也为我们留下了美好的记忆，树立了良好的榜样。

为北京的城墙、城门立传的喜仁龙

北京的城墙、城门几经变迁，而作为明清北京城标志的城墙、城门，则是中国都城建设的历史上修筑得最雄伟、最坚固，军事设施也是最完善的。它犹如我国的万里长城，作为劳动人民的智慧结晶、人类历史的文化遗产，其价值无疑是超越国界的。

1985 年初，当我看到由历史地理学家、北京大学教授侯仁之先生作序，由瑞典艺术史学家喜仁龙著述的《北京的城墙和城门》时，真是感到由衷的高兴。

一个外国人，从万里之外的瑞典来到中国，花了几个月的时间，对北京的城墙、城门做了实地考察、测绘，并绘制成图，为我们留下了弥足珍贵的历史资料。

何以如此？原来，这位老外是出自内心的，对北京城墙、城门的热爱。他说：“我之所以撰写这本书，是鉴于北京城墙、城门的美，鉴于北京城门在点缀中国首都某种胜景方面所起的特殊作用，鉴于它们对周围古老的建筑、青翠的树木、圮败的城壕等景物的美妙衬托，以及它们在建筑上所具有的装饰价值。无论从历史还是地理的角度来看，这些城门中仍有一部分可视为北京的界标，它们与毗连的城墙一起，在很大程度上反映了这座伟大城市的早期历史。它们与周围的景物和街道，组成了一幅幅赏心悦目的别具一格的优美图画。”

他甚至还描述了人们应该如何去欣赏北京的城墙、城门。

他说：城墙给人的印象，也依季节、时辰、天气和观者欣赏标准的不同而有所变化。远眺城墙，它们宛如连绵不绝的长城，其中点缀着座座挺立的城楼。气候温暖的时候，城头上长着一簇簇树丛灌木，增添了几分生机。秋高气爽的十月早晨，是景色最美的时候，特别是向西瞭望，在明净澄澈的晴空下，远处深蓝色的西山把城墙衬托得格外美丽。如果你曾在北京城墙上度过秋季里风和日丽的一天，你绝不会忘记那绮丽的景色——明媚的阳光、清晰的万物，以及和谐交织起来的五彩斑斓的透明色彩。若循着通向城头的马道（沿此道可乘马登城，故名）拾级而上，就可以踏上一个趣味盎然、无与伦比的散步场所。在这里你可以漫步几个钟头，欣赏那目不暇接的奇妙景致：掩映在万绿丛中、金色屋顶闪闪发光的故宫和庙宇；覆盖蓝色和绿色琉璃瓦的华美宅邸；带有前廊的朱红色房屋；半掩于百年古树下的灰色的矮小平房；横跨有绮丽牌楼的繁庶的商业大街，以及一片片有牧童放羊的开阔场地——城内种种景象，无不尽收眼底。唯有洋式或半洋式的新式建筑，才敢高耸于这些古墙之上，像一个傲慢的不速之客，破坏了整幅画面的和谐，蔑视着城墙的庇护……他甚至还担心这些建筑的数量正迅速增加着。每年有多少金饰雕刻的店面牌楼被毁坏无存？有多少设有前廊和巨大花园（里面设置着充满奇趣的假山和亭阁）的古老住宅被夷为平地而让位于半新式的三四层的砖造建筑？有多少古老的街道被拓宽？有多少皇城周围华丽的粉红色宫墙为了铺设电车轨道而被拆毁？古老的北京城正被迅速地破坏。它已失去昔日皇城的面目，却没有一届政府去设法保护它那些最值得骄傲、最珍贵的古迹！北京的雄奇壮丽和图画般的美，究竟还能维持多少年？

喜仁龙先生的这番话语，是多么的朴实而真诚。侯仁之先生在该书的“序”中这样写道：“还是在北平解放前夕，我偶然在伦敦一家旧书店里发现了喜仁龙教授的这本《北京的城墙和城门》，并以高价把它买下来，通夜加以浏览，我才开始意识到这组古建筑的艺术价值。我印象最深刻的是作者对于考察北京城墙和城门所付出的辛勤劳动，这在我们自己的专家中恐怕也是很少见的。而他自己从实地考察中激发出来的一种真挚的感情，在字里行间也充分地流露出来。他高度评价这组历史纪念物，同时也为它的年久失修而伤心。在考察中，他观测细致，记载不厌其详，这是十分可贵的。”

《北京的城墙和城门》可谓是对北京古建筑所做的调查报告，其文笔又比调查报告更生动优美。在当时的勘测技术条件下，喜仁龙对北京古城的调查可谓尽心竭力。例如，对北京各城墙的调查著录极为详尽：南城墙分为 115 段，东城墙分为 101 段，北城墙分为 108 段，西城墙分为 102 段，每段均细致地记录其长度、修筑时期、城砖及碑刻录文。以北城墙 108 段为例，书中据碑文及砖文考证：第一段 75 米，“以乾隆时代大砖重砌”；第二段 40 米，筑于明末“万历四十六年，窑户刘松作头刘能造”（砖文）；第三段 60 米，据碑文“重修于道光十年”……由此，北城墙 108 段修筑于何时、重修于何时，都记述得清清楚楚，并对东城墙墩台 23 座、北城墙墩台 19 座、西城墙墩台 22 座、南城墙墩台 11 座及内城和外城的城墙内侧、外侧的高度、顶宽、基厚做了调查考证，所列数据极为详尽，一直流传至今，为当代研究有关北京古城墙与城门的著述所引用。另外，对北京内城西直门等 9 座城门的门楼和箭楼都做了内外地势图、门楼地盘图、门楼剖面图，门楼正面、侧面图及箭楼地盘、箭楼剖面、箭楼正面和侧面图，这些实测图达 46 幅；对北京外城永定门等多座城门做了门楼和箭楼的正面全图、立体正面、立体横剖、下视地盘等剖面实测图，多达 53 幅。这些线图都有比例尺。“这些实测图都是在作者监督下由中国绘图员绘制的；毫无疑问，它们不仅是研究北京的城门而且也是了解一般性的中国建筑最珍贵的确切资料。

归根结底，北京的城门是体现中国建筑一般规律的典范。”（作者原序）

喜仁龙的原著如此受到重视与喜爱，其可贵之处是真实记录了北京城墙和城门的历史价值、科学价值与艺术价值，留下了许多珍贵的第一手资料。

1988 年，国务院公布正阳门城楼和箭楼为第三批全国重点文物保护单位。2006—2008 年，北京决定重建永定门城楼，喜仁龙书中的实测图及测绘数据成为重建永定门城楼的重要依据，可见《北京的城墙和城门》一书所做的测绘与记录是何等的翔实及珍贵。

为北平和平解放做出贡献的傅作义

1948 年冬，中国人民解放军先后攻占了昌平、沙河、通县、石景山、丰台、南苑等地。已成围城之势的北平，战云密布，战事一触即发。为了完整地保护古都北平，使文物古迹免遭兵燹，人民的生命财产免受损失，毛泽东一直在为争取和平解放北平而紧张地工作。在秘密谈判的同时，一再电告人民解放军注意保护清华大学、燕京大学等学校，以及北平的工业设施和故宫等重要文化古迹。同时，中央军委也做好武力解决，又避免破坏文物古迹的准备。

一天，解放军某部政治部主任到清华大学宣讲形势。有学生问：“你们将如何攻打北平？你们对保护古都有什么打算？”这位解放军军官坚毅地说：“我们随时都可以打下北平，但是为了保护古都文化，为了尽可能减少人民的损失，我们敦促和平谈判解决。万一非打不可，我党中央已严令部队保护文物古迹。我们将坚决执行。”

12 月 17 日，中共中央军委向前线部队发出关于充分注意保护北平工业区及文化古迹的指示，并说：“尤其注意与清华、燕京大学教职员学生联系，和他们共同商量如何在作战时减少损失。”12 月 18 日晚，一名解放军干部在清华大学政治系主任张奚若的带领下，赴清华园访问梁思成，请他绘制北平古建筑地图，以备迫不得已攻城之时保护文物之用。

据梁思成的夫人林洙回忆：有一天晚上，来了两位解放军代表，是清华大学地下党介绍来的。他们带了一张军用地图，来请梁先生在图上标出重要古建筑的所在地。他们说，如果炮击，要尽量避免这些地区遭到破坏。这件事情使梁思成高兴得几乎从椅子上跳了起来。他绝对没有想到，他整天忧虑的怎么才能够保护北京古建筑的问题，居然是由共产党主动向他提出来的，而且希望他给予帮助。面对张奚若带来的解放军干部，梁思成被感动得热泪盈眶。他说，想不到共产党如此珍视文物，竟做了他原来一直担心而又不敢奢求的大事。梁思成先生后来也回忆道：“清华大学解放的第三天，来了一位干部。他说假使不得已要攻城时，要极力避免破坏文物建筑，让我在地图上注明，并略略讲讲它们的历史、艺术价值。童年读《孟子》‘箪食壶浆，以迎王师’这两句话，那天在我的脑子里具体化了。过去，我对共产党完全没有认识。从那时候起，几乎就‘一见倾心’了。”

梁思成和罗哲文等向解放军提供了《全国重要文物建筑简目》，北京城的全面保护被列为这一名单的第一项第一级。

1949 年 1 月 16 日，中央军委给平津前线司令部发出指示：“此次攻城必须做出精密计划，力求避免破坏故宫、大学及其他著名而具有重大价值的文化古迹。”“你们对于城区各部分要有精密的调查，要使每一部队的首长完全明了，哪些地方可以攻击，哪些地方不能攻击，绘图立说，人手一份，当作一项纪律去执行。”

当时，北平的国民党守将傅作义是抗日爱国将领，在抗战时期与八路军曾经有过往来。和平解放北平是大势所趋、人心所向，在大军压境、兵临城下的形势下，傅作义派出代表同中国人民解放军平津前线司令部进行和平谈判。

在谈判过程中，傅作义又在 1949 年 1 月中旬，邀集了北平的一些学者、名流进行座谈。著名画家徐悲鸿呼吁：“北平是一座闻名于世界的文化古城，这里有许多宏伟的古代建筑，如故宫、天坛、颐和园等，在世界建筑宝库中也是罕见的。我希望傅将军顾全大局，服从民意，使北平免于被炮火摧毁。”历史学家杨人楩说：“如果傅将军能为北平免于战火做出贡献，我作为一个历史学家，将来在书写历史时，一定要为将军大书一笔。”康有为年逾花甲的女儿康同璧亦慷慨陈词：“北平有人类最珍贵的文物古迹，这是无价之宝，绝不能毁于兵燹。”各界的呼吁震撼了傅作义，使他感到一旦古城毁于战火，那他就将成为千古罪人；而实现和平解放，将为人民立功，名垂青史。

傅作义将军的女儿傅冬菊曾说：他（指傅作义）照了很多北京的照片，他很喜欢北京。我跟我爸爸讲过，你再打下去，北京城要毁在你手里，你简直是千古罪人。他后来下定决心，冒着三个死：国民党要杀他，他下面的人可能要杀他，共产党里有些人也可能要杀他。他说，我不怕了，我就豁出去了。

1949 年 1 月 31 日，北平和平解放。9 月 27 日召开的中国人民政治协商会议，通过“将中华人民共和国国都定于北平，北平改名为北京”的决议。10 月 1 日，在整修一新的天安门广场举行的开国大典上，毛泽东宣告了中国历史一个新纪元的开始。

傅作义将军在历史的转折关头，做出了正确的抉择。为了国家的未来、民族的大义，在中国共产党和傅作义将军的共同努力下，北平的和平解放最终得以实现，千年古都得以完整保存。这是毛泽东主席所宣布的八项和平条件，用和平方法解决残存国民党军的第一个榜样。1955 年 9 月 27 日，毛泽东在怀仁堂授予傅作义将军“一级解放勋章”，并多次称赞他：你是为人民立了大功的人。

北京古城的守护者梁思成

随着人民解放战争的捷报频传，中国共产党领导的人民革命在全国取得胜利已成定局。中国共产党即将成为一个执政党。这时，国都定在什么地方就成为一个至关紧要的问题。

起初，中共中央在遴选新中国首都的时候，曾考虑过许多城市，诸如哈尔滨、西安、武汉等。聂荣臻、罗瑞卿、叶剑英等将领认为，北平历史悠久，不应毁于战火，定都北平是首选。北平曾是中国六朝古都，地理位置十分重要。古人曾形容北平：“是邦之地，左环沧海，右拥太行，北枕居庸，南襟河济，形胜甲于天下，诚天府之国也。”另外，北平和平解放之后，由于未遭炮火的破坏，整个古城保留了明清时期的整体格局，雄阔而壮美，轩昂大气的城市风貌也与共和国新首都的要求相吻合。

1949 年初春，时任东北局城市工作部部长的王稼祥奉命到河北西柏坡参加七届二中全会。毛泽东在与王稼祥的一次谈话时征求他的意见：“我们很快就要取得全国胜利了，我们的政府安在何处，我们的首都选在哪里最合适，我想听听你的意见。”王稼祥沉思片刻后说：“是不是选在北平？”毛泽东说：“谈谈你的理由。”王稼祥说：“依我看，现在国民党的首都南京虽然自称虎踞龙盘，地势险要，但历史上定都此地的王朝都是短命的。虽然我们不是宿命主义者，但它的缺陷是离东南沿海太近，我们不能选。西安在历史上曾经辉煌过，但它的缺陷是太偏西，而且经济已经落后，今日中国的经济重心在东南沿海，所以选西安也不合适。”

王稼祥接着说：“我认为最理想的首都是北平。因为北平不仅地理位置很好，而且战略地位十分重要，能扼守连接东北与关内的咽喉地带。同时靠近社会主义国家苏联和蒙古人民共和国，国界长而无战争之忧。虽然离渤海近，但渤海是山东内海，有辽宁和山东两个半岛拱卫，战略上十分安全，一旦国际上有事，不致京都震动。此外，北平是几朝古都，从人民群众的心理上看，大家也愿意接受。”毛泽东对王稼祥的意见十分赞赏。

1949 年 3 月 13 日，在党的七届二中全会上，毛泽东在报告中宣布：我们希望 4 月或 5 月占领南京，然后在北平召开政治协商会议，成立联合政府，并定都北平。

一个重大的政治抉择就这样确定了。

北京在被确定为中华人民共和国的首都之后，人们便提出了首都行政中心的位置问题，并着手研究首都的城市规划。当时，不仅邀集了一些知名的中国专家参加规划工作，而且还特邀了苏联专家小组来京协助研究北京的城市规划建设问题。

在首都行政中心的位置问题上，当时的苏联专家认为，苏联设计和建筑城市的经验，证明了住宅和行政房屋不能超出现代城市价值的50%～60%，而40%～50%的价值是文化与生活用房（包括商店、食堂、学校、医院、电影院、剧院、浴池等）和技术设施（自来水、下水道、电气和电话网、道路、便道、桥梁、河湖、公园、树林等）。而拆毁旧房屋包括居民迁移费用，其价值不超过25%～30%。鉴于在旧城内已经有文化与生活必需的建设和技术设施，如行政中心设在新市区，则要新建这些设施。因此，在旧城区虽有居民拆迁、增加投资的一面，又有节省文化、生活用房和技术设备投资的一面，两相抵消，还是在旧城建房便宜。有的苏联专家认为，北京是一座非常美丽的城市，有很美丽的故宫、大学、博物馆、公园、河湖、笔直的大街和若干其他宝贵的建设，已经建立并装饰了几百年的首都，完全没有弃掉的必要。如果再建筑良好的行政房屋来装饰北京的广场和街道，可增强新中国首都的重要性。

有的中国专家认为，北京旧城是我国千年保存下来的财富与艺术宝藏，它具有无比雄壮美丽的规模与近代文明设施，具备作为中华人民共和国首都的条件，自然应以此建设首都中心，这是合理而又经济的打算，可保存发挥中华民族特有文物的价值，是顺应自然发展趋势的。建筑学家、清华大学教授梁思成认为，北京的整个形制既是历史上可贵的孤例，又是艺术上的杰作。城内外的许多建筑物又是在历史上、建筑史上、艺术史上的至宝。整个故宫自不必说，其他许多文物、建筑物大多数是富有历史意义的艺术品，它们综合起来是一个庞大的“历史艺术陈列馆”。北京老城是一个保留着中国古代规划、具有都市计划传统的完整艺术实物，我们在北京城里绝不应以数以百计的、体形不同的、需要占地 6 ~ 10 平方千米的新建筑形体来损害这优美的北京城。

梁思成说：“我们的新建筑，因为跟不上生活需要和材料技术与古代不同，其形体必然与古文物建筑极不相同。它们在城中沿街或围绕着天安门广场建造起来，北京就立刻失去了原有的风格，而成为欧洲现在正在避免和力求纠正的街型。无论它们单独本身如何壮美，必因与环境中的文物建筑不调和而成为掺杂凌乱的局面，损害了文物建筑原有的整肃。”

我们承袭了祖先留下的这一笔古今中外独一无二的遗产，维护它的责任，是我们这一代人所绝不能推诿的。

梁思成认为，北京城规划发展的核心问题，是行政中心区的位置问题。这一问题的解决，关系到北京市今后的发展方向、规划原则，行政中心区位置的确定，也同时决定了北京的旧城改造政策。他主张把首都的行政中心区放在月坛至公主坟之间的地段。其理由：

一是旧城布局系统完整，难以插入庞大的工作中心区，“北京城之所以以艺术文物而著名，就是因为它原是有计划建设起来的壮美城市，而且到现在仍然还很完整地保存着。除却历史价值而外，北京的建筑形体，同它的街道区域的秩序，都有极大的艺术价值，非常完美。所以，北京旧城区是保留着中国古代规制、具有都市计划传统的完整艺术实物。这个特征在世界上是无比罕见和宝贵的。今后，我们则应有自觉的责任，有原则性地保护它，永远为人民保护这有历史艺术价值的文物环境”。

二是用地不允许。城区人口密度平均每平方千米为 2.14 万多人，行政中心在城区安排，势必要大量拆迁。初步估计要拆除 13 万间房，迁出 18.2 万人。这样做不仅增加了城市的投资，破坏了城区原有环境，而且工作人员只能住在城区，若是远距离进城上班，则会增加交通的复杂性。从历史上看，辽、金、元每次迁移、发展的过程，都因随着发展需要另辟更广阔的新址。明时把内城南移增筑外城，也是如此。

在西郊近旧城建筑政府中心，则可避免上述困难与缺点，做到新旧两全。新区可以有足够的发展余地；可以不与其他区域混杂；建筑形体可以做到使新材料与本土材料相结合，既表现民族传统特征，又表现时代精神，创造中国特有的中轴明显、庄严、整肃，被人民爱护的政府形象，并有利于合理布置住宅和组织交通。旧区则可以不勉强夹杂不适宜的建筑在环境中，使之成为博物馆及纪念性文物区；旧苑、坛庙改为公园休息区和特殊文娱庆典中心的大广场。其余部分可作为市政府机关、商业服务机构、金融机构，以及学校、文化机关、手工业聚集区。

1950 年 2 月，梁思成与居住在南京、曾留学英国的著名建筑学家陈占祥一起提交了《关于中央人民政府行政中心区位置的建议》，即著名的“梁陈方案”。按此方案，新的行政区设在月坛和公主坟之间，北至动物园，南至莲花池。这一设计根据现代城市规划的基本理论，并汲取了欧洲大城市蔓延滋长以致形成庞大组合的教训。它不仅符合按功能分区的城市部署原则，而且更有利于保护规划严整壮美的文化古都。但是，苏联专家以 20 世纪 30 年代初曾有人提出保留莫斯科老城、另建新城的方案，最后由斯大林确定以旧城为中心、径向环形辐射状的城市重建方案为例，否定了“梁陈方案”，而且由中共北京市委根据当时的实际情况确定了以北京旧城为中心、逐步扩建首都的方针。

20 世纪 50 年代，随着城市交通的日益发展，城墙的存废问题也就被提到议事日程上来。当时有人认为：城墙是古代防御的工事，现今已完全失去了它应有的作用，并正在日益阻碍和限制着城市交通的发展……但是，当时以梁思成为代表的一些人认为“它是一件气魄雄伟、精神壮丽的杰作”“它是一件举世无匹的大胆的建筑纪念物，磊拓嵯峨、意味深厚的艺术创造”。巍峨壮丽、气势雄伟的北京城墙、城楼，是古城特有的标志，它与内城的紫禁城、钟鼓楼遥相呼应，形成北京美丽独特的天际线，是北京城不可分割的重要组成部分。在世界各国封建时代的名都大邑中，也是唯一得以完整保留下来的。所以，对它的保护具有世界意义，梁思成极力反对拆除城墙、城楼，并做了改造利用的方案。他甚至断言，如果拆掉北京城墙，五十年后一定会后悔。

1950 年 5 月 7 日，病中的梁思成在《新建设》上发表了“关于北京城墙的存废问题的讨论”。他在文中提出了改造旧城墙的一种设想：把宽阔的城墙顶部开辟成登高游憩的地方，同时把墙外的护城河加以修葺，注入清流，进行绿化。这样，就无异于在北京旧城的周围，形成了一个具有极大特色的环城公园，犹如一条美丽的项链，璀璨有光。

梁思成甚至说：这环绕北京的城墙，从艺术的观点来看，是一件气魄雄伟、精神壮丽的杰作。它质朴无华的结构、单纯壮硕的体形，反映出为解决某种需要，经由劳动人民的血汗、劳动的精神与实力、人民集体所成功的技术上的创造。它不只是一堆平凡叠砌的砖堆，它是大胆的建筑纪念物，磊拓嵯峨、意味深厚的艺术创造！

针对“梁陈方案”和北京城墙的存废问题接连两次大申辩，使原本就在病中的梁思成元气大伤，健康状况恶化。梁思成先生却对此全然不顾，仍然执意要去阐述自己的设想。

1951 年 4 月 15 日，梁思成先生在《新观察》上发表了《北京——都市计划的无比杰作》，再次呼吁，在市政建设的前夕，保护北京城这个伟大的杰作，是每一个热爱中国人民首都的人所关切的问题。

1951年5月、6月的《新观察》（65、66期）刊发了侯仁之的文章"北京是一座伟大美丽的城——人民首都巡礼"。文中明确表示支持梁思成先生反对拆除北京城墙的意见和对南北中轴线的评价："最重要的还不仅仅是北京城的城墙，而是在这古老的城墙之内所保存着的历史上曾经创造过的最完整、最统一的'都市计划'……其中最重要的是那条几乎纵贯全城的中轴线，这条中轴线从城正中的永定门起，经由正阳门、中华门、天安门、端门、午门，穿过故宫中心，然后出神武门，越过景山中街，经北安门，止于鼓楼和钟楼，全程将近8千米，为人类历史上任何城市都未曾有。"

事实上，在北京古城墙拆与不拆这一问题上，确实存在着相当大的争议。就在1953年8月12日，中央某领导人在全国财经会议的讲话中说，拆除北京城墙这些大问题，是由中央决定，由政府执行的。以彭真为首的北京市委对城墙的态度十分审慎，虽然中央早有拆除城墙的决定，但是考虑到争议很大，问题很复杂，也不需要立即实施，市委决定暂缓行动。凡不是有坍塌等危险的都一律不拆，对那些有价值的文物，则予以保护，并明确指示："城墙虽然要拆除，但城门楼要留下，将来可以看出北京城的轮廓。"

被人们誉为“北京通”的侯仁之

北京城在侯仁之先生的心目中是一座“圣城”。正因为此，他穷毕生之精力一直在探索、研究北京，对于北京旧城的保护自然也是殚精竭虑的。侯仁之先生认为，一个历史文化名城，必然有其本身的特点，这种特点导致了这个城市独特风貌的形成和发展。北京这个历史文化名城有长达3000多年的发展过程，从最初起（也就是从原始公社后期起），它所在的地区就是一个南北文化接触的中心，同时又具有地方文化的特色，在全国尚未统一在一个强有力的中央集权的政府之前（即秦始皇统一中国之前），它曾是一个地区性的政治中心（周朝的燕都蓟城），在全国统一的封建国家形成之后，它又从一个接近边防的军事重镇（从秦汉一直到隋唐的蓟镇）上升为全国的政治中心（从辽朝的陪都南京、金朝的政治中心中都，一直到元朝的大都和明清的北京）。北京城的特殊风貌除去继承了过去的若干特点之外，主要还是由于它是作为元明清三朝的封建国都而最后形成的，这在它的城市规划和城市建设上表现得最为突出。如果说北京旧城是我国封建时代国都建筑艺术集大成的一座城市，似不为过。直到新中国成立之初，它还被完整地保存下来。从某种意义上来看，整个北京旧城就是一份极为宝贵的历史文化遗产。它拥有无数文物古迹，如辉煌壮丽的宫阙建筑、气势恢宏的庙坛府第、丰美多姿的大小园林，以及不可胜数的亭台楼阁和散在民间的深宅大院等。更可贵的是它在城市的整体布局和结构上已经达到了如此之高的艺术水平，是人类历史上任何封建帝都所不能及的。

1954 年 8 月北京市召开第一届人代会，期间侯仁之对拆除北京城墙的问题阐述了自己的看法：

第一，我承认北京城墙是封建时代的遗物。当初完全是为保护封建统治头子而建立的。但是，我们不能把北京城墙本身也认为是封建的。不但如此，北京城墙本身就是劳动人民血汗的结晶。

北京市都市计划委员会副主任梁思成先生曾做过一个计算：

北京城墙的砖石灰土计重 1100 万吨，如果以 20 节（每节拉 18 吨）的列车每日拉一次，需时 83 年。请各位代表想一想，建城之初并无火车，这是劳动人民一筐土、一担石，用双手双脚建筑起来的，是劳动人民用无数的血汗灌注的。封建统治者不爱惜劳动人民的血汗，难道我们也不爱惜劳动人民的血汗？难道劳动人民自己还不爱惜自己的血汗吗？

我们的北京有一个封建时代所筑成的城墙，我们的全中国也有一个封建时代所建造的城墙——万里长城。我们为什么不能拆万里长城呢——因为那是劳动人民血汗的结晶，不是因为它不妨碍交通。我们应当以同样的认识去看北京城的城墙。

第二，我虽然不是学建筑的，也不懂得建筑艺术。但是，北京城墙有它建筑艺术上的价值。这是稍稍留心古城建筑的人都会知道的。有一位专门研究中国美术史的喜仁龙，看上了北京城，写了一本硕大的书，叫作《北京的城墙和城门》，盛赞北京的城墙、城门的建筑艺术。我奇怪的是我们为什么不能认识自己的东西，这不是毛主席在“改造我们的学习”中所说的“数典忘祖”吗?

据传，苏联的斯摩棱斯克城有一段 7 千米长的城墙，坏了还要好好地去修复，被称为“苏维埃的项链”。难道我们长达 40 千米的北京城墙，不可以被称为“我们伟大祖国的项链”吗?

第三，我承认北京城墙在今天对于北京都市的发展是有一定的障碍作用的，但这并不是不可以克服的。它原来的意义、保护作用不存在了，但是我们可以赋予它新的意义、生命。

例如，在城墙上多打门洞，解决交通问题。然后把城墙和护城河作为整体，来修建一个环城大公园。护城河荡漾着满河的清水，城墙上可以登高远望。到那时，就不是人人要逃开城根居住，而是人人要抢着到城根去住了。

如何合理地接受旧的文物，而去加以改造，是我们这个古老国家的一个重要任务，而不是要以粗暴的态度去对待我们的历史遗产。

第四，最后华（南圭）老先生在他的书面意见上说：“拆去 80 里之大墙，即是打破城乡对立之初步。”我们不同意这样的说法。打破城乡对立，不是靠拆城墙，而是要首先取消剥削制度，其次是大力发展工业。

1954 年得知东四牌楼、西四牌楼即将被拆，有人要上诉请求保存，侯仁之也一起参与签名。但信递交上去之后，便杳无音信了。是年 12 月，东四、西四牌楼被拆除了……

北京旧城无可比拟的特殊风貌，正是由于它乃是我国历史上最后出现的一个封建国都而逐渐形成的，因此在规划设计上能够集历代都城建筑艺术之大成，其中最突出的一点就是它的整体性。不幸的是，由于过去对它在规划设计上的这种整体性认识不足，而造成了无可挽救的损失。最突出的一例，就是它那有数百年历史的城墙已被拆除，和城墙共存的巍峨城楼，除去个别被孤立地保留下来之外，也已不复存在。

其实，北京城墙的重要性还不仅在于它的艺术价值。在我国城市发展史上，城墙的建筑和城市的平面设计是有机地联系在一起的。元朝创建大都城，为今日的北京城奠定了基础。它的总体规划，既取法于我国历史上最早出现的关于营建国都的理想设计，又结合了地方上河湖水系分布的特点，首先选定了全城的南北中轴线，并把中轴线的北方顶点（即今钟鼓楼所在之地）确定为全城布局的几何中心，然后再布置宫阙庙坛以及商业市场的相对位置，最后再以全城的几何中心为准，选择适当的基址修建四面城墙。它不仅具有军事防御的功能，而且是构成城市模式的重要因素。这一点在北京旧城的独特风貌上是非常明显的。

数十年来，在首都城市建设实践中，既有像对待城墙那样处理不当的教训，也有在旧城改造中符合原则的成就，其中最重要的一例就是天安门广场的改造。封建时代的天安门广场，原是有计划地设在皇城正前方的一处宫廷广场，它像宫阙所在的紫禁城一样，正好布置在全城中轴线最重要的部位上。其轮廓呈“T”字形，有宫墙在东、西、南三面环卫，正北一面则是造型庄严而瑰丽的天安门。门前宽阔的东西横街，号称天街，东端一门叫长安左门，西端一门叫长安右门（现在天安门前的东西长安街就是因此而得名的）。至于正南一面，则是一条比较狭窄的长街，沿中轴线延伸，直到正南门（此正南门在明朝曰大明门，在清朝曰大清门，辛亥革命后改称中华门，后因修建毛主席纪念堂而被拆除）。长街两侧的东西宫墙之下，各有通檐连脊的“千步廊”，结构精巧，既冲淡了沿长街北上的单调感，同时也更加显示出远在尽头的天安门城楼的巍峨壮丽。这个宫廷广场当初专为举行隆重典礼之用，老百姓严禁涉足。全城设计的主题思想，就集中体现在紫禁城和这座宫廷广场的中心位置上。用文字来说明，它所力求表现的就是封建帝王的“至高无上，唯我独尊”。把这样一个主题思想，通过城市规划的平面设计表示出来，从而达到这样一种艺术高度的，在古今中外的封建国都中可以说是罕有其匹。现在经过改造，新出现的天安门广场已成为社会主义新时代全国人民一心向往的政治活动的中心。而封建时代雄踞全城的紫禁城也就相应地被推到了广场“后院”的次要位置上，成为向人民群众展示伟大艺术创造的博物馆。从这时起，天安门广场在历史形成的基础上继续有所变化，它的位置如旧而景象日新，从而显示出人民首都的一种独特风貌。其间既有继承，又有创新，最根本的一点就是它旧日在设计上的主题思想，已经完全为一个新时代的主题思想所代替，这个新的主题思想就是“人民至上”。它已经充分体现了北京城作为全国政治中心的要求，因此，它所产生的社会效益是无可估量的，它的改造是成功的。

但是，作为全国的文化中心，北京城的规划设计，还有待进一步考虑和发展。这里再从旧城改造中举出一个足以影响社会主义首都的独特风貌并且具有重大社会、经济价值的例子，那就是什刹海及其周围地区进一步开发的问题。

北京城的建地和现在号称“六海”——什刹海的前海、后海、西海（积水潭）与旧皇城内的北海、中海、南海（旧称太液池）——的这一带湖泊有血肉相连的密切关系。如果没有这一带的原始湖泊（其上游古积水潭的最西部分，也就是德胜门以西的太平湖，现已被填塞；其下游，也就是现在的南海，则是明朝初期人工开凿的），也就不会有北京城现在这样的格局。700 多年前元朝的统治者在金朝旧中都城东北郊外初建大都城，其设计者敢于把这一带天然湖泊和城市的平面设计结合起来，并且紧傍湖泊的东岸确定了全城的南北中轴线，不仅显示了非凡的艺术手法，而且也是极有远见的。现在驻足在北海大石桥上南瞻北望，在全城的心脏部位上，出现了这样一片平远浩瀚、波光粼粼的水面，再加上环湖一带绿树丛中若隐若现的楼台亭阁以及琼华岛上高耸入云的白塔，真是犹如仙境，却在人间。不过应该想到，眼前这一片自然与人工互相辉映的美丽风光，乃是数百年来陆续缔造经营的结果。它原先只是建城之前的那一片原始湖泊的下游，只因被圈入旧日的皇城之内，为了开辟皇家园林，才出现了这样高超的造园艺术。至于这一带原始湖泊的上游，因为被圈在旧日皇城之外，从来没有受到过当权者的重视，因此反而逐渐成为人民群众会集的地方。这里自然风光明媚，掠过辽阔的湖面，遥见西山峰峦，如在城中。随着群众的不断会聚，此地出现了各种各样人们喜闻乐见的民间游艺，当然也就随之而产生了各种地方风味的茶点小吃以及价廉物美的百货小摊。尽管季节因时序而交替，但民间集会终年不歇，如夏有荷花市场，冬有冰床游嬉等。可以说，什刹海及其周围一带，乃是旧日北京城中最富有人民性的地方，只有当年的天桥可与之相比，但是天桥的自然风光远不如什刹海。如果看到这一地区长期形成的民间传统，就应该考虑在今天的首都，如何把这一地区加以规划和改造，并力求有所创新，结合周围的宋庆龄故居、郭沫若故居以及旧日的醇王府、恭王府和若干名刹古迹，还有附近的钟鼓楼、德胜门箭楼，更重要的是重建的全城进水口处的汇通祠等，把这一切或直接或间接地联系在一起，形成一处多功能的历史文化风景区，并进一步发展传统的造园艺术，其结果必将大大有助于社会主义首都独特风貌的形成，进而取得目前还难以估计的社会、经济价值。

还有，北京这座历史文化名城在目前的发展形势下面临的一个十分突出的问题，就是建筑上的民族形式如何继承和发展，这也是我国建筑学界正在热烈讨论的一个问题。这个问题之所以突出，就是因为近年来西方的建筑形式，特别是高层建筑物到处涌现，已经引起人们的广泛关注。为此，北京市颁布了分区限制建筑物高度的规定，为的是旧城固有的特殊风貌能够得到应有的保护。这一规定是十分必要的，也是非常及时的。然而这只是问题的一个方面。另一方面，我们也必须看到，为了进行现代化建设，更重要的是要站在创造社会主义新文化的高度来瞻望我国未来建筑的新发展，为此而主动地、有创造性地去吸收外来建筑之长以补我之短。关键问题在于识别哪些是精华、哪些是糟粕，绝不能一味模仿、生搬硬套，更不能毁我精华而代之以外来的糟粕。现在，举国上下各行业都在建设有中国特色的社会主义的总目标下，在各自的业务范围内，力求有所创新而奋发前进。新中国的建筑学家也必能创造出既有民族特色、又符合现代化要求的我国建筑的新形式和新风格，这是所有关心我国历史文化名城发展前途的人们所殷切期待的。

20世纪90年代，侯仁之先生在众多学术研究成果的基础上，提出了“北京城市规划建设三个里程碑”的论说：

第一个里程碑是历史上北京城的中心建筑——紫禁城，代表的是封建王朝统治时期北京城市建设的核心，也是中国传统建筑的一大杰作，并被列入“世界文化遗产名录”，享誉全球。

第二个里程碑是中华人民共和国成立后，对天安门广场的改造、扩建，标志着一个新时代的来临，显示出在城市建设上“古为今用，推陈出新”的时代标志，在文化传统上有着承前启后的特殊意义。

第三个里程碑是国家奥林匹克体育中心的兴建，显示出北京走向国际性大都市的时代已经到来。

侯仁之先生以高屋建瓴的气势，对北京城市发展的三个阶段做了高度的概括，具有高度的学术价值和现实意义。

“知之愈深，爱之愈切”，正是由于侯仁之先生对北京矢志不移的研究，他对北京的了解才是超乎寻常的。“北京是一座圣城”，对它在发展过程中所留下的历史文化遗迹——北京的生命印记，当然要悉心呵护。

1. 呵护卢沟桥

卢沟桥是北京近郊的一处名胜古迹，名扬中外。它是导致民族复兴的全面抗战的起点，具有重要的政治意义。同时，它和北京城的起源与发展有着血肉相连的关系。如果不是远在卢沟桥兴建以前，当地就已经出现永定河的古代渡口，也就不会有北京城原始聚落在其故址上的出现；反之，如果不是在 860 多年前北京城已开始成为全国的政治中心，也就不会有今天这样有重要意义的卢沟桥。

卢沟桥因跨卢沟河（清康熙帝更名永定河）而得名，它始建于 1189 年，是北京现存最早的联拱石桥，也是国务院公布的第一批全国重点文物保护单位。它全长 266.5 米，宽 7.5 米，桥身下有 11 个涵洞，桥身两侧的石雕护栏有 281 根望柱，每个柱头上均雕有姿态各异的石狮。

由于卢沟桥雕刻精美，技艺精湛，480 多个石狮伫立在望柱上，令人目不暇接，民间流传有“卢沟桥的狮子——数不清”的歇后语。又由于桥墩的迎水面上，安装有 10 根边长 26 厘米的三角铁柱，能击碎春暖花开时从河的上游流下的冰坨，从而保护石桥，人们称它为“斩龙剑”。更有秋日，天高气爽，远山近水，月明河清的美景，因而被金章宗列为“燕京八景”之一的“卢沟晓月”。总之，卢沟桥上的一切，都具有民族文化的传统特色，都足以唤起我们的民族自豪感。

1937 年“七七事变”在卢沟桥爆发，中国人民抵抗日本侵略的伟大的全面战争从此开始。卢沟桥不仅是一座具有极高历史文化、科学艺术价值且保存完好的古代大型石桥，也是中华民族全面抗击日本侵略者的重要纪念地。

但是，在 20 世纪 80 年代以前，由于历史的原因，这样一座极其珍贵的古石桥没有得到妥善的保护，虽然在 1961 年 3 月被国务院公布为全国重点文物保护单位，却一直作为现代交通的桥梁使用着。每天有大量重载的车辆从桥上通过，日平均流量达 1.5 万辆。卢沟桥桥身损坏严重，桥上的石狮、栏板、望柱等构件被汽车排出的尾气侵蚀，桥下河道中淤满了工厂排出的酸性粉尘，桥墩的条石也被腐蚀成蜂窝状……

有鉴于此，侯仁之于 1985 年 7 月 17 日在全国政协文化组和北京市政协文化组联合举行的专题讨论会上提请市政府保护好卢沟桥，并撰文《保护卢沟桥刻不容缓》刊发在 8 月 15 日的《北京日报》上，而这一天也正好是抗日战争胜利 40 周年纪念日。

侯仁之先生在文中充分阐述了卢沟桥的重要历史文化价值、建筑艺术成就后指出："当前，卢沟桥这样一座有着高度文化和历史价值的古建筑正面临着亟须加强保护的问题。1975 年前，由于经济建设上的急需，一部超限大件重载，要运过永定河。卢沟桥附近虽有现代公路桥，却远不能承担这一重任，只好考虑从卢沟桥上通过。为此还做了一次试验，一辆特制的平板大卡车累加重量达到 429 吨，竟然安全通过，只是桥身微做颤动，未有明显破坏，但不幸的是桥身已有内伤。因此，此后十年日益频繁的行车过程中，卢沟桥开始出现了前所未有的破损情况。1983 年虽经市政部门进行了必要的修补，但是由于载重车辆有增无减，终于导致桥梁面临危机，如果不进行根本的维修和保护，甚至继续强行通过超限大件重载车辆，势必造成不可弥补的损失。”

全国政协委员郑孝燮先生则撰文“保护古老、光荣的卢沟桥，严禁交通破坏”，并把卢沟桥比喻成“金饭碗”，呼吁：“金饭碗不是用来盛饭的。”

1985 年 8 月 21 日，北京市政府市长办公会议做出决定：从 8 月 24 日起，禁止机动车和兽力车在卢沟桥上通行。

这座拥有近 800 年历史的古桥，从此正式“退役”。而现在，卢沟桥连同桥东侧的宛平城已经成为北京一处著名的文物景点和爱国主义教育基地。

2. 保护莲花池

新中国成立之初，北京城区的铁路客货运站有前门站（旧北京站即现在的“北京铁路博物馆”）、东便门站、永定门站、广安门站、西直门站、德胜门站、安定门站、东直门站、朝阳门站、清华园站、西便门站等，但是主要的客运量都集中在前门站。

随着社会主义建设的迅速发展，原有的客运设施已难以满足实际的需要。为此，1958 年中央决定新建北京站，站址就选在原东便门站西，并将其列为“庆祝中华人民共和国成立十周年十大工程之一”。

北京站于 1958 年开始设计，1959 年 9 月建成通车，前后仅用了10个多月，按设计规模为日接发旅客列车50对。可是，到1987年就已达到79对，于是有关部门就开始酝酿建设西客站。

北京西客站的规划伊始，拟选在原西便门站以西的莲花池一带。因为在地理位置上正好与北京站东西遥相呼应，而且这里地势也较为开阔、平坦。旧有的莲花池虽已被辟为公园，但泉流干涸，且受到工业废水的严重污染。因之，将其填平建作西客站，既可以少占耕地，消除一处污染危害，也可减少因拆迁带来的麻烦。

但是，当侯仁之先生知道这个规划方案后拍案而起，并向有关部门据理陈述。他说，莲花池这个地方很重要，它和北京城有着血肉相连的关系。从水源的供应来说，一个城市的成长，水是绝对必需的。而北京城的肇始之地蓟的生命来源——水，就是靠的莲花池，所以，莲花池是北京城成长过程中的生命印记，如果把它填掉了，就等于忘记了自己的生命印记。正是由于侯仁之先生的据理力争，有关部门终于决定修改原有的规划方案，将北京西站的站址向东移了约100米，就这样将莲花池完整地保留下来。

1993年，北京西客站破土动工。当其主体工程即将完工之际，侯仁之先生要亲自到工地去看一看。这时的侯先生已是82岁的老人了。他坚持在夫人张玮瑛的陪伴下，一直沿着楼梯爬到顶层俯瞰，目之所及，莲花池是被完整地保留下来了，心中自有一番喜悦。但是，眼前的莲花池是一个处于干涸状态的湖泊，而且还堆满了建筑垃圾，这又使侯先生的心中感到一丝惆怅和忧虑。

返回燕园后，侯仁之又奋笔疾书，写了《莲花池畔再造京门》，呼吁修复莲花池。1998 年 4 月 28 日，侯仁之应邀为北京市委做了《从莲花池到后门桥》的报告，再次呼吁修复莲花池的重要意义。此后不久，北京市委、市政府决定投资修复莲花池，恢复往日的美景，并开辟为“莲花池公园”。2000 年 12 月，莲花池公园举行开园仪式，侯仁之先生成为开园仪式的“一号嘉宾”。

如今，以莲花池为基础修建起来的“莲花池公园”，不仅是北京市民的休闲之地，也是南北往来西客站稍事停留、游赏的好去处。特别是到了夏天，这里的荷花分外耀眼夺目，其散发出来的芳香又是那么的沁人心脾，真让人心旷神怡！

3. 保卫鱼藻池

鱼藻池原是金中都城的一处宫苑，1993 年被列为北京市文物保护单位。2002 年 1 月 17 日《北京晨报》载文“都市中有片鬼楼”：原广安门外金中都太液池遗址大约 75 亩的地面上，近年来盖了十七八幢两层小别墅，但这些别墅目前成了长期闲置、外地人寄居、垃圾成片、老鼠乱窜的“烂尾楼”。并说，这种别墅的结构已经过时，根本卖不出去，只能全拆——这么个好地方，是续建，还是拆？是重新规划，还是建成公园，还绿于民？总得有人出来给个说法才对。我将这篇文章做成剪报寄给了侯先生。

这里所说的“原广安门外金中都太液池”就是白纸坊立交桥

以西 200 米处的“青年湖”。这“青年湖”实际上是金代宫苑鱼藻池遗址。中华人民共和国成立后改称“青年湖”，并在此开辟体育场所（游泳池、网球场等）。1993 年 10 月，侯仁之先生曾为“鱼藻池遗址”写过一篇碑文，并立于遗址之内：

金中都城宫苑遗址现在可见者，唯有鱼藻池一处。其地原在宫城内之西南隅，西隔宫墙与皇城内西苑之太液池一脉相通，同为皇家邀宴之所。鱼藻池内筑有小岛，上建鱼藻殿，风景佳丽，自在意中。泰和五年（1205 年）端午节，金章宗拜天射柳，欢宴四品以上官员于鱼藻池，事载《金史·章宗本纪》……而今历经沧桑，宫苑古建荡然无存，仅得鱼藻池遗址，即今青年湖。近年营建西厢工程，于鱼藻池东约 200 米，发现大型建筑遗址夯土层二处，南北相值，可以确定为金中都大安殿与大安门故址所在。鉴于鱼藻池遗址与研究金中都城宫苑方位密切相关，已列入北京市文物保护单位。

北京是一座拥有 2000 多年历史的文化古城，但是在北京早期的城址中，金中都以前的城垣已无迹可寻了。金中都残存的城垣是北京城现存最早的城垣。目前在丰台区凤凰嘴村、万泉寺、马连道一带还残存的土城，便是其最好的见证。在 1966 年对金中都城遗址的考证中，已经搞清了金中都城的四至、多数城门及宫城的位置、部分街道的布局等。1990—1995 年结合西厢工程又对金中都城的宫苑遗址做了考古调查，并基本上确定了金中都城应天门、大安门、大安殿等宫殿的遗址及其规模。但是它们都未有能在地面可供人们凭吊的遗迹。基于此，侯仁之先生决定对鱼藻池遗址现状做一番实地考察，并嘱托我向市领导反映情况。

2002 年 5 月 14 日，91 岁的侯仁之先生在夫人张玮瑛的陪伴下，坐着轮椅，在北京市文物局有关领导的陪同下来到了现场，我也应邀参加了。

在北京的城市发展史上，金朝是一个非常重要的时期，正是金中都城的建立，揭开了北京成为全国性都城的序幕。而鱼藻池作为金中都城宫苑的遗址，则具有历史的唯一性和不可替代性，弥足珍贵。为了保护鱼藻池遗址及其历史的原真性和完整性，侯仁之先生建议把它建设成为“鱼藻池公园”。

尽管 20 多年过去了，鱼藻池遗址上的“烂尾楼”依然如故，但“历史文化是北京的金名片”，我们依然充满希望，也充满信心，侯仁之先生的愿望一定会成为现实的。

4. 维护万宁桥

万宁桥始建于元至元二十二年（1285 年），初为木桥。因其位于“大天寿万宁寺”（今鼓楼所在的位置）之南，万宁桥亦称“海子桥”。后在郭守敬主持开凿通惠河的工程中，将木桥改建为“桥闸一体”的石桥，名澄清闸。但自明建北京城之后，因其位于地安门之北，又被习称为“后门桥”。1984 年公布该桥为市级文物保护单位。

侯仁之先生认为，元代大都城规划的起点，严格说就是海子桥。因为，元大都城规划建设中拟将由古高梁河所形成的天然湖泊全部揽入城内，其最远点即是海子桥的所在。换言之，元大都城南半城的规划建设中轴线即为明清北京城继承的北京中轴线，实际上是由海子桥的位置决定的。因此，海子桥具有重要的历史文物价值。

“这个中轴线太重要了，保护北京中轴线是保护北京这座历史文化名城的重要内容之一，这在北京总体规划中已有充分的说明。但是，海子桥目前的状况太让人难堪了。桥两边的护栏年深日久已破损，这尚且不说，桥两边的水也不见了，而且用很大的广告牌把它们遮挡起来。原来桥的西边有风景秀丽的什刹海，桥的东边有一溪清流，可现在桥的两边不堪一顾。今天在贯穿全城中轴线的地方，本来是城市规划设计的起点，现在却处于这样一种状态……”

侯仁之满怀深情地说，了解过去正是为了建设未来，保护历史文化名城的真正目的是提醒人们不要忘记过去，特别是像北京这样一座具有悠久历史的文化名城。那么，就要使全城中轴线最初设计起点的地方焕然一新，即整修海子桥。恢复它原有的名字——万宁桥，意在“万世安宁”；把什刹海的水引过万宁桥，恢复万宁桥下这段河道原有的水上景观。

侯仁之先生语重心长的话语，引起了北京市领导的重视，并很快将其列入市政府的抢险修缮工程中。2000 年 12 月 21 日，北京市委领导与首都文物、建筑、考古界专家一起参加了万宁桥的竣工仪式。89 岁的侯仁之先生也应邀坐着轮椅前来参加，心情异常激动。

不仅如此，为了更好地保护万宁桥，同时也为了让游客往来交通更方便，市政府还专门在万宁桥西、什刹海东岸修了一座汉白玉三孔石桥，起名“金锭桥”。

5.“中国申遗第一人”

1984 年，侯仁之先生应邀去美国康奈尔大学讲学，在与外国同行的接触、交谈中，第一次听到了在国际上有一个《保护世界文化和自然遗产公约》和“世界遗产委员会”。外国同行还说，中国历史悠久，有无数极其珍贵的文化遗产和风景名胜地，为什么不参加这个公约，让世界能更好更多地了解中国。

这件事着实给侯仁之带来很大的震动。原来，1972 年 11 月在联合国教科文组织大会第十七届全体会议上通过了一项国际公约——《保护世界文化和自然遗产公约》（以下简称“公约”），1976 年 11 月第一届“公约”成员国大会在肯尼亚首都内罗毕举行，并成立了“世界遗产委员会”，其主要的职责是负责“公约”的实施。与此同时，还建立了“世界遗产基金会”，其目的就在于通过国际合作，更积极、更有效地保存和保护对全人类有重大价值的文化和自然遗产。前者包括人类历史文化中具有突出和普遍价值的古建筑、古遗址和其他古代的艺术创作（不包括可以移动的收藏品）；后者包括具有突出的普遍价值的天然名胜、自然景观，以及遭受绝种威胁，并严格规定的动物和植物的栖息地区等。

身为历史地理学家的侯仁之先生深知中国历史文化渊源深厚，而且符合世界遗产条件的文化和自然遗产不少。我们应当放眼世界，更好地保存祖先留给我们的以及大自然造化并保留至今的遗产。同时，这项工作也向历史地理学提出了一项新的具有战略意义的任务：深入地考察研究中华大地上至今尚存的具有世界意义的文化和自然遗产。因为只有这样，才能确定遗产在中国乃至在世界上所拥有的地位。

侯仁之先生回国后，便以全国政协委员的身份起草一份提案，并邀请了三位著名学者——中国科学院“人与生物圈”的负责人阳含熙先生、古建筑专家罗哲文先生、城市规划大师郑孝燮先生共同签名。这就是后来的“第六届全国政协提案 663 号”（简称 663 号提案）。

这个提案在当年（1985 年）4 月召开的第六届全国政协会议第三次会议上即获通过，并呈交全国人大，引起高度重视。同年 11 月，全国人大常委会批准我国参加《保护世界文化和自然遗产公约》，并于 12 月 12 日即获准成为该公约的缔约国之一，我国随即在 1987 年开启了世界遗产的申报。1987 年 12 月在世界遗产委员会第 11 届全体会议上，中国故宫、周口店北京人遗址、泰山、长城、秦始皇陵（含兵马俑）、敦煌莫高窟等六处文化和自然遗产被列入《世界遗产名录》。1999 年 10 月 29 日，中国当选为世界遗产委员会成员。

世界遗产的保护工作始于 1976 年，我国是在 1987 年才获得零的突破，而到了 2007 年，仅仅经过 20 年的发展，就有 37 项遗产被列入《世界遗产名录》，现在则达到了 55 项，居世界第一位。

令人遗憾的是，这位被人们尊为“中国申遗第一人”的侯仁之先生在 2013 年 10 月 22 日，以 102 岁的高龄与世长辞了……我们将永远缅怀他。

“匹夫有责，当仁不让”的郑孝燮

2017 年 1 月 24 日，郑孝燮先生以 101 岁的高龄驾鹤西去了……

这位历经百年风雨的城市规划大师，被人们喻为历史文化名城保护的“一宝”。他是我国提出历史文化名城保护的主要倡议人之一，并在北京德胜门城楼的保护、平遥古城的申遗、上海列入历史文化名城等工作中，做出了不可磨灭的贡献。他与侯仁之先生在历史文化名城的保护工作中也有过很多合作。我对他亦一直心怀崇敬：

2004年由联合国教科文组织世界遗产委员会资助，中华书局编辑出版《中国世界遗产年鉴》一书，其中的“人物”一节拟列入侯仁之先生，这自然是一件好事。只是侯师已年届93岁高龄，撰写文稿已力不从心。经郑老推荐决定由我撰写，侯师做最后审定。对此，当时的我还真有点儿诚惶诚恐。因为，我深知侯师做学问的严谨，尤其是对他本人的有关介绍，从来都是极其严格的。不想，当我按照编辑部的要求撰成初稿，呈侯师审定时，竟只改动了一个“的”字。此事让我备受鼓舞。自此以后，我与郑老的联系也就日渐增多起来，期间包括陪同年近九旬的郑老和罗老（罗哲文）去浙江浦江考察“江南第一家”。郑老说，郑氏家族自宋朝以来历经元、明两代，绵延330余年，合族而居13世，可视为中国封建社会家族合族共居的典范。我姓郑，在我所考察的“郑氏宗祠”之中，“江南第一家”是规模最大、建筑最精致的……

就在与郑老日益增多的接触中，我深深地感到老人家有一股子令人敬畏的“匹夫有责，当仁不让”的大丈夫气概。

郑老从“文化大革命”结束后的1978年开始担任第五届全国政协委员，而且连任三届。正是从那时起，郑老几乎把全部精力都投入了文物保护和历史文化名城保护，以至后来的世界遗产保护工作。特别是在任第六届全国政协委员期间，以侯仁之先生为首、包括阳含熙、郑孝燮、罗哲文等四位委员向全国政协大会提出了中国加入“世界遗产公约委员会”的提案之后，他们之间的关系更亲密了。而在郑老的心中，“侯先生是道德史章”。

在这里，我仅举郑老在历史文化名城保护中的几件有关事例，便可让大家领略到他那忠贞耿直、敢于担当的雄浑气概。

1.“金饭碗，不是用来盛饭吃的”

“历史是根，文化是魂。”

这是郑老最爱讲的一句话。他认为对一个国家、一个民族来说，保护文物实质上就是延续祖国的历史传承与民族文化。因为，文物是历史的见证，是文化的载体。一个民族如果断了根、丢了魂，那我们就可以说：这个民族不存在了。

基于这样一种认识，郑老用了一个很通俗的例子，即他在作为第五届政协委员的任上，曾与其他相关委员一起对卢沟桥做实地考察时，就把卢沟桥比喻成“金饭碗”。

如前文所说，卢沟桥是一座始建于1189年的古老石桥。以卢沟桥为代表的古代渡口与北京城的起源有着非常密切的关系，其历史文化价值已如前文所述，此处不再赘述。所以，当郑老在现场看到一辆辆满载着物资的车辆、拖拉机从古老的卢沟桥上疾驰而过时，就好像碾过他老人家的躯体——他的心都要碎了。就在随后召开的专门会议上，郑老开口了：“桥是走车的，但是在过去可以，现在不行！一个简单的道理，碗是用来盛饭的，难道我们能用故宫里的金饭碗来盛饭吃吗？我认为，这只大金碗是只能看而不能用来盛饭的。”

郑老深情地说：“我们作为中华儿女，看到自己祖国的历史文化遗产与外国人看到的不一样。人们到卢沟桥，不仅是为了欣赏桥梁本身的艺术魅力，更重要的是卢沟桥记录了抗日战争的历史，它是爱国主义教育基地，是一部史书。我们的历史名城、古建筑、古遗址，我们的大好河山，都是历史教科书。要教育我们的子孙后代，不能因为经济发展、生活富裕而忘记历史这个根，更不能丢掉文化这个魂。”

2.“紧急提案，刀下留门”

关于北京的城墙，已故的古建筑大师梁思成先生有一段非常精辟的论述：“环绕北京的城墙，是一件气魄雄伟、精神壮丽的杰作。它磊拓嵯峨，不只是为防御而叠砌的砖堆，而是一圈对于北京形体的壮丽有莫大关系的古代工程。无论是它壮硕的品质，或它轩昂的外相，或它那样年年历尽风雨甘辛、同北京人民共甘苦的象征意味，都总会引起后人复杂的情感。”

但是，从 1953 年年底开始，北京的城墙、城门陆续被拆除，一直持续到“文化大革命”期间才完。梁思成为此痛哭了一场。

郑老目睹城墙和城楼一段又一段、一个又一个地倒下，见证了那段辛酸和痛心的历史，而且义无反顾地加入到古建筑保护的行列中。

1979 年初，北京市为了修建立交桥，拟拆除德胜门箭楼。得知此事，郑老心急如焚。可当时的德胜门箭楼并没有被列入文物保护单位。或者说，它并没有被保护的“身份证”。它既不是区级文保单位，也不是市级文保单位，当然更不是国家级文保单位。而当时负责拆箭楼的北京市房屋修建公司已经进驻德胜门。情急之下，郑老便给时任国务院副总理的陈云同志写信——关于制止拆毁德胜门箭楼：

听说北京即将拆除一座明朝建筑——德胜门箭楼。为此建议，请考虑对此类拆毁古建筑的事，迅速加以制止。

（1）北京是个历史悠久的文化名城，风景名胜较多，特别是古建筑，更是独具风格……德胜门箭楼是现存除前门箭楼外，沿新环路（原城墙址）剩下的唯一的明朝建筑，如果不拆它并加以修整，那就会为新环路及北城一带增添风光。

（2）德胜门箭楼位于前往十三陵等风景区的公路尽端，是这条游览路线上唯一的、重要的对景。同时，它又是南面什刹海的借景，并且是东南面与鼓楼、钟楼遥相呼应的重要景点。不论在新环路或附近的其他路上，它都可以从不同角度映入人们的眼帘。在新建的住宅丛中，加入这一明朝的古建筑，只要空间环境规划好、控制好，就能够锦上添花，一望就是北京风格。从整个北京城市风景效果来看，保留它与拆掉它大不一样。

（3）拆掉这座箭楼，可能是出自交通建设上的需要。但是巴黎的凯旋门并没有因为交通的原因而被拆除。这值得我们参考。风景文物是“资源”，发展旅游业又非常需要这种“资源”。因此是不宜轻易拆毁的。

（4）破坏风景名胜有两种情况：一是拆或改；二是不拆，但在周围乱建，破坏空间环境，喧宾夺主或杂乱无章，如北京阜成门内的白塔寺（1096 年辽代建，1271 年元代重修）就是一个教训……我们的城市规划、文物保护、园林绿化工作，迫切需要有机配合，共同把风景名胜保护好，并且应由城市规划部门牵头。

（5）像德胜门箭楼的拆留问题，白塔寺附近的规划建设问题，可以请有关单位组织旅游、文物、建筑、园林、交通城市规划等方面的领导、专家、教授座谈，听听他们是什么意见。

郑老的这个紧急建议，得到了党中央、国务院及有关部门的重视，并且很快被采纳落实，使德胜门箭楼这个北京城重要的标志性建筑物得以保留下来：

郑老说：“陈云同志同意了这个紧急建议，并交给了国务院，我记得当时是谷牧副总理批示，由计委拨了 30 万元的款，来修缮德胜门箭楼。这样，就算是刀下留门了。”

3.“拍桌子，留下平遥古城”

平遥古城无论就其城市的性质还是规模，都无法与北京相提并论。但它们都是建于明朝初年的古城。而且，其所保留至今的历史原真性和完整性都具有典型性和相似性。

平遥古城是山西太原南面一座有 2700 多年历史的古城。现存的古城墙建于明洪武三年（1370 年），是至今发现的保存最完整的明代古城。其古城墙、古街道完整保存率达 90%以上；城呈方形，墙高 12 米，周长 6400 米，全用砖衬砌，墙上有垛口，墙外有护城河，城周各辟门 6 道，东西各二，南北各一；门外有瓮城，城墙上有瞭望台 90 余座；城内现存的六大寺庙建筑群、县衙署、市楼等古建筑均为原来的实物。不仅如此，平遥还是中国近代金融史的发源地。但是，在确定是否将平遥列入世界遗产名录的时候，专家组产生了分歧，而且平遥还一度未被列入申遗的名单之中，就因为这件事，郑老气得拍了桌子。

郑老在回忆这件事的时候这样说：我们事先商量的时候是说好要报平遥的，后来在准备正式递交的名单中却没有平遥了，所以我火了！我很不礼貌地站了起来，拍了桌子。当然，拍桌子是不礼貌的。但是，如果不拍桌子，平遥古城肯定要被抹掉了。你觉得合格，别人觉得不合格，这也是很常有的事，可事先我们是说好了的。你突然来这么一下子，抹掉了平遥，这个做法不好……会后，我赶紧给有关部门的领导写了一份报告，建议同时将平遥古城和丽江古城向联合国教科文组织申报为“世界文化遗产”。

郑老认为，平遥体现的是汉族儒家思想体系的文化，讲求的是方正、对称，中轴突出、主次分明的城市规划布局形制，而且也融合了晋中地方民居的建筑特色。丽江古城则体现的是以纳西族为主的少数民族文化，贯穿着元、明、清土司统治体制和因地制宜、不拘规矩方圆的城市布局形态。

平遥和丽江古城的风貌，在全国是古香古色之最，应在世界文化遗产中占有一席之地。

郑老先生真诚而执着的态度和严谨治学的精神，深深地打动了有关领导。平遥古城申遗终于得以重新审定，并正式列入申报联合国教科文组织世界遗产名录的名单之中。

1997 年 12 月 3 日，平遥和丽江古城、苏州园林一起被正式列入了“世界文化遗产名录”。

4.“上海，必须列入历史文化名城”

郑老在长期的城市规划和文物保护工作中，逐渐认识到城市是一个有机的综合体。它体现着一个地方甚至是一个国家的历史文化，并由此提出了历史文化名城个性、特色的“三要素”，即性格、品格和风格。“性格”是指由自然环境造成的个性特色，

“品格”是指在古代礼制和习俗等影响下所形成的社会属性，“风格”则是指形式和内容相结合的艺术特质。正是“三要素”的互相融合，才构成了中国历史文化名城完整而有鲜明个性的风貌特色。在此基础上，郑老又提出“城市文态环境”这样一个全新的概念，就是以建筑的整体布局形象为主导而形成的、贯穿着“美的秩序”的城市环境。而城市文态环境保护的主旨，就是要维护和发扬这种文明。

正是基于上述的这些调查、研究，1981 年郑老和另外几位全国政协委员提出了“历史文化名城”的保护。1982 年 2 月，国务院正式批准了关于确定历史文化名城的文件。

“就在是否应该把上海列为历史文化名城的过程中，又发生了这样一个情况。”郑老说，“最初讨论的时候没有人反对，都是赞成的。但是，在有关媒体所报道的名单中未见上海，这就不应该了。当时我们正在安徽，我们三人（郑老和故宫博物院原副院长单士元、古建筑专家罗哲文）很着急，因为没几天国务院就要正式批复了。如果批下来没有上海，那就麻烦了。因此，我们赶紧到省委，请他们把我们写给万里副总理的一封信尽快递上去。”

信中说明，上海不仅有古可考，而且它所反映的是近代史，是半封建、半殖民地城市中最典型的代表。再者，孙中山先生所开展的很多活动都在上海，中国共产党的很多活动、很多统战工作也在上海开展。上海是中国共产党的诞生地。所以，“上海必须要列入历史文化名城”。

令人高兴的是万里副总理同意了郑老他们的意见。上海最终被列入了国家历史文化名城的名单之中。

现如今，郑老已经离我们远去了。但是，在与他老人家相识、相知的10余年中，我总是从他那伟岸的身躯、洪钟般的声音、敏捷的思维乃至侃侃而谈的神情中感到他心中总是在燃烧着一团炽热的火焰。

“匹夫有责，当仁不让。”这就是郑老的品格。

为了保护古建筑，为了保护历史文化名城，郑老已经记不清有多少次“紧急上书”了。其间固然是有成功的，然而也曾有过失败，更有许多是他无可奈何的。但是，郑老从来没有放弃过。

“没有声音还是不行的，哪怕声音很小。这个信念是不会改变的。”郑老总是这么说。我想他的话将会永远萦绕在我们的耳际，铭记在我们的心中。

为呵护北京古城殚精竭虑的周恩来

1949年1月31日，北平和平解放。之后，被确定为中华人民共和国的首都。已经进驻中南海办公的周恩来，在繁忙的工作中，经常挤出午休时间到天安门广场转一转。他考虑，今后天安门广场要成为全国重大群众活动的场所，因此，要抓紧把这个地方修整好，他在心中谋划着未来广场的整体格局。经过一段时间的调查了解，他有了一个初步构想，这就是：改变当时广场南北长、东西窄的格局，将东西两边拓展；南北、东西两边都有建筑，形成四个方向合围的形式；保持天安门广场的古代建筑风格；为了方便交通，广场北端、天安门城楼前建一条东西贯通的大道，中部为宽阔的广场，南部也有东西贯通的大道，形成两条大路、中央广场的形式。

周恩来在和北京市领导谈他这个构思的好处时说：第一条，这样做，天安门广场就成为方形，按中国传统以及世界普遍的审美观点，方形广场比较美观；第二条，广场向东西两边扩展后，将成为世界第一大广场，和中国人口众多的国情相适应；第三条，保持广场的古代建筑风格，使它在增加现代元素的同时，不失去原有的美观，使广场建筑群落与中国传统建筑风格之间有一种传承关系，同时，也和故宫、新华门以及当时全北京市总体建筑风格相配；第四条，四面都有建筑，使广场整体显得紧凑、严密，会一扫过去那种空旷、苍凉的感觉，象征四方合聚、中有和气，符合中国人追求吉祥的传统心理；第五条，广场南北各有一条东西贯通的大道，既方便交通，有利于发展生产，举行数万人参加的群众大会时，也便于进出，同时又使广场显得有生机、有活力。

封建时代的天安门广场，是设在皇城正前方的宫廷广场，轮廓呈“T”字形，是皇帝举行重要活动的地方。广场北依皇城南墙，正中为天安门（明称承天门）。门前有东西横街，街面敞阔，东西各有一门（东曰长安左门，西曰长安右门，现在的东西长安街即由此而得名）。横街正中向南，与天安门南北取直，开辟了一条狭长的纵街。纵街南端也有一门（明称大明门，清改称大清门，辛亥革命之后改称中华门），出门过棋盘街（也称“天街”）便是正阳门（通称“前门”）。在纵横两街的三门之间，沿着“T”字形广场的边缘，筑有红墙。红墙内侧又建有连檐通脊的千步廊。

明清时期，封建皇帝利用这一封闭严密的宫廷广场，举行盛大庆典，庶民百姓是严禁入内的。例如皇帝登基，就是在隆重的仪礼中，从天安门上传下诏示，然后公布天下的。还有一些照章例行的事，也在广场上进行，例如国家开科取士，“殿试”之后要“金榜”题名，这金榜照例是从天安门送出长安左门，然后公之于众。只要金榜有名，十年寒窗的士子从此便“一登龙门，身价百倍”。因此，长安左门又叫“龙门”。而每年会把重犯由长安右门押入判明“正法”，这又好似一入虎口，再无生还。因此，长安右门又叫“虎门”。因而易见，这样的地方，庶民百姓是难以涉足的。

1949 年 10 月 1 日，中华人民共和国的开国大典在天安门广场举行。天安门这座凝聚着古代劳动人民智慧和血汗的建筑，也以其特有的巍峨庄严的形象，出现在伟大祖国的国徽上，象征着

▲ 位于天安门广场南面的正阳门城楼

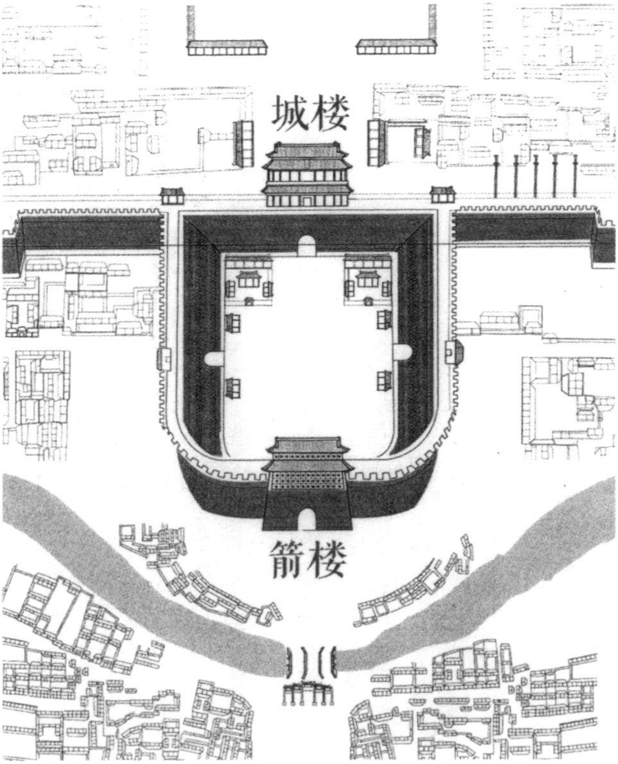

▲ 正阳门城楼、箭楼位置示意图

一个古老文明的新生。但是，当时天安门前的广场还处在三面红墙的包围之中，面积狭小，视野局促，沉浸在欢乐气氛中的绝大多数人民群众，并不能直接进入这隆重的开国大典的现场中来。于是对天安门广场的继承和改造这一尖锐问题，便被提上了议事日程。20 世纪 50 年代初，北京市委便依照周恩来所提的构想，着手规划设计天安门广场的改造扩建工程。1954 年，华北城市建设展览会上曾征集到 10 个方案，之后全国 1000 多名城市建设工作者、建筑师、艺术家，提出了 30 多个新的方案。尔后归纳、筛选成 7 种类型。最后，经过反复比较，取长补短，综合成一个方案，经中央批准后付诸实施。这个方案的主要内容是：

天安门广场是一个庄严、雄伟的政治性广场；保留正阳门和箭楼，拆除中华门，其东西两侧分列革命、历史博物馆和人民大会堂，其形制、体量和高度，既取决于建筑物本身的需要，也要与广场的整体性，乃至旧有的古建筑相协调；广场面积初步定为 44 公顷（东西宽 500 米，南北长 880 米），略呈长方形。

1958 年 8 月，中共中央在北戴河召开了政治局扩大会议，会上决定为迎接国庆 10 周年，扩建天安门广场，建造人民大会堂、历史博物馆和革命博物馆等十大建筑，并由当时的市委书记彭真亲自抓天安门广场的设计和施工。他说，天安门广场是首都的中心、首都人民的集会场所，这次改建、扩建天安门广场，一定要设计好。关于如何设计，彭真向毛泽东同志做了请示。毛泽东指出：要反映出我国历史悠久、地大物博、人口众多的特点。设计指导思想是庄严宏伟，气魄要大，使它成为能容纳 100 万人集会的世界上最大的广场……

北京城的中轴线，南起永定门，北至钟鼓楼，长 7800 米，纵贯北京城的古建筑精品几乎都坐落在这条中轴线上。中轴线不仅是北京城的支撑，而且是北京城美丽之“本”。正因为有这条中轴线，才形成了北京城的雄壮、严整、和谐之美。

重新整修和改建天安门广场，必然涉及这个广场与中轴线的关系。如果只考虑天安门广场本身的建筑格局，而不顾及中轴线，必然打破北京城原来的总体建筑格局。

在形成广场总体建筑构想之后，周恩来就考虑到其构想与北京城中轴线如何协调的问题。

尽管周恩来日理万机，公务繁忙，但只要有一点儿闲暇时间，他就会跑到天安门城楼上去观察、思考，且多次徒步丈量已经拓展的广场，最后形成了天安门小中轴线与北京城大中轴线相合、衔接，而广场小中轴线又自成一体的思路。他的思路是：广场上的天安门城楼正中、国旗、纪念碑、正阳门，要形成一条中轴线，从天安门城楼正中间向南望去，当为一条笔直的线。中轴线上的建筑物，高低要错落有致且相配套；两边建筑要对称排列，建筑物的风格要相互协调。

对于纪念碑放在广场的哪个位置，周恩来也进行了一番思量。

他决定，国旗旗杆放在广场中轴线上，略靠北端，纪念碑放在广场正中央。纪念碑不能只是一个碑身，要建好碑座，形成相对独立的建筑，与其他建筑物相互协调。周恩来多次谈到这样放的好处：一是纪念碑放在中轴线上，不会破坏广场中轴线的整体美。二是放在广场正中央，广场有了一个中心点，形成与周围建筑物相互照应的格局，使广场建筑群既有中心，又有一种端庄、对称之美。

另外，正阳门是天安门广场南端的建筑。它集正阳门城楼、正阳门箭楼与正阳门瓮城为一体，是一座完整的古代防御建筑体系。有了正阳门建筑体系，整个广场建筑都显示着规整、有序、紧凑的美感。

1956年，北京市准备建地铁。建设方案中提出要把北京内城城墙拆除。拆除内城城墙，就要拆除坐落于内城城墙一线上的正阳门。拆除方案报到周恩来那里，周恩来沉吟良久，没有下笔批准。他叫秘书备好车，亲自乘车在天安门广场绕了好几圈，又绕正阳门几圈，仔细观察了周围地势和正阳门建筑，果断做出指示，地铁建设路线向南偏一偏，错开正阳门地下。

1958年，北京准备搞“十大建筑”时，有人提出，为了使天安门广场更大一些，要向南扩展，把正阳门拆除。许多专家和领导干部也赞成拆除正阳门，北京市委在向中央报送的扩建方案中也提出要拆除正阳门。方案报到毛泽东那里，毛泽东原则上予以批准，但没有就扩建的具体问题表态，而是批到周恩来处。

周恩来看后认为不妥。他说，正阳门不能拆，有了正阳门，天安门广场南端才有一个端点建筑，广场整体建筑群才能展现出浑然一体之美来。正阳门本身也有它的建筑美，放在那里，使广场建筑显得完美无缺。如果缺少正阳门这个建筑，广场南端就很空旷，广场整体建筑群也会有失重感。

1958 年 9 月，周恩来部署“国庆工程”。本来，周恩来只是从大的原则和方案上讲的，不涉及具体工程事项，但他在讲完其他工程的计划和要求时特意提到，我们扩建天安门广场，不能拆除正阳门城楼和箭楼。正是这个决定，保留下了正阳门的城楼和箭楼。

天安门广场光是有南北两边的建筑物，还不能构成广场建筑格局，呈现出围合形的整体美。重要的是解决广场东西两边有建筑物的问题，以及建成什么样的建筑物的问题。

1954 年第一届全国人大会议之后，中央决定，为了使全国人大有一个开会地点，要建一个万人大会堂（即后来建成的“人民大会堂”）。

1958 年 8 月，周恩来提议，为庆祝中华人民共和国成立 10 周年，应在北京建一批重大建筑工程，展现 10 年来的建设成就。周恩来在和北京市委书记彭真，北京市主管城市建设、规划的副市长万里谈“十大工程”时，都重点谈到人民大会堂的建筑设计问题。经专家论证，由周恩来拍板，大会堂就建在天安门广场上。

不仅如此，革命博物馆和历史博物馆也要建在天安门广场。

按照周恩来的设想，首先要拿出的是天安门广场整体设计方案。他说，“十大建筑”中的四座，即万人大会堂、革命博物馆、历史博物馆、国家大剧院（一开始设计“十大建筑”时的项目之一），都要安排在天安门广场之内，其建筑风格也要与广场形成一个密不可分的整体。

当时，专家们分别搞出了几个建筑设计方案。周恩来请北京市规划局把这些方案分析、汇总、对比，优中选优，最终拿出了一个广场四大建筑两两相对的初步方案，即广场两侧的建筑，东边为国家大剧院、历史博物馆，西边为万人大会堂和革命博物馆。每一边的两座建筑相互协调，而东西两边各两座建筑，又相互对应，形成两两相对分立、朝向于广场正中的人民英雄纪念碑的局面。

当时的天安门广场，相当于五个巴黎协和广场、四个莫斯科红场，是世界上最大的广场。在这样的广场两边设计四座建筑，对于建筑设计师们来说，是难度不小的课题。因为四座建筑如果设计得过小，广场就显得空旷，无法形成恢宏的气势；如果过大，建筑之间又显得拥挤；如果为不使它们显得拥挤而加高，又似乎在天安门广场上竖起了两座大山，使天安门城楼、人民英雄纪念碑、前门等建筑显得低矮。这样，不仅使天安门广场整体失去协调之美，高层建筑风格也必然与天安门城楼、故宫等建筑风格相差过远。天安门广场就成了建筑物的堆砌场所，显然不可行。

这个难题最后也是由周恩来解决的。他经过反复思考和现场多次踏勘，最后决定：为突出天安门广场的政治意义，国家大剧院要迁出广场，移到万人大会堂西面，何时建，另外考虑。东西两边原定的两个博物馆，周恩来提出：历史和革命史本来就不能截然分开，革命史是历史的一部分，可以只建一个博物馆嘛！由此确定，东边只建一个博物馆——革命历史博物馆。这样，原定的广场建筑，变四为二。这一思路也正契合中国传统的“左祖右社”建筑格局。

就在中华人民共和国国庆10周年的前夕，古老的天安门经过重修，焕然一新，而三面的红墙连同阻碍交通的东西长安门被彻底拆除。广场西侧是象征人民拥有至高无上的政治权力的人民大会堂，东侧是革命历史博物馆，连同广场中央已先建成的人民英雄纪念碑，形成了全国各族人民共同向往的政治活动中心。于是一个规模雄伟、气势磅礴的人民广场便呈现在人们面前。

值得注意的是，天安门东西两组建筑长300米、宽174米，与长880米、宽500米的广场配合得很协调。据查，外国广场与周围建筑物高度之比多为1∶2、1∶3、1∶4，我国宫廷广场的比例空间为1∶10，显得比外国广场开阔。这次天安门广场扩建采用的天安门之高与广场长之比为1∶12.9；人民英雄纪念碑之高与广场宽之比为1∶11.5。这样的比例使广场显得更加舒展开阔、气魄宏伟。

与此同时，作为广场两翼的东西长安街，经过改造之后，出现了一条平坦浩荡的林荫大道，向东西延展，成为横贯全城的一条新轴线，使北京旧城那条原本象征帝王统治中心的南北旧轴线，失去了对全城独一无二的控制作用，使旧日雄踞全城的紫禁城，在城市的总体格局中，退居到了次要的地位。现在环顾四周，旧日作为宫廷前卫的正阳门和天安门，尽管位置依旧，功能却焕然一新。这两座巍峨的建筑物，已经成为新的人民广场南北边界的标志。人民大会堂和革命历史博物馆分列东西两厢，新老建筑物十分和谐地融合在一起，形成具有极大特色的轮廓线。在这里，通过造型的建筑艺术，可以看到悠久历史文化的延续和发展。

天安门广场宏伟的布局、磅礴的气势、浩瀚而深邃的景象，给人留下非常深刻的印象。

恐怕再也没有什么能比天安门更恰当地体现中国政治、文化中心——北京的政治意义和文化价值的了。它同时也作为“推陈出新、化腐朽为神奇”的杰作，被载入新中国的城市建设史。

在这里，还值得一提的是周恩来在北海大桥的改造中，所显现出来的睿智和为此所付出的辛劳。

北海大桥原名“金鳌玉蝀桥”，乃禁苑中往来的大道。桥有9孔，东西两端有两座牌楼，西为“金鳌”，东为“玉蝀”，因此称“金鳌玉蝀桥”，又名金海桥。

“百尺长虹卧碧波，菰蒲两岸晓烟多。水风吹绿不知暑，日日藕花香里过。”立足桥上南瞻北望，在一片浩瀚的水面上，浮现出亭台楼阁、琼楼玉宇。在这里，古代的园林建筑匠师们把自然与人工的美融合在一起，波光潋滟，犹如人间仙境。桥的西头就是有名的团城，其地原是北海中的一座岛屿，旧称圆坻，也叫瀛洲。团城北连琼华岛，二者的历史都早于北京城，且都是重要的名胜古迹，共同形成了整个皇家园林的风景中心，同时也是北京城最初营建时的设计中心。当时的设计大师们大胆构思，放手利用这一片浩瀚的水面，作为取自大自然的尺度。紧傍它的东岸，则布置了规模宏伟的宫殿建筑。至此，这一片天然的湖泊，也就获得了历代宫苑中所特有的“太液池”的称号。由此可以得知，团城是元明清三代形成的一个重要历史文化遗迹。它与北海、中南海构成了一幅完美和谐的图画，有着很高的历史文化和艺术价值。

桥的布局，充分显示了设计匠师们广阔的眼界、丰富的想象力和非凡的艺术手法，是值得称道的。但是，其结果使得北京城在中央部位上的东西交通完全阻绝。这在封建时代自然是无须予以考虑的，可辛亥革命结束了历时 2000 多年的封建王朝统治，旧日皇家的御苑向人民大众开放了，北海大桥也就变成了东西交通孔道。1949 年之后，随着城市生活的繁荣，这里的交通日渐拥挤，再加上团城的阻隔、牌楼的障碍，旧日为封建统治者所专用又兼作园林点缀的金鳌玉蝀桥已不能适应现代城市生活的需要。

大桥两端的“金鳌”“玉蝀”两座牌楼虽然金碧辉煌，但纯属点缀，并无实用价值，将其拆除似乎是可以考虑的。但是，团城这座具有重要历史文物价值的古建筑是必须保留的。于是便出了“华”“梁”两种方案。

“华”即北京建筑界的老前辈华南圭。他的方案是在旧桥以南、中海之内建一座钢筋混凝土的新桥，长约 200 米。东端道路接北长街，西端道路向西北斜向伸出，趋向西安门内大街。旧桥完整保留，专作游览用，即将过境交通与游览交通完全分开。

“梁”即梁思成先生。他的方案是将旧桥如数拆除，在原址建新桥，但须按原桥建石拱桥，与原来周围的园林景观相和谐。桥东道路出桥后即向南再折向东；桥西道路延伸，约在过北京图书馆之后即向北再向西，转弯处皆设花坛。

上述两个方案的争论甚是激烈。

当时的苏联专家则提出了将旧桥降低坡度、同时进行展宽的方案，并提出：为了节省资金，在桥的南侧做成以堤代桥，即在南侧做成一道挡墙。他们认为，北海流入中南海的水量不大，只留 9 孔桥的中孔即可，并将其延长，建成新拱券孔，其余各孔均行堵死，但在挡墙外皮仍按原式做成石拱券假孔。这样，从桥的南侧看，其外观仍是一座 9 孔石桥，而实际上展宽的部分却是一道实实在在的堤。周恩来总理在详细地听取了各种方案之后，又到实地做了考察。

1954 年 6 月的一天，周恩来冒着酷暑来到团城。他先是环团城走了一圈，然后站立在城墙边上，时而眺望北海的琼华岛，时而又观察来往的车辆，还不断地向身边陪同观察的文物专家、古建筑专家询问有关情况。最后，他把目光移向中南海方向，坚定地说："团城的一砖、一瓦、一树、一石都不能动！把桥面向中南海方向扩展，只需把'金鳌''玉蛛'两个牌楼拆掉就可以了……"

这个决定在当时无疑是惊人而又皆大欢喜的。因为这样便可以利用旧石桥加以扩建，即在保持原有风格的前提下，降低坡度，展宽桥的南侧，并沿南北两边桥栏增建人行道，在解决东西往来交通的同时，又为过往游人提供了一个更好的湖上风光观赏点。东西两端的牌楼虽然拆除了，但是，整座石桥所固有的基本特点，以及它的艺术造型都被保留了下来，而且还有了新的发展，给人以更加舒展、壮观的感觉。改造后的北海大桥，既保持了原金鳌玉蛛桥的建筑风格，又把桥面拓宽到 34 米，桥身加长到 220 米，中间的车行道为 27 米，两边的人行道为 3.5 米，桥身仍是原来的 9 孔桥洞，中间一孔用于通水，其余 8 孔封堵作为装饰。为安全计，又把石栏杆改成两米多高的铁栏杆。

我们可以自豪地说，北海大桥的改筑，无疑是北京在旧城改建中又一成功的范例。我们可以从中汲取许多有益的启示。

附表：

附表一　中国历代都城一览表

朝代	公元	都城名	现址	所在流域	历史文献依据
夏	约前 2070 ～前 1600 年	斟鄩	河南偃师二里头村	伊、洛河谷平原	《史记・周本纪》：“自洛汭延于伊汭，居易毋固，其有夏之居。”1959 年考古发掘。
商	前 1600 ～前 1046 年	亳	河南郑州	黄河中游河谷	《汉书・地理志》：“河南郡偃师县：尸乡，殷汤所都。”1983 年考古发掘。
		殷（墟）	河南安阳	黄河下游平原安阳河畔	《竹书纪年》：“自盘庚迁殷，至纣之灭，二百七十三年，更不徙都。”
周	前 1046 ～前 256 年	丰镐	陕西西安西南	沣水河畔（关中平原）	《毛诗郑笺》：“丰邑在沣水之西，镐京在沣水之东。”
		雒邑	河南洛阳	洛水河畔（洛阳盆地）	《史记・周本纪》：“平王立，东迁于雒邑。”
秦	前 221 ～前 206 年	咸阳	陕西咸阳	渭水河畔（关中平原）	《史记・秦始皇本纪》：“咸阳故城亦名渭城……秦孝公以下并都此城。”
西汉	前 206 ～ 25 年	栎阳长安	陕西西安	渭水河畔（关中平原）	《汉书・高帝纪》：“七年（前 200 年）二月，自栎阳徙都长安。”
东汉	25 ～ 220 年	洛阳	河南洛阳	洛水河畔（洛阳盆地）	《后汉书・光武帝纪》：“冬十月癸丑，车驾入洛阳，幸南宫却非殿，遂定都焉。”
西晋	265 ～ 317 年	洛阳	河南洛阳	洛水河畔（洛阳盆地）	《晋书・地理志》：“晋仍居魏都（指魏都洛阳）。”
		长安	陕西西安	渭水河畔（关中平原）	《晋书・愍帝纪》：愍帝讳邺，初封秦王。永嘉六年（312 年）为皇太子，登坛告类，建宗庙社稷于长安。建兴元年（313 年）夏四月即皇帝位，称长安为京都、京师。

附表一　中国历代都城一览表　（续）

朝代	公元	都城名	现址	所在流域	历史文献依据
东晋	317 ～ 420 年	建康	江苏南京	长江下游平原	《晋书·元帝纪》：建武元年（317 年）即晋王位，改元建武。立宗庙社稷于建康。大兴元年（318 年）三月即皇帝位，称建康为京师。
隋	581 ～ 618 年	洛阳（东京）（东都）	河南洛阳	洛水河畔（洛阳盆地）	《隋书·炀帝纪》：“大业元年（605 年）三月丁未，诏尚书令杨素、纳言杨达、将作大匠宇文恺营建东京……徙天下富商大贾数万家于东京。”大业五年（609 年）春正月，改东京为东都。
唐	618 ～ 907 年	长安	陕西西安	渭水河畔（关中平原）	《新唐书·高祖本纪》：“武德元年（618 年）五月甲子，即皇帝位于太极殿。”仍以长安大兴城为都。
		洛阳	河南洛阳	洛阳盆地	《旧唐书·则天皇后本纪》：“改东都（即洛阳）为神都。”
北宋	960 ～ 1127 年	汴梁（汴京）（东京）	河南开封	黄河中游平原	《宋史·地理志》：“东京，汴之开封也。梁为东都，后唐罢，晋复为东京，宋因周之旧为都。”
南宋	1127 ～ 1279 年	临安	浙江杭州	钱塘江下游平原（杭嘉湖平原）	《宋史·高宗本纪》：“是岁（1138 年），始定都于杭。”
		福州	福建福州	闽江下游平原	《宋史·瀛国公纪》：“德佑二年五月立昰于福州。”
元	1206 ～ 1368 年	大都	和林	蒙古鄂尔浑河东	《元史·地理志》：“太祖十五年，定河北诸郡，建都于此。”
			北京	永定河洪积、冲积平原	《元史·世祖本纪》：至元四年（1267 年）正月“城大都”。至元九年（1272 年）二月，改中都为大都。

附表一　中国历代都城一览表　　（续）

朝代	公元	都城名	现址	所在流域	历史文献依据
明	1368 ~ 1644 年	北京	北京	永定河洪积、冲积平原	《明史·成祖本纪》：永乐元年（1403 年）正月，“以北平为北京”。永乐十八年（1420 年）秋七月，诏自明年改北京为京师。
清	1644 ~ 1911 年	北京	北京	永定河洪积、冲积平原	《清史稿·世祖本纪》：顺治元年（1644 年）六月，“定议建都燕京”。七月，“以迁都祭告上帝、陵庙”。
中华民国	1912 ~ 1949 年	南京	江苏南京	长江下游平原	
中华人民共和国	1949 ~	北京	北京	永定河洪积、冲积平原	

注：表中所列都城为历史上所说的统一王朝的都城。

附表二　北京历代沿革简表

时期	年代	所属行政单位	历史名称	所在地
商、西周	前 1600 ~前 771 年	蓟、燕（晏）	蓟、燕（晏）	今北京市西南广安门一带、琉璃河董家林
春秋	前 770 ~前 476 年	前期属蓟，后期属燕	蓟	今北京市西南广安门一带
战国	前 475 ~前 221 年	燕	蓟	今北京市西南广安门一带
秦	前 221 ~前 206 年	燕	蓟	今北京市西南广安门一带
西汉	前 205 ~ 25 年	燕国、幽州、广阳郡（国）	蓟	今北京市西南广安门一带
东汉	25 ~ 220 年	幽州、广阳郡（国）	蓟	今北京市西南广安门一带
三国	220 ~ 265 年	幽州、燕国	蓟	今北京市西南广安门一带
晋	265 ~ 386 年	幽州、燕国	蓟	今北京市西南广安门一带
北魏、北齐、北周	386 ~ 581 年	幽州、燕郡	蓟	今北京市西南广安门一带
隋	581 ~ 618 年	涿郡	蓟	今北京市西南广安门一带
唐	618 ~ 907 年	幽州范阳郡	蓟	今北京市西南广安门一带
五代（后梁、后唐）	907 ~ 936 年	幽州范阳郡	蓟	今北京市西南广安门一带
辽	936 ~ 1122 年	南京道、幽都府燕京道、析津府	南京或燕京，城内附幽都县（后改析津县）、宛平县	今北京市西南广安门一带

附表二　北京历代沿革简表　　　　　　（续）

时期	年代	所属行政单位	历史名称	所在地
宋	1122 ~ 1125 年	燕山府	燕山府，附析津县、宛平县	今北京市西南广安门一带
金	1125 ~ 1215 年	中都大兴府	中都城内附大兴县、宛平县	今北京市西南广安门一带
元	1215 ~ 1368 年	前期称燕京，1264 年改为中都路大兴府，1272 年改为大都	大都（前期称燕京、大兴府或中都路大兴府），城内附大兴县、宛平县	安贞门、健德门至今东西长安街南侧一线
明	1368 ~ 1644 年	1368 ~ 1462 年北平府，1463 ~ 1644 年北京顺天府，城内附有宛平县和大兴县	北平府或北京顺天府，城内附宛平县和大兴县	1371 年将元大都北城墙内缩 5 里。1553 年在南城外增筑外城，扩至今永定门一线
清	1644 ~ 1911 年	京师顺天府	京师、顺天府，城内附大兴县、宛平县	
中华民国	1912 ~ 1949 年	京兆（1912 ~ 1927），北平（1928 ~ 1949）	京兆或北平，城内附宛平县、大兴县	
中华人民共和国	1949 ~	北京		

后　记

1955 年 7 月，我有幸考上了北京大学地质地理系。17 岁的我用一条竹扁担，怀揣着一抔故乡的泥土，挑着母亲给我准备下的行李，从浙江的一个小县城风尘仆仆地来到了北京。当我在前门火车站下车，并随着拥挤的人流走出车站，当巍峨的正阳门城楼和浑厚的城墙蓦地出现在我面前时，刹那间，我的血液都好像凝固住了……这就是北京！开学后的第一天，按照惯例，系主任侯仁之先生向新同学致欢迎词，随后便讲了开学后的第一课——北京。侯仁之先生那生动的语言、丰富又深入浅出的内容，一下子把我深深地吸引住了——这真是我心仪已久的一堂课。

就这样，“北京”便像是一颗种子，深深地种在了我的心田里。每逢星期日，我常常会带着干粮和水壶，或驻足在北京的城头，抑或徜徉在北京的胡同之中，细细地品味着北京城独有的韵味。毕业之后，我又从事城市总体规划和环境问题的研究。

世界上许多国家的首都无不依偎着一条水量丰沛的大河，而在咱中国，黄河、长江是公认的“中华文明的母亲河”，中国历史上的众多都城也无不与它们有着血肉相连的关系。但是，北京并不依偎着黄河，更不依傍着长江，离它最近的河流就是永定河。那么，它与北京城的孕育、成长又存在着一种什么样的关系……与此同时，我也在日夜思考着如何保留住北京老城的独特格局和风貌。

半个多世纪过去了，北京的变化真让人有“士别三日，当刮目相看”的感怀。尽管金碧辉煌的故宫还在，而且还是“世界文化遗产”，尽管在北京旧城内还划了30片历史文化保护区，但是，当我们面对着按1949年北京旧城现状制作的模型时，我的心底总是涌动着一阵阵的酸楚。

前些年，我们曾以“珍重古都老北京”为题，感叹：前人留给我们的是一座比较完整的历史文化名城——人类宝贵的文化遗产，我们留给后人的又将是什么？大而言之，在拥有约960万平方千米的泱泱中华大地；小而言之，在拥有约1.68万平方千米的北京市，能否或将如何容纳这仅有62.5平方千米的古都北京旧城！这是北京的发展所必须回答也无法回避的问题，更是中华民族在自身的发展中所必须回答的问题。之后，我又苦苦地思索着：1949年平津战役之后，为了争取和平解放北平，当时的前线指挥部委派专人与傅作义将军进行秘密谈判，而其中最重要的一条就是：北平是一座闻名世界的文化古城，这里有许多人类最珍贵的文化古迹。这是无价之宝，绝不能毁于兵燹。

从浩如烟海的古代文学作品中去领悟，从大量的山水画的构图来分析，从历代的建筑营造资料和实物考证，我们都可以得出这样的结论：中国古代建筑的美不仅在于建筑物的本身，还在于它所点缀的空间和通过它来观赏到的四周景物之美、整体之美。

“建筑物在一个城市之中是不能‘独善其身’的，它必须与环境配合调和”，“北京是在全盘的处理上，完整地表现出伟大的中华民族建筑的传统手法和在都市规划方面的智慧与气魄。这整个的体形环境增强了我们对伟大的祖先的景仰、对中华民族文化的骄傲、对祖国的热爱。北京向我们证明了我们的民族在适应自然、控制自然、改变自然的实践中有着多么光辉的成就。这样一个城市是一个举世无双的杰作。”

“普遍联系、整体把握”，这便是我们中国古代传统文化的精髓所在，也是我们在看待北京城时所必须有的理念。

早在50多年前，已故建筑大师梁思成先生总结了18、19世纪以来欧美的大都市因为工商业无计划、无秩序、无限制地发展形成“摊大饼”的弊病，从而认识到“北京城是一个具有计划性的整体”，“它们的形体不但美丽，不允许伤毁，而且它们的位置部署上的秩序和整个文物环境，正是这座名城的壮美特点之一，也必须在保护之列，不允许随意掺杂不调和的形体，加以破坏”，“北京的建筑形体同它的街道区域的秩序都有极大的艺术价值，非常完美。所以北京旧城区是保留着中国古代规划、具有都市计划传统的完整艺术实物。”因而提出了“保护历史城市，另辟新区扩建”这样一个对于城市的发展来说既省钱，又具有相对较大的自由度，可以避免陷入原有城市的复杂矛盾之中的方案。

那么，这个被梁思成先生称为“有计划性的整体”的北京城，其规划理念的文化渊源又在哪里，能真正反映北京城灵魂的又是什么……我一直在苦苦地思索着。

一个偶然的机会，我在书店里看到了陈江风先生写的《天人合一——观念与华夏文化传统》。这让我联想到了古代中国都城规划理念的产生，正是沿着“敬畏天帝—崇拜天帝—模仿天帝（天人合一）”这样一个轨迹，并在数千年的都城建设实践中不断进步、不断完善的。

中国古代哲学是以天、地、人作为一个宇宙大统的，追求天、地、人三才合一，与宇宙万物和谐合一，并以此为最高理想，用以指导城市规划和建筑设计。中国古代城市规划中的象天法地匠意和阴阳五行学说的运用，使中国古代的都城规划布局独具特色、独树一帜。

北京城完全是在中国人独有的“天人合一”的理念指导下，又按照封建社会的礼制秩序规划建设而成的，它是东方宇宙观在都城规划建设中的具体体现。

数十年来，古都北京城的保护已经失去了几次机遇。如今正好可以抓住“两轴、两带、多中心”积极发展新城，把握城市结构战略转移的大好时机，按照“旧城整体保护”的理念，保护好尚存的北京旧城。“亡羊补牢，犹未为晚”，但愿我们能以最大的努力保护好仅存的“北京旧城”。

孙冬虎先生在“追寻古都北京的文化之魂——《营国匠意——古都北京的规划建设及其文化渊源》读后感”一文中指出：“就北京这样一座历史悠久的古都而言，中国的传统文化对各代城市规划设计者具有深入骨髓的内在影响，在潜移默化中左右着他们的具体构思、城市规划布局与典型建筑的风格，由此成为反映城市文化传统的历史特征的载体，而它们的形成过程显示了悠久绵长的文化渊源与积淀深厚的文化底蕴，这也正是古都北京的文化之魂。”

20 世纪 90 年代，北京市人民政府提出“要整体保护北京城”。习近平同志提出，北京老城不能再拆了，能保的一定要保住，能修复的也要修复一点……就是从古都北京所承载的这个“文化之魂”出发的。而当前北京的有关部门正在紧锣密鼓地推进北京中轴线申遗工作，并以此为抓手推动北京老城的整体保护。我们有理由相信，在古都风貌的保护上，也必将会有新的佳绩呈现在世人的面前。

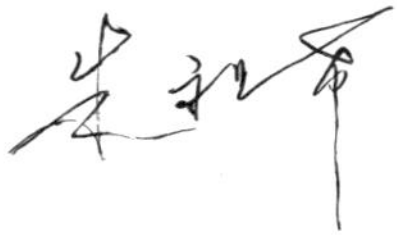

2021 年之春于虎怡斋

图书在版编目（CIP）数据

放眼永定河 / 朱祖希著. —北京：中国工人出版社，2021.1
（北京人文地理丛书）
ISBN 978-7-5008-7527-7

Ⅰ.①放… Ⅱ.①朱… Ⅲ.①永定河－介绍 Ⅳ.①K928.42

中国版本图书馆CIP数据核字（2021）第011711号

作者简介

朱祖希，中国地理学会资深会员，曾任北京地理学会副理事长兼旅游专业委员会主任，西北大学、山西大学兼职教授，北京联合大学应用文理学院城市科学系客座教授，北京学研究基地特邀研究员，现任中国文物学会特聘专家。主要著述：《古都北京》《园林北京》（均获第四届"北京市优秀科普作品奖"最佳奖）、《营国匠意——古都北京的规划建设及其文化渊源》（获第四届"国家图书馆文津图书奖"）、《北京城——中国历代都城的最后结晶》（入围"2018年度中国好书"）等。

放眼永定河

出 版 人 王娇萍
责任编辑 周小彦
责任印制 黄 丽
出版发行 中国工人出版社
地　　址 北京市东城区鼓楼外大街45号 邮编：100120
网　　址 http://www.wp-china.com
电　　话 （010）62005043（总编室）（010）62005039（印制管理中心）
（010）62379038（社科文艺分社）
发行热线 （010）82029051 62383056
经　　销 各地书店
印　　刷 三河市万龙印装有限公司
开　　本 880毫米×1230毫米 1/32
印　　张 11.5
字　　数 220千字
版　　次 2021年9月第1版 2021年9月第1次印刷
定　　价 78.00元